Ferdinand Keller

Statistik der römischen Ansiedelungen in der Ostschweiz

Ferdinand Keller

Statistik der römischen Ansiedelungen in der Ostschweiz

ISBN/EAN: 9783743427372

Hergestellt in Europa, USA, Kanada, Australien, Japan

Cover: Foto ©ninafisch / pixelio.de

Weitere Bücher finden Sie auf **www.hansebooks.com**

MITTHEILUNGEN

DER ANTIQUARISCHEN GESELLSCHAFT

(DER GESELLSCHAFT FÜR VATERLÄNDISCHE ALTERTHÜMER)

IN

ZÜRICH.

Band XV. Heft 3.

Statistik der römischen Ansiedelungen in der Ostschweiz.

Zürich:
In Commission bei S. Höhr.
Druck von David Bürkli.
1864.

Statistik

der

Römischen Ansiedelungen

in der Ostschweiz.

Von

Dr. Ferdinand Keller.

Zürich.
In Commission bei S. Höhr.
Druck von David Burkli
1864.

Mittheilungen der antiquarischen Gesellschaft.
Band XV. Heft 3.

Inhalt beider Abtheilungen.

Vorwort S. 267. Benennung der römischen Ansiedelungen S. 269. Lage derselben S. 269. Charakter derselben S. 270. Vertheilung derselben S. 273. Beschreibung der militärischen Anlagen, der Castelle, Warten, Landsperren S. 274—336. Schicksale der nicht militärischen Ansiedelungen S. 41—46. Anlage der Landhäuser (Villen) S. 47—48. Wohngebäude S. 48. Wirthschaftliche Gebäude S. 48—49. Baumaterial S. 49—50. Mauern S. 50—51. Gemächer S. 51—52. Fussböden S. 52. Wände S. 52—53. Fenster S. 53. Küche S. 53. Mühle S. 53—54. Bäder S. 54—55. Heizung der Zimmer, Hypocaustum S. 55—56. Mosaik S. 56—57. Brunnen S. 57—58. Bedachung, Ziegel S. 58—59. Thüren und Schlösser S. 59—60. Abtritt S. 60. Ställe und Scheunen S. 60. Begräbnissplatz S. 60—61. Wege S. 61.

Statistik der militärischen Bauten, der Ortschaften und Landhäuser (Villen).

Graubünden S. 63. Chur, Curia. Castell daselbst 318. Tinzen, Tinnetione 63. Cunno d'oro, Cunu aureu auf dem Splügenpasse S. 63. Castelmur, Muro 64. Masans, Landwehre daselbst 334. Säule auf dem Julierpasse 64.
St. Gallen S. 65. Arbon, Arbor Felix 65. Berschis 66. Diberlikopf, Warte 327. Busskilch 67. Edliswyl 67. Jona 67. Kempraten 67. Masseltrangen, Sperre daselbst 335. Mels 68. Ragaz, Sperre daselbst 336. Reisscheibe 69. Sargans 69. Schan, Magia 69. Strassen 71. Vild 71. Vilters 72. Walenstad 72. Wesen 73. Yberg 73. Die Stationen Prima, Secunda, Tertia, Quarta, Quinta am Walensee 336.
Appenzell —
Schaffhausen, Castell bei Stein.
Glarus S. 74. Näfels, Landwehre daselbst 332. Siehe auch den Artikel Wesen.
Thurgau S. 74, Castell zu Arbon, Arbor Felix 314. Boltshausen 74. Constanz 74. Eschenz 75. Hüttweilen 75. Neunforn 155. Oberkirch 76. Ober-Mauren 76. Pfyn, Ad Fines 291. 76. Unter-Schlatt 77. Sitterdorf 77. Unter-Steinach 78. Strassen 78. Tuttwil 79. Widenhub 79.
Zug S. 79. **Schwyz** S. 79. Insel Ufenau 80. Rikenbach 80.
Uri — **Unterwalden** —
Zürich S. 80. Castell zu Zürich 285. Adlikon bei Regensdorf 81. Affoltern (Albis) 81. (Höngg) 155. Albisrieden 82. Altstetten 84. Bassersdorf 85. Benken 86. Birchweil 86. Birmensdorf 86. Brütten 87. Buchs 87. Bülach 88. Dachsen 89. Dachslern 89. Dällikon 90. Dietikon 93. Dietlikou 94. Dorlikon 95. Dübendorf 95. Ellikon, Warte 330. Eglisau 95. Elgg 96. Ellikon (Thur) 96. Ellikon (Rhein) 96. Embrach 96. Feuerthalen 97. Flaach 97. Geerlisberg 97. Gräslikon 97. Nieder-Hasli 98. Castell zu Irgenhausen 311. Kempten 97. Kloten 99. Knonau 100. Lunnern 100. Marthalen, Warte daselbst 330. 104. Maschwanden 104. Ober-Meilen 105. Mettmenstetten 105. Nänikon 105. Neftenbach 105. Nürensdorf 108. Nussbaumen 108. Oberweil (Dägerlen) 108. Oetwil 108. Otelfingen 109. Ottenbach 109. Pfäffikon 111. Rheinau 111. Rheinsberg 112. Rheinsfelden 112. Riffersweil 112. Rümlingen 112. Schirmensee 113. Schlatt 113. Schleinikon 113. Schlieren 113. Schöfflisdorf 114. Seeb 114. Steinmaur 116. Truttikon 116. Uetliberg, Warte 329. Uitikon 116. Urdorf 117. Uster 117. Veltheim 117. Volketsweil 117. Weiach 117. Weiningen 117. Niederweningen 118. Wettsweil 118. Wiesendangen 118. Ober-Winterthur, Vitudurum 280. 119. Wipkingen 120. Wyla 121. Zwillikon 121.
Aargau S. 121. Baden, Aquæ 295. Buchisacker 121. Coblenz, Confluentes 124. Ober-Entfelden 152. Gränichen 125. Kaisten, Warte daselbst 331. Kirchberg 152. Ober-Kulm 128. Lenzburg 131. Sarmensdorf 132. Wettingen 133. Windisch 135. Zofingen 150. Castelle zu Zurzach, Tenedo 302.
Luzern. Pfäffikon 152.
Basel. Hardt, Warte daselbst 331.

Aufzählung der bis zum Jahr 1864 bekannt gewordenen römischen Ansiedelungen in der östlichen Schweiz.[1)]

Graubünden.

Das Antoninische Reisebuch und die Peutingersche Tafel machen uns mit folgenden in das Gebiet dieses Cantons gehörenden, an den rätischen Alpenstrassen [2)] befindlichen Stationen [3)] (mansiones) bekannt: Magia, Curia, Tinnetione, Muro, Lapidaria, Cunu aureu, Tarvessedo (Tarvesede). Von diesen liegen Magia und Curia in der Ebene des Rheinthales, Tinnetione und Muro an der Julier-Settimerstrasse, Lapidaria, Cunu aureu und Tarvessedo an der Splügenstrasse. Mit Bestimmtheit ist nur die Lage von Curia und Tinnetione ermittelt. Magia scheint mit dem jetzigen Schan, Muro mit Castelmur identisch zu sein.

Curia (Chur) ist in der ersten Abtheilung S. 318 beschrieben.

Tinnetione, romanisch Tinnizòng, deutsch Tinzen. Obgleich die Distanz von Chur, man mag den Weg über Parpan oder anders ziehen, im Itinerar um mehrere Meilen zu kurz angegeben ist, so kann über die Lage dieser Station kein Zweifel walten, da der alte Name noch vorhanden ist. Der Ort befindet sich über einem der Nebenflüsse des Rheins, dem Ren di Sossex (sotto i sassi), unterhalb einer Schlucht, auf schmalem Bergabsatze, in sonniger Lage. Während des Mittelalters war hier eine Thalsperre, serra, clausura, von der noch die Grundmauern zu sehen sind, mit einem den Durchgang vertheidigenden Thurme, auf den sich die Benennung des unterhalb liegenden Grundstückes Sottorre (sotto la torre) bezieht. Ein Mauerstock soll sich auch südlich vor dem Wirthshaus zur Krone im Boden befinden. In der Nähe von Tinzen sind an mehreren Punkten der Strasse, z. B. bei den Trümmern eines Thurmes (?) auf dem Hügel Padnal zwischen Tinzen und Savognin, Münzen gefunden worden. In Tinzen selbst habe ich keine Romana entdecken können.

Cunu aureu scheint entweder an der Stelle des Dorfes Splügen oder des Wirthshauses auf der Höhe des Berges, wo sich die italienische Dogana befindet, gestanden zu haben. Die letztere Stelle heisst gegenwärtig noch Cunno d'oro und der Pass nicht nur Monte Spluga, sondern auch Cunco d'oro.

[1)] Wir müssen hier nochmals in Erinnerung bringen, dass in diesem Verzeichnisse nur diejenigen römischen oder gallorömischen Ansiedelungen aufgeführt sind, die sich durch Reste gemauerter Wohnungen kund geben.

[2)] Betreffend die Richtung und den Bau der rätischen Alpenstrassen, ihre Stationen, die Juliersäule u. s. w. verweise ich auf die treffliche Arbeit Dr. Meyers: »Die römischen Alpenstrassen in der Schweiz« in Band XIII unserer Mittheilungen, ferner auf den Aufsatz von Dr. Brügger im Anzeiger für schweiz. Geschichte und Alterthumskunde. 1860, S. 123.

[3)] Die Abbildung der Ueberreste einer Mansio (Tasciaca, Thésée zwischen Bourges und Tours) siehe in den Collectanea antiqua von Smith IV. 2.

Muro. Ueber Porta und Castelmur, das man mit allem Recht für das Muro des Itinerars hält, findet sich im Neuen Sammler von Bünden Jahrg. 1812 S. 241 folgende Angabe: »Dieser oberhalb Promontogno gelegene Punkt war schon durch seine Lage zu einer wichtigen Landwehr, zum eigentlichen Schlüssel des Bregagliathales, bestimmt. Am Fusse des Gebirges erhebt sich sogleich wieder ein Hügel, dessen Abhang bis an das linke Ufer der Maira reicht und hier mit steil abgeschnittenen Felsen endigt. Auf dem Hügel steht der ansehnliche viereckige Thurm. Zwischen diesem und dem Abgrund gegen die Maira laufen zwei Mauern über den Rücken des Hügels hinab und sind nur da unterbrochen, wo die Landstrasse durchgeht. Ihre Höhe beträgt etwa 15', ihre grösste Dicke 10', dabei sind sie mit gewölbten Nischen versehen. Der innere Raum zwischen ihnen hat 90' Länge und 80' Breite. Näher am Gebirge stehen die Ueberbleibsel einer Kirche. Wahrscheinlich schloss sich auf dieser Seite der Festung eine Mauer an den Berg an. Noch andere Mauerreste wird man in der Nähe des Thurmes gewahr. Die jetzige Durchfahrt soll ein Thor gehabt haben, andere hingegen vermuthen, dass diese Oeffnung ehemals geschlossen und nur zwischen Burg und Thurm ein Thor vorhanden gewesen sei.«

Säule auf dem Julierpasse. Auf der Höhe dieses Passes stehen, durch die Strasse getrennt, zwei Bruchstücke einer Säule aus Lavezzstein (Serpentin mit Talk vermengt), welche ohne Zweifel in römischer Zeit aus der Gegend von Piuro (Plurs) im Bregagliathal oder aus dem Texthale, wo dieses Gestein ebenfalls vorkommt, hieher transportirt wurde. In einer Urkunde vom Jahr 1396 wird ihrer als »des Marmelsteins auf dem Julierberg« erwähnt. Zu Folge einer Angabe in Stumpf's Chronik stürzte im Anfange des 16. Jahrhunderts die Säule um und zerbrach in die drei Stücke, aus denen sie ursprünglich zusammengesetzt war. Eines derselben ist seither weggekommen. Von Capitäl oder Basis, wenn solche je da waren, ist keine Spur zu entdecken. Die zwei noch vorhandenen zusammengehörigen Stücke sind, wenn vereinigt, 4m,20 lang (siehe Taf. III. Fig. 1). Merkwürdiger Weise wurden in der Nähe desjenigen Stückes, das an der alten Stelle geblieben, zu verschiedenen Zeiten römische Münzen gefunden. so im Jahre 1854, wo über 200 von den mit der Verbesserung der Strasse beschäftigten Arbeiter aufgehoben wurden. Diese Münzen gehen von Augustus bis zur Mitte des 4. Jahrhunderts.

Die Bestimmung dieser Säule scheint diejenige eines Signals gewesen zu sein, welches dem Wanderer die Höhe des Passes und die Richtung des Weges anzeigte. So wie dem Jupiter in seinem Heiligthume auf dem grossen Bernhard Geschenke dargebracht wurden, so pflegten die Reisenden an dieser Stelle als Zeichen der Dankbarkeit für glückliches Erreichen der Berghöhe der Gottheit eine kleine Gabe niederzulegen. (Siehe »Römische Alpenstrassen« von Dr. Meyer in Band XIII. unserer Mittheilungen und »Notizen über die Juliersäule« von demselben im Anzeiger für Geschichte und Alterthumskunde. 1862. S. 50.)

Canton St. Gallen.

Wie in Graubünden erhielt sich in dem südlichen Theil dieses ebenfalls zur rätischen Provinz gehörenden Cantons bis zum friedlichen Vordringen alemannischer Bevölkerung und Sprache römisches Wesen [1]).

Diesem Cantone gehört die an der Grenze des rätischen Gebietes liegende, von der Mitte des Wallensees bis zum obern Theile des Zürchersees sich erstreckende Landschaft Gaster an, deren Name schon von den Notaren des frühen Mittelalters als »castra« aufgeführt und dann von Tschudi mit der Zugabe »rætica« vermehrt wird. Von ihm und den spätern Chronikschreibern und Geographen wird dann ein Lagerplatz römischer (rätischer) Truppen hieher verlegt. Wie schon im ersten Abschnitt angedeutet worden, wird diese Annahme durch das Vorkommen baulicher oder anderer römischer Alterthümer im Gasterlande nicht unterstützt. Das einzige Ueberbleibsel aus römischer Zeit, welches auf den Aufenthalt einer Abtheilung römischer Truppen in dieser Gegend bezogen werden könnte, ist der zu Jonen gefundene Grabstein eines Cohortenzeichenträgers Provincialis. Indessen könnte dieser Krieger als einer der Veteranen betrachtet werden, die in den verschiedenen Theilen des Landes auf den ihnen zugetheilten Grundstücken sich anbauten.

Während des Kampfes der XXI Legion mit den Helvetiern, die sich in der Gegend von Vindonissa aufgestellt hatten, rief bekanntlich Cäcina rätische Mannschaft herbei. Tacitus (Hist. I. 67, 68) erwähnt diesen Umstand mit folgenden Worten: »An Rätiens Hülfsvölker schickte er Botschaft, sie sollten die Helvetier, welche gegen die Legion sich stellten, im Rücken angreifen«, und dann später: »Hier Cäcina mit einem gewaltigen Heer; dort die rätischen Geschwader und Cohorten und die Jugend der Rätier selbst, waffengewohnt und nach Kriegsregeln geübt.« Es ist hier offenbar von ständigen Truppen die Rede, deren Aufenthaltsort in der Entfernung weniger Tagmärsche und zwar südlich vom Rheine, weil sie die Helvetier im Rücken anzugreifen hatten, sich befand. Da die sogenannten castra rætica so geringe Spuren von römischen Ansiedelungen und keinen namhaften Ort zeigen, so wird die Annahme nicht zu kühn sein, dass der Standort dieser Truppen Bregenz und Arbon gewesen und die aufgebotenen Truppen auf dem römischen Heerwege Arbor felix, Fines, Vitudurum herbeigeeilt seien.

Ausser der Station Ad Rhenum in der Tabula, ohne Zweifel Rheinegg, gibt es im Canton St. Gallen keinen Ort, dessen römischer Name constatirt wäre. Mit Ausnahme von Münzen sind römische Ueberreste indessen weder hier noch am linken Ufer des Rheins bis nach Sargans hinauf, noch am Ufer des Bodensees, noch in dem höher liegenden Theile des Landes in der Umgebung der Stadt St. Gallen gefunden worden [2]).

Arbon. In der ersten Abtheilung findet sich auf S. 317 nachfolgende Bemerkung: »Was die alte Umfassungsmauer des Städtchens betrifft, die mit ihren viereckigen zerfallenen Thürmen hart am

---

[1]) Beweis, dass die Alemannen von Osten her nicht über Wesen, von Norden her nicht über Feldkirch vordrangen sind die Benennungen Walensee, Churwallen für den nördlichen Theil Bündens und Wallgau für das südlich von der Ill liegende Gebirgsland.

[2]) Auf welche Ortschaft sich die Stelle in Notker et Ratpert in MS. sæc. 15: »Et cum gravis ponderis fibulas, aureas armillas quoque et cetera antiquati operis ornamenta ipsi ibi vidimus casu inventa« bezieht, ist unbekannt.

Rande des Sees hinläuft und von dessen Wellen bespült wird, so gibt sie sich in ihrer Construction und in ihren Ausbesserungen als eine Arbeit des 13. oder 14. Jahrhunderts und wohl noch früherer Zeit zu erkennen. Wenn auch das Fundament dieser Mauer, das an mehreren Stellen zu Tage tritt, theilweise demjenigen römischer Mauern sehr ähnlich ist. so müssen wir dennoch gestehen, dass jetzt noch zur Beantwortung der Frage, welchen Raum die Festungswerke eingeschlossen haben, uns jeder sichere Anhaltspunkt abgeht, und dass wir uns von der Form und Beschaffenheit der Castra Arbor Felix keinen Begriff machen können.« Seit der Abfassung obiger Zeilen hat Herr P. Immler sich um die Ermittelung der Festungswerke des römischen Arbon bemüht und nachgewiesen, dass auch der Glockenthurm *B* in seinem Unterbau römisch ist, und dass ohne allen Zweifel nach fast gänzlicher Zerstörung des Glocken- und Schlossthurmes *A*, die beide ganz gleiche Dimensionen hatten, der letztere aus dem Material des ersten wieder hergestellt worden sei. (Siehe Taf. III. Fig. 2.)

Den Rest einer römischen Mauer sah Herr Immler im Jahr 1863 auf dem Gottesacker östlich von der Kirche ausgraben. *C.*

Was die oben erwähnte auf der Nordwestseite des Ortes dem See entlang hinlaufende Mauer *D* betrifft, so ist Herr Immler entschieden der Meinung, dass die sich über den Seespiegel nur wenig erhebenden Reste einer alten 8' dicken Mauer, auf welche die neue Stadtmauer aufgesetzt ist, als römische Arbeit zu betrachten seien, da das Füllwerk — die Bekleidung ist überall verschwunden — demjenigen der anderen römischen Festungsmauern in der Schweiz vollkommen ähnlich sieht. — Nach dieser Ansicht würde sich Arbor Felix von den Castellen der Ostschweiz dadurch unterscheiden, dass es nicht ein nach der gewöhnlichen rechteckigen Castralform angelegtes Festungswerk, sondern, wie sich aus der Entfernung des Thurmes *B* von der äussersten Ecke der Ringmauer und aus dem Charakter dieser letztern ergibt. als ein mit Mauern und Thürmen umzogener Waffenplatz zu betrachten wäre. Innerhalb der Ringmauer befand sich ein kleiner Hafen *E*, in welchem einige zur Bodenseeflotille gehörigen Kriegsbarken [1] stationirt gewesen sein mögen. und der dem Handel und Verkehr der Bewohner des Ortes zu Statten kam. Der jetzige Weiher ist ohne Zweifel ein Ueberrest des ehemaligen Bassins. Der Zugang zu demselben bei *F* heisst gegenwärtig noch Seethor. Die Annäherung zur Ringmauer von der Seite des Sees her war durch eine Reihe grosser in den See gesenkter Steine erschwert. Das Prätorium stand in geeignetster Lage auf der die Landspitze und den See dominirenden Anhöhe bei *A*. Da der Lauf der Umfassungsmauern auf der Landseite noch nicht ermittelt ist, kann die Bestimmung des Thurmes *B* und seine Stellung zu den Befestigungswerken des Ortes nicht angegeben werden.

Berschis. Dieses Dörfchen liegt am Fusse eines aus dem Gebirge, das die Nordwand des Walenseethales bildet, hervortretenden Felskammes, auf dessen Gipfel die uralte St. Georgenkapelle steht. Auf die Höhe dieses Rückens gelangt man von dem genannten Orte aus, zwischen Castiels und Colerina hindurch, auf gut angelegtem, altem Strässchen. Das schmale Plateau erstreckt sich von SO. nach NW. in einer Länge von 650', misst, wo es sich an's Gebirge anlehnt, 180' in der Breite, verengert sich aber auf 50—60'. Gegen Südwest fällt der Hügel ziemlich senkrecht ins Thal ab, gegen Ost und

---

[1] Numerus barcariorum Brecantiae. Not. Imp.

Nord sind seine Wände nicht weniger schroff, so dass er eine nur von Süden her zugängliche Naturfeste bildet. (Siehe den Plan auf Taf. III. Fig. 3.) An der steilen Halde ist der Eingang bei *A* in den Felsen gehauen, auf der Höhe derselben eine 8' dicke Mauer als erstes Vorwerk quer über den Hügel gelegt. Der Platz bei *B* steigt allmälig gegen eine zweite Felshalde auf, auf deren Höhe abermals eine Mauer *C* parallel mit der ersten gezogen ist. Auch hier ist das Strässchen in den Felsen gehauen. Weiterhin gegen Nord geht dasselbe in eine Felstreppe *D* über. Die Kuppe ist von einer längs des Randes hingeführten, die Reste eines länglicht viereckigen Gebäudes einschliessenden Mauer umgeben. Innerhalb und ausserhalb des wenigstens 100' langen und 35' breiten Gebäudes befinden sich zwei in den Fels gehauene, an den Wänden mit einer $1/2'$ dicken Mauer ausgefütterte, am Boden mit einem Kalkguss belegte Cisternen *E*, *F*, von denen die innere 18' lang, 17' breit und 12' tief ist, während die äussere bei gleicher Tiefe eine Länge von 21', eine Breite von 15' zeigt. Am nördlichen Abhange des Felsens ist eine natürliche Grotte *G* von birnförmiger Gestalt und 15' Höhe, in welcher eine Quelle, genannt der »ungeheure Brunnen«, entspringt. Bei den von Herrn Immler vorgenommenen Nachgrabungen wurden hier oben römische Münzen, in den Cisternen Knochen und ein Paar flachgedrückte thönerne Kugeln, unten aber, hinter dem Dörfchen Berschis bei der Mühle, römische Mühlsteine gefunden, und zwischen der Mühle und der gegen Walenstad gelegenen Ziegelhütte alte Gräber aufgedeckt. Römische Dachziegel hat man auf dem St. Georgenhügel, dessen Ausläufer nach der Kirche von Berschis den Namen Castiels trägt, bisher noch keine bemerkt, dagegen rothe Schiefertafeln aus dem Bruche von Flums, weshalb zu vermuthen ist, dass die hiesigen Gebäulichkeiten, die wegen der freien Aussicht, welche der Fels thalauf-, thalabwärts darbietet, eine wohlbefestigte Warte gewesen sein mögen, mit Schieferstein gedeckt waren [1]).

Busskilch. Bei den Häusern von Busskilch, ein Paar Minuten südlich von Jona, haben wir nahe am Ufer des Sees Stücke von römischen Ziegeln aufgehoben, und es ist kein Zweifel, dass römische Gebäude hier standen.

Edliswyl, Gemeinde Waldkirch, Bezirk Gossau. Oberhalb des Dörfchens, am Saume des Waldes, wurde 1852 eine römische Schnellwange ausgegraben, ohne dass in der Nähe des Fundortes Spuren einer Niederlassung zu bemerken wären. (Siehe Taf. III. Fig. 4 u. 4ª.) Nicht weit von hier, bei Widenhub, kam im Jahre 1831 ein Topf mit etwa 6000 Silbermünzen aus den ersten drei Jahrhunderten zu Tage [2]).

Jona. Einige Minuten östlich von Rapperswcil wurde auf der Anhöhe, auf welcher die Kirche von Jona steht und altes Gemäuer vorkommen soll, der Grabstein eines Cohortenführdrichs, Namens C. Octavius Provincialis, gefunden. (Siehe Mommsen, Insc. helv. 237.)

Kempraten. An der Bucht auf der Nordseite von Rapperswyl, hinter dem Wirthshause zu Kempraten, befinden sich Ueberreste römischer Wohnhäuser, welche in den 30ger Jahren beim Bau jenes Hauses aufgedeckt wurden. Es kamen mehrere Gemächer zum Vorschein, deren Wände bemalt, deren

---

[1]) Schiefertafeln wurden in England sehr häufig zur Bedachung verwendet. Siehe Wright: History of the Early Inhabitants of Britain. 2ᵈ ed. p. 172.

[2]) Siehe Daniel Meyer: Verzeichniss römischer Kaisermünzen etc. St. Gallen 1831.

Böden theils mit Hypokausten versehen, theils mit Estrichen belegt waren, und innerhalb derselben eine Menge Bruchstücke von Ziegeln, nebst Münzen, Eisengeräthe und Töpfergeschirr verschiedener Art. — Der Name Kempraten scheint aus Centumprata [1]) entstanden zu sein. Indessen ist nicht zu vergessen, dass die mittelalterlichen Notare, namentlich die geistlichen, am Latinisiren von Ortsnamen besondern Gefallen fanden. Eine Viertelstunde westlich von Kempraten wurden auf der Anhöhe »Gubel«, hundert Schritte von der römischen Strasse, in den Jahren 1689 und 1690 zwei irdene Töpfe ausgegraben, die zusammen 3600—4000 Stücke kupferner, grösstentheils versilberter Münzen enthielten, von denen die ältesten unter Valerian, die jüngsten unter Tacitus und Florian, † 276, geprägt worden sind.

Mels. Eine Viertelstunde östlich von diesem Orte erhebt sich aus der Thalebene ein kleiner Hügel, Castels genannt, auf welchem bei Grabungen celtische Geräthschaften aus Bronze, auch römische Dinge aus Eisen, ferner Mühlsteine, Glaskorallen, Topfscherben in grösster Menge und eine römische Münze gefunden wurden. Da aber Gemäuer bis jetzt noch nicht entdeckt worden, wäre es zu gewagt, diesen Namen auf ein römisches Castell zu beziehen [2]).

Wenige Minuten nordwestlich von Mels steht ein durch ein kleines Thal vom Gebirge abgetrennter Felsrücken, der ebenfalls den Namen Castels trägt und schon dadurch merkwürdig ist, dass aus dem Gestein, aus dem er besteht, schon in römischer Zeit Mühlsteine gehauen wurden. (Siehe zweite Abtheilung S. 54.) Auf dem untern, gratartigen Absatze des Hügels finden sich, wo immer man gräbt, Asche und Kohlen, Knochen, Eisenschlacken und ungeschmolzenes Eisenerz, eine zahllose Menge kleiner Fragmente celtischer und römischer Geschirre, ferner Bruchstücke von Bronze- und Eisengeräthschaften, gebrauchte und ungebrauchte Mühlsteine; auch ist ein Becken aus buntem Sandstein, der in der Gegend von Basel bricht, hier ausgegraben worden.

Auf der Spitze des Berges kommen Mauerreste vor, deren Alter nicht zu ermitteln ist; ferner sind ein gebrauchter Mühlstein und mehrere eiserne Speerspitzen hier aufgehoben worden.

Die nähere Kenntniss dieser Oertlichkeit verdanken wir den emsigen Forschern Herrn Caplan Zimmermann in Mels und Herrn P. Immler, welche zu wiederholten Malen auf dieser Höhe Nachgrabungen vornahmen.

Im Dorfe Mels selbst, namentlich beim Capuzinerkloster, sind römische Münzen und Lanzenspitzen, auch in den 30ger Jahren in dem nahen Dörfchen Plons aus Steinplatten ausgelegtes und mit solchen bedecktes Grab, welches ein Gerippe mit bronzenen Beigaben enthielt, gefunden worden.

Ragaz. Unter den Trümmern der mittelalterlichen Burg Freudenberg befindet sich der Rest eines starken Thurmes, dessen Mauern 7′ 8″ dick sind, besteht aus mehr oder weniger zugerichteten, in Schichten gelegten Steinen, an den Ecken aus Quadern mit Randbeschlag und stark hervortretenden Bossen. Die Arbeit ist desshalb merkwürdig, weil bei dem 25′ hohen Unterbau, auf welchen später ein kunstlos ausgeführtes oberes Stockwerk aufgesetzt wurde, ein stark mit Ziegel-

---

[1]) Urk. v. St. Gallen vom Jahr 744 »in loco qui dicitur centoprata«.
[2]) Es ist zu bemerken, dass, sowie im deutschen Gebiete die Benennung Schloss sich nicht immer auf Reste eines schlossartigen Gebäudes bezieht, so im romanischen der so häufig vorkommende Ausdruck Castels nur eine über die Umgebung frei hervortretende Localität bezeichnet.

stückchen vermischter Mörtel verwendet ist, den man an mittelalterlichen Gebäuden in der ganzen östlichen Schweiz nirgends antrifft [1]). Sollte der Thurm wirklich römischen Ursprung sein, wie Herr Immler, der die Trümmer auf's Sorgfältigste untersucht hat, anzunehmen geneigt ist, so werden wir uns denselben als das Hauptstück eines zum Schutze der Römerstrasse, die am Fusse des Hügels vorbeizog, gehörigen kleinen Festungswerkes zu denken haben. (Siehe Taf. III. Fig. 5, 5ª, 5ᵇ, 5ᶜ.) Ueber Ragaz selbst siehe die erste Abtheilung S. 336.

Reisscheibe oder Rönscheibe — ein verdorbener romanischer Name — heisst ein am östlichen Ende des Walensee's, 233 Meter über dessen Spiegel sich erhebender, freistehender Felskopf, auf dessen Gipfel sich Steinwälle befinden, welche Herr Immler 1863 entdeckt und verzeichnet hat. Da die Lokalität bisher noch nicht genauer untersucht worden, bleibt einstweilen dahin gestellt, ob wir denselben als eine römische, oder was wahrscheinlicher ist, als eine vorrömische Anlage betrachten müssen. (Siehe den Plan auf Taf. III. Fig. 6.)

Sargans. Nach den Untersuchungen des Herrn Immler steht das Schloss Sargans auf römischem Unterbau, der aus grossen Tuffsteinquadern aufgeführt und seiner Construction nach von dem obern Theile ganz verschieden ist.

Ueber das Alter des ein Paar tausend Fuss hoch oben am Gonzen befindlichen Eisenbergwerkes besitzen wir keine genauern Daten, und wissen nur so viel, dass es uns Jahr 1200 schon bergmännisch betrieben wurde. Der Umstand, dass sich sowohl Stücke ungeschmolzenen Eisens, als Schlacken und Kohlenstätten in den alten Ansiedelungen auf Burg bei Vilters, Castels bei Mels und vielen Punkten im Thale, bei Grabungen zum Vorschein kommen, berechtigt zu der Annahme, dass schon lange vor der römischen Herrschaft die Eisenlager von den Bewohnern des Thales ausgebeutet und das Erz nach der einfachen Art vermittelst des sogenannten Rennfeuerverfahrens geschmolzen wurde.

Schan. Schan (sp. Schaan) liegt dem st. gallischen Städtchen Werdenberg gegenüber auf der östlichen Seite des Rheins im Fürstenthum Lichtenstein, ist aber desshalb hier zu erwähnen, weil in neuerer Zeit in dieser Ortschaft die Ueberreste eines römischen Castells, an dem die römische Heerstrasse (Ibrigantium-Curia) vorbeizog, entdeckt worden sind. Das Castell ist etwa 20 Minuten von dem in der Ebene des Thales hinströmenden Rheine entfernt und an der Stelle erbaut, wo der Boden anfangs sanft, dann sehr steil nach dem schroffen Gebirge ansteigt. Es steht auf keiner dominirenden Anhöhe, auch nicht am Eingange eines Engpasses, überhaupt nicht an einem in die Augen fallenden strategisch wichtigen Punkte, so dass sich die Wahl desselben für eine Festung aus den Verhältnissen des Terrains nicht leicht erklären lässt. Entweder fällt die Erbauung des Castells in die spätere Zeit, und es gehört (wie Irgenhausen, s. Abschnitt I. S. 311) in die Reihe der Anstalten, die den nach den Gebirgspässen vordringenden Alemannen einen Damm entgegenzusetzen bestimmt waren, oder es bildete, wenn seine Errichtung in der früheren Zeit stattfand, gleich Ad Fines und Vitudurum, eine Etappe, eine wehrhafte Mansio, die sich in einem gewissen Abstande von den andern an dieser Strasse angelegten Stationen befinden muss. Ist diese letztere Annahme die richtige, so dürfen wir mit Sicher-

---

[1]) Die Anwendung von Ziegelmörtel im Mittelalter beschränkte sich auf die Herstellung von Estrichen, wie wir in der ersten Abtheilung angegeben.

heit das Castell von Schan als eine der auf der Peutinger'schen Tafel angegebenen Stationen Clunia und Magia betrachten. Auf dieser ist nämlich die Entfernung von Brigantium bis Clunia zu 17, von diesem Orte bis Magia zu 18 und von hier bis Curia zu 16, mithin von Brigantium bis Curia zu 51 Meilen angesetzt. Nun beträgt aber die wirkliche Länge der Strasse, die Biegungen derselben mitgerechnet, zwischen diesen zwei Ortschaften nicht 51, sondern ungefähr 56 römische Meilen, und es ist demnach eine der Distanzangaben zwischen den Stationen falsch [1]). Zählt man von Brigantium her, so fällt Clunia in die Gegend von Götzis, und Magia in diejenige von Schan; rechnet man aber von Curia an, so reichen die 16 Meilen für die Entfernung bis Magia etwa 4 Meilen bis jenseits Maienfeld und 16 + 18 = 32 Meilen, für die Entfernung bis Clunia etwa 4 Meilen jenseits Schan. Es bleibt also immerhin eine Lücke von mehreren Meilen übrig. Für die Länge der ganzen Strecke von Chur bis Bregenz, nicht aber für Festsetzung der Stationen Clunia und Magia, liesse sich dadurch helfen, dass man die Zahl V in der Angabe XVI zwischen Magia und Curia in X verwandelte. Trotz der angeführten Schwierigkeiten halten wir Schan unbedingt für das alte Magia. Zu dieser Annahme ermuntert der Umstand, dass nach Kaiser's Geschichte des Fürstenthums Lichtenstein (S. 158) sich ein königlicher Hof und eine königliche Herberge hier befand. Von Maienfeld, das man wegen einiger Namensähnlichkeit oft für Magia angab, darf darum abgesehen werden, weil sein älterer Namen Lupinum war, und nach der Versicherung der Bewohner des Städtchens und seiner Umgebung hier nie die geringste Spur von altem Mauerwerk oder römischem Geräthe gefunden wurde.

Die nähere Kenntniss der Festung zu Schan, so wie das auf Taf. I. Fig. 7 mitgetheilte Plänchen verdanken wir den Bemühungen und der Freundlichkeit des Herrn Paul Immler zu St. Gallen.

Das Castell hat, die an den Ecken vortretenden Thürme nicht gerechnet, der Strasse entlang eine Länge von 175' und eine Breite von 216'. Von den 12' dicken Umfangsmauern, die mit acht viereckigen Thürmen verstärkt waren, hat sich nur ein Theil bis zur Höhe von 3 — 4' über dem Boden erhalten. Der westliche Theil des Castells ist gänzlich abgetragen und der Boden mit Häusern besetzt. Auf der Ostseite nimmt die alte St. Peterskirche einen Theil des Raumes ein, der andere noch unausgegrabene Theil ist mit Weinreben bepflanzt. Die Innenseite des Castells war durch 6' dicke Quermauern in drei Abschnitte getheilt. In dem westlichen befand sich die Cisterne (a). Im Mittelraume entdeckte man aus römischen dachförmig aufgestellten Ziegeln errichtete Gräber; an einer andern Stelle des Castells 6 — 8 Mühlsteine.

Die Bekleidung der Mauern ist überall abgebrochen und zum Bau von Häusern verwendet worden. Von einem Graben längs der Mauer ist keine Spur zu entdecken.

An der Westseite des Castells führte die römische Strasse vorbei.

In mehreren Schriften, neuestens wieder in dem Rechenschaftsbericht des Museumsvereins von Bregenz, Jahrg. 1861, wird die Heidenburg bei Gävis für Clunia ausgegeben. Abgesehen davon, dass nach der Tabula Clunia von Bregenz 17 Meilen, Gävis aber 24 Meilen abliegt, verbietet der Umstand, die Heidenburg als eine Mansio zu betrachten, dass dieselbe auf einem Berggipfel steht, und eine Herberge für Truppen oder Etappe wohl in der Nähe von Bergfestungen, aber nie auf schwer zugänglichen Felsgipfeln vorkommt. Uebrigens halte ich diese von mir im Jahre 1860 untersuchten Trümmer

---

[1]) Ich habe die Dufour'sche Karte zu Grunde gelegt und die römische Meile nach Hultsch, Metrologie, 1862, zu 1,4747 Kilometer angenommen.

für die Reste einer mittelalterlichen Burg mit zwei von der Umfangsmauer eingeschlossenen Réduits. Die Construction der Mauern ist durchaus nicht römisch, auch habe ich keinen römischen Ziegelmörtel, der nach jenem Berichte hier angewendet worden sein soll, wohl aber ächt mittelalterliche Hohlziegel in dem Schutte bemerkt. Bei den von den vorarlbergischen Altertbumsfreunden vorgenommenen Ausgrabungen sind unsers Wissens auch durchaus keine Romana, wie Töpfer- und Eisenwaare u. drgl., entdeckt worden.

Strassen. Die römische Handelsstrasse Chur-Zürich (siehe erste Abtheilung S. 285) lief am Fusse des Gebirges hin über Ragaz, Vilters, Wangs und Mels, kreuzte das Thal der Seez in der Richtung von Heiligenkreuz, um am jenseitigen Berggehänge den Lauf nach Walenstad fortzusetzen. Dieser Strassenzug lässt sich gegenwärtig noch verfolgen [1].

Die Stelle, bei der sich die Heerstrasse von der obigen trennte und die Richtung auf Sargans einschlug, ist ungewiss [2]. Die Heerstrasse stieg durch eine Einsattlung hinter dem Schollberg nach dem jetzigen Dörfchen Matug hinan, gelangte dann über Azmoos in die Einsattlung bei Gretschins, östlich von der Burg Wartau, wo man mit Recht die Ueberreste einer Specula vermuthet, und nördlich vom Montmajorberge wieder in die Ebene. Ob dieser Weg als die eigentliche Heerstrasse oder als eine Nothstrasse beim Austritte des Rheins zu betrachten ist, scheint mir noch nicht ausgemittelt. Dass aber eine Heerstrasse dem westlichen Ufer des Rheins entlang von Chur, oder wenigstens aus der Gegend von Ragaz, nach Arbor Felix oder zunächst nach Ad Rhenum (Rheineck oder Brugg) lief, geht, wenn sie auch bis jetzt durch römische Ortschaften, die an derselben sich befinden, noch nicht nachgewiesen ist, aus der Angabe der Peutinger'schen Karte deutlich hervor, auf welcher zwischen dem Bodensee und Curia zwei Strassen bezeichnet sind, eine von Bregenz, die über Clunia und Magia führt (siehe Scan), eine andere, welche westlich von der ersten liegt und an der keine Stationen genannt sind. Als Distanz werden für diese Route von Arbor Felix bis Curia 43 Meilen angegeben, eine Entfernung, die in der Wirklichkeit viel grösser ist.

Der Schollberg soll nach Guler S. 211 ursprünglich wegen des eben genannten treppenartigen Felspfades Scalenberg geheissen haben [3]. Siehe über diese Strassenzüge den Anzeiger für schweiz. Geschichte und Alterthumskunde. Jahrg. 1863, No. 4.

Vild. Stattbalter Gallatin von Sargans, ein geschichtskundiger Mann, meldet, bei Erweiterung der Strasse auf der Aggeren bei Fild oder Vild, in der Richtung von Sargans nach dem Schollberg, habe man alte Waffen und Geräthschaften und nahe dabei, im Ratel, ein Stück von einem Mosaikboden entdeckt. In der Nähe von Vild wurden vor einigen Jahren an der alten Schollbergstrasse zwei wunderliche Bildchen aus Bronze gefunden, welche in den Besitz des Herrn Präsidenten

---

[1] Die Existenz der Römerstrasse zwischen Ragaz und Mastrils wird bezeugt durch eine mir von Herrn Kantonsrath Egger in Ragaz mitgetheilte Urkunde vom Jahr 1643, worin es heisst: »Unser eigen Gut genannt Bidems stosst zur einen Seite an Fluppen Tobel und an den höchsten Stein und dannen off hin untz an den Römerweg und dannen usshin untz an Malveren Runss und unden an den Rhein.«

[2] Im Mittelalter zweigte sich die Handelsstrasse von der Heerstrasse erst bei Sargans ab.

[3] Die am Fusse des Schollberges hinführende Landstrasse stammt aus unserer Zeit. »Die VII Ort der Eidgenossenschaft so über Sarngans herrschen, haben des MDIII Jahrs die harten felsen unten am Fuss des berges mit grossem Unkosten aushauen und dergestalt einen guten breiten Wagenweg machen lassen.« Guler S. 211.

Good in Mels gelangt sind. (Siehe Taf. III. Fig. 8.) Der Sage nach stand in dieser Gegend an der Stelle im Ried, wo die Eisenbahn durchgeht, eine Stadt, die durch einen Bergsturz vom Gonzen verschüttet worden. Die Stelle heisst jetzt »im Urtel«. Hier sollen zu Tschudi's Zeit in versumpftem Boden »sonderbare Ziegelstücke, Urnenhenkel mit Buchstaben, Mauerwerk und Waffenreste gefunden worden sein«.

Vilters. Burg Vilters heisst ein 30—40' hoher, schwer zugänglicher Felsenkopf, südlich von dem genannten Dorfe, der einen freien Ueberblick des Rhein- und Seezthales gewährt, und in jenem die Burg Wartau, in diesem St. Georgen bei Berschis erkennen lässt. Man übersah also von hier eine bedeutende Strecke der von Chur kommenden römischen Strassen und die Abzweigung einer derselben nach dem Walensee. Von der römischen Veste, die hier stand, sind zwei noch in ihrer ursprünglichen Lage befindliche Tuffsteinquader vorhanden; das übrige Material ist theils früher, theils in letzter Zeit zum Bau von Häusern weggeführt worden. Das Dasein römischer Bauten wird aber ausserdem constatirt durch das Vorkommen römischer Dachziegel und einer Menge bronzener und eiserner Geräthschaften aus dieser Periode, wie Ringe, Heftnadeln, Schnallen, Griffel, Schlüssel, Ketten, Hacken, Messer, Lanzenspitzen etc., ferner Glasscherben von Fensterscheiben, Gefässe und Münzen, deren Reihe mit Constantin dem Grossen endigt. — Die erste Besetzung dieses Punktes fällt jedoch in eine noch viel frühere Periode und zwar, wie zahlreich hier gefundene Alterthümer beurkunden, in die sogenannte Pfahlbautenzeit. Bei den auf dieser Felshöhe von Herrn Immler veranstalteten Nachgrabungen kamen nämlich Sägen aus Feuerstein, Quetschkugeln, Steinwirtel, Steinbeile und Knochenmeissel, ein Kamm, ein halbmondförmiger Zierrath und Pfeilspitzen aus Bronze zum Vorschein, alles Gegenstände, die den auf dem Ebersberg am Irchel gefundenen völlig gleich sind. (Siehe Taf. III. Fig. 9—18.) Der Rest eines aus gestampftem Lehm hergestellten Bodens scheint ein Ueberbleibsel dieser ältesten Ansiedelung zu sein. — Auffallender Weise finden sich neben den vorrömischen und römischen Gegenständen auch solche, die aufs Bestimmteste darthun, dass der Ort auch im Mittelalter nicht unbenutzt blieb. Wir führen hier nur eine zu Mailand geprägte Silbermünze von Kaiser Heinrich II. (1002—1024) an. In welcher Periode die vom Gonzen herstammenden Stücke Eisenerz zur Verarbeitung hieher gebracht wurden, muss durch eine umfassendere Abdeckung des Bodens ermittelt werden.

Es ist mithin kein Zweifel, dass dieser Ort, gleich der Kuppe des Albis, dem Uetliberge, von den frühesten Bewohnern des Landes als sicherer Wohnsitz, von den Römern für die Errichtung einer Warte gewählt, noch im Mittelalter seine Bedeutung als fester Punkt behielt.

Walenstad, Wahlastada (Gestade der Walen) und portus rivanus im 9. u. 10. Jahrhundert, rom. Riva, Hafenplatz am östlichen Ende des Walensee's (Lacus rivanus, Lach Rivaun), an der römischen Handelsstrasse gelegen und wegen der Ueberschiffung der Waaren von Wichtigkeit behielt auch seine Bedeutung noch im Mittelalter, wo vier kaiserliche und ein bischöflich-churisches Schiff den Transport der Reisenden und Kaufmannsgüter vermittelten [1]).

Das römische Walenstad ist indessen durch die Aufstauung des Sees während des Mittelalters mit Schlamm und Sand hoch überdeckt, so dass gegenwärtig von der alten Ortschaft keine Spur sich zeigt und nur bei Grabungen Geräthschaften aus römischer Zeit zum Vorschein kommen.

---

[1]) Dipl. Ludovici regis 846. Ottonis 956. S. v. Arx Gesch. v. St. Gallen I. 146.

Wesen, romanisch Guescha (Guler). Obgleich dieser Ort wie Walenstad zur Römerzeit von Bedeutung gewesen sein muss, so haben sich doch nur wenige Reste der frühern Ansiedelung erhalten. Gegenüber dem jetzigen Städtchen, unmittelbar am Ausfluss des Sees, auf einem mit Schilf bedeckten Platze, Hüttenbösch genannt, der bei hohem Wasserstande unter Wasser liegt, findet man römische Dachziegel und beim Nachgraben Gemäuer. Vor ungefähr 25 Jahren bemerkte ich noch einen Rest eines in gleichem Niveau mit dem Seespiegel befindlichen Estrichbodens, ein Beweis, dass der See noch nicht bis zu seiner ursprünglichen Höhe (in römischer Zeit) gefüllt ist. — Was das jetzige Städtchen betrifft, so mag der römische Boden 8—10' unter dem Niveau der Strassen liegen. Im Jahre 1850 wurde bei Anlegung des Gartens unten am Schlössli durch Gemeindammann Hässi ein römisches Grab entdeckt, in welchem sich eine Urne, ein Paar sogenannte Thränenfläschchen und mehrere andere Gegenstände befanden, die in die Hände des Caplans Fitzinger übergingen. Noch ist zu bemerken, dass bei Grabung des Linthkanals 10—16' tief im Boden neben celtischen Geräthen auch römische aus Bronze und Eisen gefunden wurden.

Ueber die Warte auf dem Biberlikopf siehe erste Abtheilung S. 327.

Yberg, Gemeinde Wattwyl im Toggenburg. Ausserhalb des Schlosses, unter dem ersten Fenster (dem der Schlossküche), links neben dem Schlossthor, ist ein Stein mit römischer Inschrift eingemauert, welche in der Sammlung der helvetischen Inschriften von Orelli No. 279 abgedruckt und im Jahr 1838 von Herrn Rathsschreiber Näf und Herrn P. Immler in St. Gallen in gleicher Weise gelesen wurde. Sie lautet:

```
         MINERVAE . AVG
      L . CALLIDIVS PF TR
         PALMARṾ C . V . IV
         QVADRAT . AMIC...
         ET C . SECVND....
            PRO INCOLVM
            INṾ SODALI
         . . . . . . . .
         . . . . . . . .
```

Nach Hagenbuchs Erläuterung ist der Inhalt dieser Inschrift ungefähr folgender: Drei in einer Genossenschaft stehende Gladiatoren, nämlich Lucius Callidius, des Publius Sohn, aus der tromentinischen Zunft, der in den Gladiatorenkämpfen hundert Palmen (Siege) davon getragen, und Quadratus Amicus und Cajus Secundius setzen der erhabenen Minerva einen Altar für glückliche Erhaltung in den Kampfspielen.

Da weder zu Wattwyl noch überhaupt im Toggenburg irgend welche Spuren römischer Ansiedelung vorkommen, so ist wohl kein Zweifel, dass dieser Stein von einem andern Ort durch einen frühern Besitzer des Schlosses hieher transportirt wurde. Vielleicht ist er im Thale des obern Zürchersee's oder eher noch zu Windisch, wo ein Amphitheater und unzweifelhaft eine Gladiatorencorporation bestand, gefunden worden.

Glarus.[1]

In diesem ganz zum rätischen Gebiete gehörenden Thale, dessen Bewohner gleich denjenigen Bündens schon früh romanisirt wurden, sind bis jetzt nur geringe Spuren römischer Niederlassungen zum Vorschein gekommen. Ueber die Ansiedelung beim H ü t t e n b ö s c h am Ausflusse der Seez (Linth) aus dem Walensee siehe unter Wesen, über die Mauer zu Näfels in der ersten Abtheilung S. 332.

Thurgau.

Durch die Mitte dieses Cantons zog sich die unter Augustus festgesetzte Grenze zwischen Gallien und Rätien. Die Station Ad Fines, Pfyn (siehe erste Abtheilung S. 291) wird mit Recht als ein auf der willkürlich gezogenen Trennungslinie liegender Ort betrachtet. Obgleich das Hauptthal des Cantons von der römischen Militärstrasse durchschnitten und in jeder Beziehung zur Ansiedelung geeignet war, so scheint es, nach den wenigen Resten von Wohnsitzen zu urtheilen, doch nur sparsam bevölkert gewesen zu sein. Auffallender Weise ist längs dem Ufer des Bodensees von Stein an bis Arbon auch nicht eine Spur von römischer Niederlassung bis jetzt entdeckt worden.

Boltshausen, liegt eine Stunde westlich von Mauren und mit diesem Orte am mittäglichen Fusse derselben Hügelkette. Am Ende des verflossenen Jahrhunderts wurde östlich vom Dorfe, in der Eichwiese, einer mehrere Jucharten haltenden, südlich durch einen geradlinigen Terasseurand begrenzten Fläche, Gemäuer aufgedeckt, bei welcher Arbeit kleinere Gegenstände aus Bronze zum Vorschein kamen. Im Herbste 1862 liess Herr Dekan Pupikofer an mehreren Stellen den Boden aufgraben und überzeugte sich, da sich überall Schutt und Stücke von Dachziegeln vorfanden, von dem einstigen Dasein römischer Wohnungen. Weiter östlich auf derselben Wiese stiess man in einer Tiefe von 2—3' auf die Trümmer eines Hypokaustes.

Constanz (zum Grossherzogthum Baden gehörend), das nach der Annahme vieler Alterthumsforscher von Constantius Chlorus erbaut und nach ihm benannt worden sein soll, entbehrt aller und jeder sichtbaren römischen Reste. Auf blossen Vermuthungen beruht, was im Anzeiger 1861 S. 34 von einer Burg und in andern ältern und neuern Schriften von Mauern etc. innerhalb der jetzigen Stadt berichtet wird. »Kein Schriftsteller, keine Inschrift, keine Münze«, sagt G. Schwab in seiner Beschreibung des Bodensee's, nennt die Gründung eines Castells auf dieser durch die Natur so festen Stelle. Nur der Name, Constantia, ist dem Orte geblieben. Aber als im Jahr 1632 der schwedische General Horn Minen gegen die belagerte Stadt zu graben anfing, da stiess er vor dem Kreuzlingerthore auf ihre alten römischen Rippen. Ungeheure Substructionen und die colossalen Bogen einer steinernen Brücke, Zeugen von weit breiterem Wasserstande des Rheins in jener alten Zeit, kamen an's Licht; Alles wies auf eine gewaltige, für lange Dauer berechnete Befestigung hin.«
Schon ein Paar Jahrhunderte früher war an dieser Stelle ausgedehntes und festes Gemäuer entdeckt worden, wie aus folgender Stelle in Bucelin's Beschreibung des Bodensee's S. 3 hervorgeht:

---

[1] Recht unpassend aus Glaris latinisirt.

»Maximi splendoris urbem, jam ante Christum natum fuisse latentia profundissime, reperta subinde maximæ molis rudera produnt, ita ut longo terrarum tractu clivus ille elatior, qui a Porta Creutzlingensi, versum Coenobii eodem nomine veteris bustum et aream exporrigitur, mera aggestio ruderum, et vetustissimæ urbis reliquiarum deprehendatur. Compertissimum id omnibus fuit, cum anno Christi 1452 magnificæ illius et robustissimæ, prope portam prædictam turris (Conrado Grünenbergio viro nobili tunc aedilem agente) fundamenta essent jacienda, dum incredibili labore non sine maxima admiratione nullo reperto solidioris soli indicio per crusta tantum et frusta veterum ædificiorum, per miræ duriciei lateres, variæque sortis immixtos caemento durissimo lapides, ad maximæ demum molis, amplissimi pontis longe productos fornices, insanis substructionibus et pilis sustentatos descenderetur; ita ut facile omnes animadverterent, Rhenum olim vel integrum, vel partem ejusdem majorem, urbem a Turgovia sejunxisse, etsi nihilominus Veteris Galliæ . . . . . . urbibus adscriberetur.«

In neuerer Zeit sind sonderbarer Weise weder bei der Cultur des Bodens, noch bei Grabung von Fundamenten an der erwähnten Stelle Reste von Mauern entdeckt worden, auch keinerlei Ueberbleibsel aus römischer Zeit, wie Fragmente von gebrannten Steinen oder Mörtelbrocken, zum Vorschein gekommen. Alterthümer, die zu Constanz als in dieser Stadt und deren Umgegend ausgegraben gezeigt werden, sind, einige römische Münzen abgerechnet, unächt oder hergebracht.

Eschenz. In einer bei Neugart (I. p. 119 No. 139 im Auszuge) im Urkundenbuch der Abtei St. Gallen vollständig abgedruckten Urkunde vom Jahre 799 erscheint das Castell Burg Stein unter dem Namen castrum Exientia, eine Benennung, die dann später auf das Dorf Eschenz überging. Da am Fusse des Castells der Rhein aus dem Untersee ausfliesst, so ist der Name nach der Analogie der Ortsnamen Confluentia (Coblenz in der Schweiz und Coblenz in Rheinpreussen) und anderer sehr gut gewählt. Da anzunehmen ist, dass die obige Benennung die ursprüngliche gewesen, wofern nicht der Schreiber der Urkunde den Namen des neben der Burg liegenden Dorfes Eschenz in Exientia latinisirte, so muss die Vermuthung betreffend die Identität des Castells Burg Stein und des Ortes Ganodurum bei Ptolemäus aufgegeben werden. (Siehe erste Abtheilung S. 274 und Anzeiger für schweiz. Geschichte und Alterthumskunde Jahrg. 1863 S. 26.)

Auf den Feldern von Eschenz kommt an vielen Stellen römisches Gemäuer und Geräthe zum Vorschein (siehe Zoller's Ms.). Auch sind zu Unter-Eschenz die mit römischer Cursivschrift bedeckten Ziegelsteine, womit der Boden eines gewölbten Grabes ausgelegt war. nebst einem goldenen Fingerring, einem Pfriem aus vergoldetem Silber etc. gefunden worden. Taf. IV. Fig. 1—4. (Siehe Mommsen's Inschr. No. 273 und schweiz. Geschichtsforscher Bd. VII. S. 113.) Die Schwerter, Dolche, Messer, Schildbuckel, Sicheln, Bronzeringe, Bronzeschnallen, bunte Glasflussperlen etc., welche aus der Zeerlederschen Sammlung in diejenige unsers Vereins übergingen, stammen aus einer Reihe von Gräbern auf den Feldern von Eschenz her und sind alemannischer Herkunft.

Hüttweilen. Ungefähr in gleicher Entfernung vom Schlosse Steinegg, drei Viertelstunden von einander, finden sich die Reste zweier römischer Niederlassungen, beide an Oertlichkeiten, wo man solche am wenigsten vermuthet hätte.

Die eine dieser Ansiedelungen liegt etwa 1800′ über Meer, auf einer rauhen, dem Nordwind sehr ausgesetzten, jetzt mit Wald bedeckten Anhöhe, die eine freie Aussicht auf den Untersee, den Rhein und die 1 Stunde Weges entfernte Burg Stein (siehe Eschenz) darbietet und Schlossacker heisst. Die

Trümmer dieser Villa sind schon vor 30 Jahren entdeckt worden. Was damals gefunden wurde, stellte sich als einen 4' tiefen Keller dar, in welchem ziemlich viel Wandmalerei, Leistenziegel und Heizröhren, verschlacktes Eisen, sogar verschlackte Steine, Glas- und Thonscherben, ein eiserner Hundskopf (die Handhabe eines Schlüssels) und andere Dinge unter den zusammengestürzten Mauern verschüttet lagen. Die Abbildung des Schlüssels siehe auf Taf. IV. Fig. 5. Eine aretinische Schale trägt den Töpfernamen Paulinianus. Die Mauern des Gebäudes bestanden aus Feldsteinen. Eine nahe Quelle war durch eine Leitung aus zugerichteten Steinen nach der Wohnung geführt. Ohne allen Zweifel lief eine Verbindungsstrasse zwischen Burg Stein, dem Castrum Exientia, und Vitudurum an dieser Ansiedelung vorbei.

Im frühern Mittelalter stand auf dem Schlossacker ein Hof mit dem seltsamen Namen Walpitalo, nach welchem ein Geschlecht wehrständischer Dienstmänner des Klosters Einsiedeln sich nannte, zu dessen ersten Erwerbungen die Gegend gehörte. Der Hof ward wüste in der Mitte des vorigen Jahrhunderts; gegenwärtig ist er wieder angebaut und bewohnt unter dem Namen Grünegg.

Zu bemerken ist, dass auf dem flachen Bergrücken, zwischen Stein und Thur, deutliche Spuren des Pfluges da zu erkennen sind, wo jetzt Tannenwald steht.

Die südwestlich von Steinegg gelegene römische Ansiedelung befand sich in der Nähe des kleinen zu Steinegg gehörenden Sees, da wo der Abhang des Berges in der Ebene sich verflacht. Sie wurde als solche erst erkannt und untersucht, als schon ein bedeutender Theil der Trümmer verschwunden war. Das Gebäude war genau viereckig, mass 120 Fuss auf jeder Seite, und war ebenfalls aus Feldsteinen erbaut. Die Abdeckung desselben lieferte eine grosse Menge Thonscherben, viele eiserne Nägel, verschlacktes Eisen, Dachziegel und Stücke eines Estriches. Der merkwürdigste Fund ist ein weiblicher, ziemlich roh aus Sandstein gehauener, mit einem Diadem geschmückter Kopf, dessen Haare über der Stirn in einen Knoten zusammengebunden sind. Es ist unverkennbar das Bild der Isis und das einzige Stück Bildhauerarbeit, das östlich von der Limmat gefunden wurde. Der Behandlung nach scheint es von demselben Künstler herzurühren, der das auf dem Lindenhof in Zürich gefundene Fortunabild (siehe erste Abtheilung S. 285) verfertigte. (Taf. IV. Fig. 6.) Ueber den Isisdienst in unserer Gegend siehe die Inschrift von Wettingen in Mommsen's Inscr. No. 241. (Nach der Mittheilung im Anzeiger für schweiz. Gesch. und Alterth. 1861 S. 32 von Herrn Major Zeerleder.)

Oberkirch. Auf der Anhöhe, östlich von Frauenfeld, wo die alte Pfarrkirche dieser Stadt liegt, kommen nördlich von den Häusern römisches Gemäuer, Bruchstücke von Dachziegeln und von Heizröhren vor. Die Umfangsmauern der römischen Gebäude erstrecken sich von der Kirche weg bis an 200 Fuss unterhalb derselben, und scheinen auch dort nicht auszugehen. Reste von Estrichböden und von Wasserleitungen deuten nebst zerstörten Hypokausten auf wohleingerichtete Wohnungen hin.

Ober-Mauren. Dieser Ort liegt am Fusse des Hügelzuges, unterhalb welchem die römische Heerstrasse hinzieht. Auf der terrassenartigen, »Lagerberg« heissenden Erhöhung liegen die Trümmer einer römischen Ansiedelung, wie das hier befindliche Gemäuer, die Reste eines Zimmerbodens aus kleinen Backsteinen, Fragmente von Dachziegeln, Scherben von Töpfen und ein Mühlestein, der im Jahr 1838 ausgegraben wurde, beweisen.

Pfyn. (Ueber das Castell siehe den ersten Theil dieser Schrift.) Der eine Viertelstunde von Pfyn, nördlich von der nach Müllheim führenden Strasse — der alten Römerstrasse — gelegene Weinberg oberhalb der Ziegelhütte heisst »Heerenziegler«. Hier kommen theils im Weinberge selbst, 720 Fuss nördlich von der Strasse und 50 Fuss über derselben, theils in dem unterhalb derselben liegenden Ackerfelde römisches Gemäuer mit Resten von Hypokausten und Stücken von Dachziegeln vor, welche über etwa ³/₄ Juchart zerstreut liegen. Keine dieser beiden Stellen ist bis jetzt untersucht, allein an der letztern im Jahr 1850 ein bleierner Sarg ausgegraben worden von der Form eines länglichen Kastens und 236 ℔ Gewicht. Unten war er offen, aber auf ein eichenes Brett befestigt. Ausser einigen Resten des Skelettes fand man nichts als eine Anzahl eiserner Nägel darin. Siehe Thurgauerzeitung, 7. Dec. 1850 (Bericht des Herrn Dekan Mörikofer).

Bleisärge aus römischer Zeit, die in Frankreich nicht selten und in England noch häufiger vorkommen, sind beschrieben in Wrights' History of the early Inhabitants of Britain p. 313.

Im Jahr 1862 wurde ein hübsches, gut erhaltenes Mercurbild von circa 4" Höhe in dieser Gegend gefunden. (Siehe Taf. V. Fig. 1.)

Unter-Schlatt. Nördlich von diesem Dorfe befindet sich eine Anhöhe, Itelburg genannt, welche oben bepflügt wird, am steilen Westabhange aber mit Reben bepflanzt ist. Der Weingarten, auf dessen Oberfläche Stücke von Dachziegeln zerstreut liegen, bedeckt das sehr feste Mauerwerk eines oder einiger römischer Gebäude, unter deren Trümmern Anfangs des vorigen Jahrhunderts ein bronzenes Mercurbild gefunden wurde. Im Jahre 1840 entblösste der Eigenthümer die Ecken mehrerer Gemächer, einen Herd und eine steinerne Treppe, auf der man von einer Terrasse zur andern gelangte, und fand bei dieser Arbeit verschiedene Gegenstände von Eisen und Erz, unter den letztern einen Teller von Bronze, den er mir überliess. Zu weiterer Aufdeckung war er nicht zu bewegen. Dagegen öffnete er mir auf der Anhöhe, wo sich der Begräbnissplatz der Ansiedelung befand, ein Paar Gräber, deren Wände aus trocken auf einander gelegten Feldsteinen errichtet waren. In einem derselben kam ein bronzener Spiral-Armring zum Vorschein. Die Lokalität, auf welcher die Gräber liegen, heisst Schelmenacker. (Siehe Taf. IV. Fig. 7 u. 8.)

Sitterdorf. Nördlich von demjenigen Theile des Dorfes Sitterdorf, welcher Ebnat heisst, befinden sich am obern Ende einer nach der Kirche dieses Dorfes abfallenden Fläche auf einer »Killwiese« genannten Localität die Ueberreste eines römischen Gebäudes, das einen freien Blick nach dem Thurthale und dem Gebirge gewährte. Im Winter 1859 auf 60 wurde ein Theil des Gebäudes, welcher 12 kleinere und grössere Gemächer enthielt, abgedeckt. (Siehe Taf. VI. Fig. 1.) Die Länge der nördlichen Umfangsmauer betrug 60', die Dicke derselben 2½', diejenige der Scheidemauern 2'. Unter sämmtlichen Mauern war, wie man glaubt, um dem lockern Boden mehr Festigkeit zu geben, ein Pflasterboden aus Kieselsteinen angelegt. Um die in den Gemächern auszubreitenden Estriche in horizontaler Lage zu erhalten, hatte man in den Räumen b, g, k quer laufende Unterzugsmauern angebracht. In einem Gemache bestand der Fussboden aus Backsteinen, in den andern aus einem Gusse von Kalk mit kleinen Kieselsteinchen und zerstossenen Ziegeln, in andern aus demselben Material, ohne Zusatz der Ziegelstücke. Die Räume d, f, g waren heizbar und enthielten noch einige Hypokaustpfeilerchen aus Sandstein, die wie gewöhnlich oben und unten quadratisch, in der Mitte, wo sie dünner werden, rundlich zugehauen sind. Auffallender Weise war im erstgenannten Raume die südliche Scheidemauer aus Lehm und Steinen aufgeführt. Alle vier Wände des Raumes waren mit dünnen, durch die bekannten T Nägel befestigten Ziegelplatten belegt.

Ohne allen Zweifel war diess Gebäude das Wohnhaus einer landwirthschaftlichen Ansiedelung (Villa), deren Oekonomiegebäude eine genauere Untersuchung der Lokalität zum Vorschein bringen wird. Es ist diess die eine der wenigen nicht militärischen Anlagen, welche bis jetzt in dem zur Schweiz gehörigen Theile der rätischen Provinz entdeckt worden sind. (Nach der gefälligen Mittheilung des Herrn Pfarrer Sulzberger in Sitterdorf.)

Unter-Steinach. Bei diesem Orte wurde im Jahr 1862 bei Grabung eines Kanals ein Stück der alten römischen, dem Sceufer entlang von Arbon nach Bregenz (Vindonissa-Brigantia) führenden Strasse entdeckt, welche in ihrem weitern Laufe unter dem Namen Peststrässchen bekannt ist und jetzt noch begangen wird. Diese Strasse umging von Arbon aus in grossem Bogen das Sumpfland zwischen diesem Orte und Unter-Steinach, welches Dörfchen sie links liegen liess, und führte in der Richtung des aufgegrabenen Stückes gerade auf Horn zu. Die Richtung aber, welche sie von hier verfolgte, ist noch nicht ermittelt.

Das etwa 9' breite Mittelstück des Peststrässchens bestand aus einer wenigstens 6' dicken Masse verschiedener Lager von grösseren Steinen, auf welchen sich wieder mehrere Schichten Kies befanden, deren ursprünglich gewölbte Oberfläche durch langen Gebrauch einen concaven Querschnitt angenommen hatte. Der Bau und die historische Bedeutung dieses Strassenstückes ist durch die Nachforschungen des Herrn P. Immler bekannt geworden.

Ob sich diese Strasse von Arbon dem See entlang nach Constanz fortsetzte und auf sie die Angabe Ammian's XV. 4. betreffend eine breite, durch die Schauer finsterer Wälder hinführende Strasse sich bezieht, ist ungewiss.

Strassen. Die römische Heerstrasse Vindouissa-Brigantia hat sich, wie in der ersten Abtheilung S. 284 bemerkt worden, zwischen Vitudurum und Ad Fines in deutlichen Resten erhalten. Ueber die sumpfige Niederung östlich von Vitudurum zeigte sie sich noch im Anfange dieses Jahrhunderts als ein aus grossen Steinen angelegter Bau, auch bei Frauenfeld, zwischen der Ortschaft Kurzdorf und Langdorf ist sie in ihrer ursprünglichen Form und Beschaffenheit noch vorhanden, und tritt als ein ohne viel Aufwand errichteter Dammweg über die Ebene hervor. In ihrem übrigen Laufe ist sie, am Gehänge der Hügel auf festem Grunde sich hinziehend und eines regelrecht angelegten Unterbaues nicht bedürfend, durch blosse Bekiesung des Tracé, vielleicht des aus frühester Zeit herstammenden Thalweges, hergestellt. Von dem Bestreben, Erhöhungen und Vertiefungen auszuweichen und ihr durch Abtragungen oder Auffüllungen eine horizontale Lage zu verschaffen, zeigt sich keine Spur. Im Jahre 1841 liess ich dieselbe, um von ihrem Baue nähere Einsicht zu bekommen, bei Kurzdorf, wo sie unter dem durch den verstorbenen Herrn Regierungsrath Freienmuth in Aufnahme gebrachten Namen »Römerstrasse« bekannt ist, an verschiedenen Stellen durchgraben. Ihre Oberfläche hat ein sanftes Seitengefälle, eine Breite von 30 — 32', eine Höhe von 3'. (Siehe das Profil Taf. VI. Fig. 2.) Ihr Fundament besteht nicht aus einem Steinbette, sondern aus festgestampftem Kies, und ist ungemein solid. Auf dieser Unterlage ruhen Schichten reinern Kieses, die durch Jahrhunderte lange Befahrung eine solche Compactheit erlangt haben, dass sie vermittelst des Karstes nur mit Mühe durchbrochen werden können. Verglichen mit diesem Strassenzuge ist derjenige der westlichen Schweiz, wie er sich zwischen Avenches und Solothurn noch erhalten hat (s. Taf. VI. Fig. 3 und Anzeiger für schweiz. Gesch. und Alterth. Jahrg. 1856 No. 1), mit mehr Sorgfalt angelegt. Das eigentliche Fundament der

Strasse ruht dort auf festem Lehm und ist ein 9' breites, horizontales Steinbett, welches aus 22—24" grossen, aufrecht gestellten Kieselsteinen besteht, deren Zwischenräume mit zerschlagenen Steinen ausgefüllt sind. Auf diese ungemein feste Unterlage sind Sand und Kies aufgeschüttet. Die oberste Schicht, welche eine geringe Wölbung erkennen lässt, besteht aus reinerem Kies.

Zwischen Kurzdorf und Langdorf überschritt die Römerstrasse die Murg, welche hier ihren Lauf öfter gewechselt und die Strassenbahn theils weggeschwemmt, theils mit Sand und Kies bedeckt hat. Als Zeugen des einstigen Ueberganges über den Fluss sind im Bette derselben eine Anzahl eichener Pfähle stehen geblieben, welche das Dasein einer hölzernen Brücke an dieser Stelle darthun.

Tuttwil. Die römische Ansiedelung bei Bommershäusli gehört zu den am nächsten gegen das Gebirge gelegenen Ansiedelungen in der nordöstlichen Schweiz. Im Jahre 1803 oder 1804 wurde hier bei einer Grabung vor den Häusern ein Stück einer bleiernen Wasserleitung aufgedeckt. Vor circa 15 Jahren stiess der Besitzer bei Anlegung eines Strässchens auf das Innere eines römischen Gebäudes mit bunt angestrichenen Mauern und fand Topfscherben und verschiedenes Eisengeräthe. Auch westlich von dem Hofe kommt Gemäuer vor. (Bericht des Herrn Dekan Pupikofer.)

Widenhub, unweit Waldkirch. Im Jahr 1832 wurde am Saum eines Wäldchens ein Topf herausgepflügt, welcher über 5000 sehr gut erhaltene Silbermünzen aus dem Zeitraume vom Jahr 69—259 n. Chr. enthielt. Die ältesten sind nämlich unter Vitellius, die spätesten unter Licinius Valerianus geprägt. Dieses Geld scheint während der Regierungszeit des letztgenannten Kaisers, unter welchem die Germanen von Neuem den Grenzwall durchbrachen und in das römische Gebiet einfielen, vergraben worden zu sein [1]).

Zug, Schwyz, Uri, Unterwalden.

In allen diesen Cantonen ist, die Häuserreste auf der dem Kloster Einsiedeln gehörenden Insel Ufenau im Züricherseee ausgenommen, keine Spur einer römischen Ansiedelung entdeckt worden, ohne dass man desshalb zu der Annahme berechtigt ist, dass der ungemein fruchtbare Boden des erstern und verschiedene Theile des zweiten Cantons, wie die March und das Thal des Fleckens Schwyz, zur Römerzeit nicht bewohnt gewesen seien [2]). Der Grund, dass in diesem Theile unsers Landes bewegliche Alterthümer, wie Münzen und Geräthschaften, aber keine Reste von Wohnungen bisher bemerkt wurden, ist darin zu suchen, dass hier wie in andern waldreichen Gebirgsgegenden auch in römischer Zeit der Steinbau gegen den Fachwerk- und Holzbau zurücktrat, und desshalb die Ueberbleibsel der Wohnsitze im Laufe der Zeit sich verwischten. Ein anderer Grund liegt darin, dass da, wo der Boden nicht mit dem Pflug befahren, sondern als Weideplatz benutzt wird, allfällige Spuren von Niederlassungen unbemerkt bleiben. Hiezu kommt noch, dass am Fusse der Berge Reste verlassener

---

[1]) Vopisc. Tacit.: »Nam limitem transrhenanum Germani rupisse dicuntur occupasse urbes validas, nobiles, divites et putentes.« Ueber diesen Münzfund siehe den Bericht von Daniel Meyer. St. Gallen 1831.

[2]) Auf das einstige Dasein einer rätischen Bevölkerung im ganzen Alpengebirge haben wir bei der Beschreibung des Pfahlbaus von Zug Bd. XIV. S. 158 aufmerksam gemacht.

Gebäude aus verschiedenen Ursachen rascher und tiefer von der Erde verschlungen werden, als im ebenen Lande.

Insel Ufenau. Auf der Erhöhung, wo die kleinere Kirche steht, kommen römische Dachziegel vor, und stiess der Pächter der Insel beim Anlegen eines Weingartens am südlichen Abhange derselben auf Gemäuer. Im Jahr 1839 wurde an dieser Stelle neben einem Gerippe eine römische Graburne und einiges Eisengeräthe entdeckt [1]. Diese Insel mag eine Schifferstation gewesen sein.

Rikenbach. Bei dem Dörfchen Rikenbach, eine Viertelstunde östlich von dem Flecken Schwyz, wurden im Jahr 1857 auf einem mit Steinen übersäeten Abhang, welchen der Besitzer zu reinigen und anzubauen im Begriffe war, neben einem grossen Steine, kaum $1^1/_2'$ tief im Boden, folgende Gegenstände entdeckt: Zwei etwa 5" hohe Glöckchen in Bronze, zwei bronzene Gefässe (trullæ), von denen das eine auf der Handhabe mit A C A bezeichnet ist, ferner eine Agraffe und ein Armband, beide von Silber, eine blaue gerippte Glasperle und 80 Silbermünzen von Kaiser Otho bis Septimius Severus, nämlich von Otho 2, Vespasianus 3, Domitianus 7, Trajanus 12, Hadrianus 12, Sabina 1, Antoninus Pius 21, Faustina 6, M. Aurelius 11, Faustina junior 2, Commodus 1, Septimius Severus 3, gefunden. (Siehe Taf. IV. Fig. 9—13.) Diese Gegenstände, die sich alle beisammen fanden, scheinen nicht verloren gegangen, sondern an der Fundstelle vergraben worden zu sein, und es ist anzunehmen, dass in nicht allzu grosser Entfernung von derselben Wohnungen sich befanden.

Canton Zürich.

Der jetzige Canton Zürich lag in römischer Zeit zu äusserst an der Ostgrenze Galliens, wie aus dem Umstande hervorgeht, dass zu Turicum der gallische Eingangszoll erhoben wurde [2]. Mit der übrigen helvetischen Landschaft gehörte er zum Stadtgebiete von Aventicum, dem Hauptorte des Landes, und machte nach der alten, auch unter römischer Herrschaft bestehenden Gaueintheilung [3], auf welche die zu Kloten gefundene Inschrift (siehe Kloten) hinweist, einen Theil des Pagus der Tigoriner aus. Obgleich er nur einen einzigen Flecken (Turicum) und ein Paar ganz kleine Ortschaften umfasste, war er mit desto mehr landwirthschaftlichen Anlagen besetzt, welche sich über die ebenere Gegend verbreiteten und theils in ansehnlichen Resten sich erhalten haben, theils nur in schwachen Spuren zu erkennen sind. Leben und Verkehr brachten in seine Thäler eine Heerstrasse, welche das Land von Ost nach West durchschnitt, und ein dem See und der Limmat entlang angelegter Handelsweg, so wie auch die Abzweigungen dieser Strassenzüge sowohl nach dem Rheine als dem Gebirge hin. Besonderes Interesse bieten die Trümmer von mehreren militärischen Bauwerken, nämlich von drei zum Schutze der angeführten Strassen errichteten Castellen und von zwei theils dem Rheine, theils der Handelsstrasse folgenden Systemen von Wartthürmen (speculæ) [4].

---

[1] Siehe die Geschichte der Ufenau in Band II. unserer Mittheilungen. Die Graburne, die dort als gallische Arbeit ausgegeben wurde, hat sich bei näherer Betrachtung — sie ist auf der Drehscheibe verfertigt und hart gebrannt — als römisch erwiesen.

[2] Siehe erste Abtheilung S. 285.

[3] Siehe Mommsen's Insc. No. 192 » — qua pagatim, qua publice« — etc.

[4] Siehe erste Abtheilung S. 326.

Es scheint unzweifelhaft, dass die theils ungemein festen, theils sehr ausgedehnten Trümmer einiger Niederlassungen in den nach der Gegend von Baden und Windisch auslaufenden Thälern ursprünglich von Cantonnements der zu Windisch stationirten Truppen herrühren. Dahin gehören z. B. die je auf gegenüberliegenden Punkten des Thales erbauten und die römischen Strassen beherrschenden, 3—4 Stunden vom Hauptquartier entfernten Stationen Buchs und Dällikon, Schöfflisdorf und Dachslern. Wir dürfen aber mit Sicherheit annehmen, dass nach dem Abzug der Legionen diese Etablissements ihren militärischen Charakter verloren und in die Reihe der von Veteranen beworbenen Höfe übergingen. — Auffallend ist, wie im Gegensatze mit den stark bevölkerten Gestaden der Seen der westlichen Schweiz die Ufer des Züricher-. und Greifensees sowohl von Resten ländlicher Villen als anderen Denkmälern römischer Cultur enthlösst erscheinen [1]).

Adlikon bei Regensdorf. Oberhalb Adlikon und zwar an der Stelle, wo die von Baden nach Ober-Winterthur führende alte Römerstrasse die jetzige Strasse von Zürich nach dem Städtchen Regensberg durchschneidet und unter dem Namen Mauleselgasse in die sogenannten Strassenaecker eintritt, wurden vor etwa 10 Jahren bei der Erweiterung der jetzigen Strasse die Grundmauern eines römischen Gebäudes nebst einer Menge Dachziegel, einigen Geräthschaften und Münzen gefunden. Nicht weit von dieser Stelle befinden sich ein Paar rundliche, mehrere Klafter im Durchmesser haltende Vertiefungen im Boden, welche seit längster Zeit den Namen Heidenlöcher tragen und von den Leuten in der Umgegend als eingestürzte Ziehbrunnen betrachtet werden.

Affoltern westlich vom Albis. In dem von niedrigen Bergen eingefassten, mit dem Zürchersee parallel liegenden Thale von Affoltern finden sich hauptsächlich in der Nähe dieses Dorfes an mehreren Stellen Reste von römischen Ansiedelungen.

Zwischen Affoltern und den Häusern »im Grossholz«, etwa 40 Meter über der Thalsohle, liegen zwischen der alten und der neuen von den genannten Dorfe nach Mettmenstetten führenden Strasse zwei neben einander laufende, unter rechtem Winkel an jene erstere stossende, 10' hohe, mit Gebüsch besetzte Erdwälle. Beim Durchgraben derselben zeigt sich, dass sie die sehr festen Hauptmauern eines circa 250' langen, in ungleichen Distanzen durch Quermauern abgetheilten Gebäudes bedecken. Auf Anordnung der Regierung und unter Leitung des Ortsgeistlichen, Herrn Fäsi, wurde im October 1806 das Erdgeschoss eines Theiles dieses Gebäudes abgedeckt. Das ausgegrabene Stück war, wie aus dem Plane Taf. VI. Fig. 4 zu sehen, gegen 140' lang und gegen 30' breit und in drei grössere und mehrere kleine Räume 'eingetheilt. Bei *A* standen die aus Sandstein roh zugehauenen Pfeilerchen eines Hypokaustes. Das Zimmer war ein Quadrat von nur 9' Seitenlänge und mag ein Schwitzgemach gewesen sein. Auf Brocken des Bestiches zeigten sich rothe und gelbe Striche. Da die Wände bis auf die Höhe der Suspensura abgebrochen waren, fand sich vom Eingange keine Spur. Bei *B* und *C* Reste eines Estriches, bei *D* war die Küche angebracht. Es lagen hier auf dem Estriche eine Menge

---

[1]) Es darf nicht ausser Acht gelassen werden, dass wenn in diesen Blättern von Bevölkerung die Rede ist, nur die romanisirten, nicht die in Lehmhütten nach gallischer Weise lebenden Bewohner des Landes gemeint sind. — Alle in diesem Verzeichnisse aufgeführten Fundstellen sind von dem Verfasser wiederholt eingesehen worden. — Ueber die Vertheilung der celtischen und römischen Alterthümer im Gebiete des Cantons Zürich verweise ich auf die bei Wurster und Comp. in Winterthur erschienene archäologische Karte des Cantons Zürich.

Knochen, auch Austerschalen. Bei *E* muss sich die Mauer nach *F* hingezogen haben. Der Raum *G* hatte ebenfalls einen unversehrt erhaltenen Estrichboden, auf welchem unter einer Masse von Stücken der Gipsbekleidung der Wände und der Decke Scherben von irdenen Gefässen zum Vorschein kamen. Unter dem Fussboden, welcher aufgebrochen wurde, fanden sich Knochen, Nägel, Scherben von terra sigillata und geringerer Töpferwaare — ein Beweis, dass dieser Bau nicht der erste war. Bei *H* ein Eingang, der einzige, der in den Trümmern zu bemerken war. Bei *I* ein Estrichboden und bei *K* eine bunt bemalte Wand. Die Mauern waren theils aus zugerichteten Feldsteinen, theils aus Tufstein aufgeführt. Eine später fortgesetzte Ausräumung der Trümmerstätte brachte Haufen zerbrochener Dachziegel, von denen manche mit den Marken, der XXI und XI Legion bezeichnet waren. Reste eines Backsteinbodens, Heizröhren, Thongeschirre der verschiedensten Art, darunter auch solche von aretinischer Erde [1], Scherben von Glasgefässen und Fensterscheiben und eine Menge Austerschalen zu Tage. (Bericht des Herrn Pfarrer Fäsi im Staatsarchiv und briefliche und mündliche Mittheilung von demselben.)

Die Ruinen dieser Ansiedelung sind unter dem Namen Heidenmauer oder »im Brandschloss« bekannt, eine Benennung, welche die Art des Unterganges der Wohnungen ganz richtig angibt.

Auf der Nordseite der Heidenmauer kommt an zwei bis jetzt noch nicht untersuchten Stellen sehr festes Gemäuer zum Vorschein.

Südlich vom Dorfe liegt im Thale eine Anhöhe, welche Betbaur geheissen wird [2]. Auf dieser ist eine Fläche von ziemlicher Ausdehnung und länglich viereckiger Gestalt von einer aus römischer Zeit herstammenden, aus Feldsteinen roh erbauten, aber festen Mauer umgeben, deren Höhe gegenwärtig etwa 5' beträgt. Auf der Seite, wo die ebenfalls Betbaur genannte Wohnhaus steht, läuft unter spitzigem Winkel von einer Ecke des Rechtecks eine ebenfalls römische Mauer aus, deren Länge und Verbindung mit anderem Gemäuer nicht ermittelt ist. Innerhalb des eingefriedeten Platzes liegen überall Stücke von Dachziegeln, von Heizröhren, von Amphoren, Wasserkrügen und kleinem Geschirr, ferner Tufsteinbrocken und Ziegel mit dem Stempel der XXI Legion. (Siehe Meyer's Legionen, Abbildung No. 10.)

Auch nördlich von diesem Punkte kommt altes Gemäuer vor. Dachziegelfragmente liegen über mehrere Morgen Landes zerstreut.

In der Ruchweid gegen Loo finden sich ebenfalls Ziegelfragmente und Mauern.

Albisrieden. In geringer Entfernung südlich von der Strasse von Zürich nach Baden erhebt sich der Boden im Flächeninhalt einer halben Juchart etwa 8' hoch über das ebene Feld. In der Mitte dieser Anschwellung befand sich bis zum Anfang der 30ger Jahre, von einer dreiseitigen Mauer eingeschlossen, das Hochgericht, dessen Schauer die Umgebung desselben vor Anbau und das Erdgeschoss einer römischen Villa, die einst hier stand, vor allzu früher Zerstörung durch Menschenhand bewahrt hatte. Durch die am Rande der Anhöhe in Menge herumliegenden römischen Dachziegel auf die frühere Bedeutung des Ortes aufmerksam gemacht, beschloss im Spätherbste 1836 die antiquarische Gesellschaft trotz der Unheimlichkeit der Stätte und der vorgerückten Jahreszeit hier eine Ausgrabung

---

[1] Die Namen aretinisches Geschirr, samisches Geschirr, terra sigillata Geschirr bezeichnen sämmtlich das feine rothglänzende römische Tafelgeschirr.

[2] Ueber die Bedeutung dieses Wortes siehe Anzeiger für schweiz. Gesch. u. Alterth. 1863 No. 2.

zu veranstalten. Da im Jahr 1799 diese Erhöhung von dem Befehlshaber der russischen Artillerie zur Errichtung einer Batterie benutzt und von den Schanzengräbern theilweise durchwühlt worden war, so gab man den Gedanken einer planmässigen Abdeckung des Bodens auf, und suchte durch Aufschürfung mehrerer Punkte theils das Vorhandensein von baulichen Ueberresten ausser Zweifel zu setzen, theils etwa vorhandene merkwürdige Alterthumsreste an's Licht zu ziehen. Der wenig günstigen Witterung ungeachtet wurde die Arbeit während ein Paar Wochen mit allem Eifer betrieben, und lieferte folgendes Ergebniss: In der Mitte des oben erwähnten Mauereinschlusses entdeckte man verschiedene Gemächer eines römischen Hauses, zuerst ein Wohnzimmer mit gelb und roth bemalten Wänden und einem sauber abgeglätteten Estrichboden, neben diesem ein heizbares Zimmer mit zerstörtem Hypokaust, aber gut erhaltenem, noch mit Kohlen angefülltem Heizloch (Praefurnium). An dieses stiess der Küchenraum, in welchem eine Menge zerbrochener Platten und Kochtöpfe nebst rothem, mit Bildwerk verziertem Tafelgeschirr, Scherben von Glasflaschen, Messer, Henkel und Ketten zum Aufhängen der Kochtöpfe über dem Herde, mancherlei anderes Eisengeräthe und angebranntes Holz in Haufen gefunden wurden. In einer Ecke dieses Raumes lagen unter einem Haufen Asche die Ueberreste der Mahlzeiten, nämlich die Knochen vieler vierfüssigen Thiere und Vögel, deren Aufbewahrung und Bestimmung leider versäumt wurde, sowie auch unzählige angebrannte Gehäuse der Weinbergsschnecke, deren Bewohner offenbar verspeist worden waren, und einige Pfirsichsteine. Aus einem andern Raume wurden ein Paar bronzene Haudhaben und das aus Erz gegossene Brustbild des Silenus, welches als Gewicht zu einer Schnellwaage gedient hatte — eine Bronze von vortrefflicher Arbeit — hervorgezogen. (Siehe Tafel IV. Fig. 14.) Ferner wurden an einem dritten Orte mehrere auf einem Estrichboden liegende zerschlagene Amphoren, an einem vierten die Ueberreste eines Hypokaustes und Stücke von Fensterscheiben, eine irdene Lampe, Münzen, bronzene Schreibegriffel, Haar- und Heftnadeln und Stücke von bronzenen Spiegeln gefunden. Noch wurde ein drittes mit einem Hypokaust versehenes Zimmer, dessen weisse Wände mit rothen und grünen Streifen eingefasst waren, ein mit Kieselsteinen besetzter Raum, in welchem eine aus Lava von Nieder-Mennig verfertigte Handmühle zum Vorschein kam, endlich ein 16 □' grosses Gemach aufgedeckt. Der Boden dieses letzteren bestand aus vier auf einer dicken Unterlage von Lehm ruhenden, 4 □' haltenden gebrannten Platten, war von aufrecht stehenden Dachziegeln eingefasst und etwas gegen W. geneigt. Die Mauern waren ungefähr 3' dick und aus zugerichteten Geröllsteinen und Tufstein sehr solid aufgeführt.

Südwestlich von diesem Gebäude befinden sich die Trümmer eines andern, dessen Beschaffenheit und Einrichtung unbekannt ist.

Aus verschiedenen Beobachtungen ging hervor, dass diese Gebäulichkeiten, gleich mehrern andern, von uns näher untersuchten, ihren Untergang durch Einäscherung erlitten und von den Bewohnern, die nie wieder zurückkehrten, plötzlich verlassen wurden, aber auch zugleich, dass der letzten Katastrophe eine frühere theilweise Zerstörung durch Feuer mit nachheriger Herstellung des Hauses vorausgegangen war. Den hier gefundenen Münzen zufolge muss diese Ansiedelung bis zur Regierung des Kaisers Constantin bestanden haben. Unter der genannten Menge Dachziegel fanden sich keine, welche den Stempel der XI oder XXI Legion trugen, wohl aber mehrere solche, denen auf der obern flachen oder auf der senkrechten Seite des untern Randes die Buchstaben [1] *D. S. P.*, deren Bedeutung

---

[1] Siehe Geschichte der XI und XXI Legion im Bd. VII. unserer Mittheilungen S. 137 und Taf. IV.

unter Zürich (Lindenhof) angegeben ist, aufgedrückt waren. Ob aus diesem Umstande hervorgeht, dass bei der Erbauung dieser Häuser die Dachziegel aus der Brennerei des Zollamtes, weil sie die nächste war, bezogen wurden, oder, dass zugleich mit der Specula auf dem Uetliberg diese Niederlassung von der Verwaltung der Station Zürich abhängig war und von ihr in baulichem Stande erhalten werden musste, wagen wir nicht zu entscheiden. Die Localität, so wie die innere Einrichtung der zwar nur stückweise untersuchten Gebäulichkeiten bestimmen uns, dieser Anlage den Namen einer landwirthschaftlichen Villa zu geben.

Ausser den obengenannten Gegenständen wurden noch eine Menge anderer Geräthschaften, Schmucksachen etc. aus Erz, Eisen, Knochen, Glas, Thon, Lavezzstein gefunden, von denen wir einige hübsche Haftnadeln mit eingelegtem Email, beinerne und eherne Toilettegegenstände nennen und in Abbildung mittheilen. (Siehe Taf. IV. Fig. 15 — 28.) Unter dem Eisengeräthe befanden sich eine Menge Thürbeschläge, Schlösser, Schlüssel, Waffen, namentlich Pfeile und Wurfspiessspitzen; ferner Ackerbau-, Handwerks- und Gartengeräthe.

Nach der Versicherung einiger ältern Bewohner von Albisrieden soll an der Südostseite der Ansiedelung ein laufender Brunnen vorhanden gewesen sein.

Altstetten. Dieser Name gehört in die Reihe der Ortsbenennungen, welche fast ohne Ausnahme eine ehemalige römische Niederlassung bezeichnen. Wirklich finden sich im Bann dieser Gemeinde, welchen die alte von Zürich nach Windisch führende Handelsstrasse durchschneidet, auf drei verschiedenen Localitäten Trümmer römischer Gebäude.

Die erste von diesen ist der Hügel, auf welchem die Kirche steht und an dessen Fuss die ebenerwähnte Strasse hinzog. Die ungemeine Festigkeit des Gemäuers, welches der von der Kirchhofmauer umschlossene Platz birgt, verbunden mit der die Ebene ringsum beherrschenden Lage lassen in diesen Trümmern die Ueberbleibsel einer in der ersten Zeit der Besitznahme des Landes gegründeten landwirthschaftlichen Villa vermuthen. Der Küster stösst bei seinen amtlichen Grabungen überall auf Mauern und Estriche, und fördert Dachziegel und Heizröhren, Geräthe aus Erz und Eisen, Münzen und Thongeschirr zu Tage. Unsere Sammlung besitzt von diesem Punkte einen Schlüssel, dessen eherner Handgriff einen den Kopf eines Schweines verzehrenden Panthers (Taf. IV. Fig. 29) vorstellt [1]). Ein hier gefundener goldener Ring mit weiss und bläulichem Onyx, auf welchem ein sehr schön geschnittener Vogel zu sehen war, ist leider nur in schlechter Zeichnung vorhanden. Auch auf der nach Nordwest sich hinziehenden Fortsetzung der Anhöhe liegt Gemäuer unter der Erde, welches, da an dieser Stelle keine auf Wohngemächer hindeutende Alterthümer zum Vorschein kommen, von Oekonomiegebäuden herrühren mag.

Vollständig trägt den Charakter einer römischen Villa die auf einer Abstufung des sogenannten untern Albis gelegene Erhöhung, die unter dem Namen Loogarten, d. i. Waldgarten, bekannt, gegenwärtig aber mit Reben besetzt ist. Die sonnige Lage dieser natürlichen Terrasse, der freie Ueberblick über ein weites, fruchtbares Gelände, eine Quelle, die am Fusse des Hügels entspringt und der Schutz, welchen gegen den Andrang des Westwindes die nahen waldigen Höhen diesem Orte gewähren, liessen den Veteranen, dem dieses Stück Land zugefallen war, bei der Wahl eines passenden

---

[1]) Ein ganz ähnlicher Schlüssel befindet sich im Museum zu Lausanne.

Bauplatzes keinen Augenblick in Zweifel. Nachgrabungen haben zwar hier noch nicht stattgefunden, aber das Gemäuer, das sich in einer Länge von 120—140 Fuss und in einer Breite von 40—50 Fuss über den Boden verzweigt, nebst den Bruchstücken von Dachziegeln, von grossen Backsteinen, von Estrichen aus Ziegelcement, von Heizröhren, von bemalten Wänden, ferner Scherben von Fensterscheiben, von feinem rothem Geschirr u. s. w., womit der Boden bestreut ist, beweisen deutlich genug, dass die Wohnung des römischen Herrn mit Hausgeräthe von der besseren Sorte wohl versehen war und in der rauhen Jahreszeit den Comfort gewärmter Zimmer darbot. Wir entheben uns der Aufzählung des Geräthes aus Erz und Eisen, das in früherer Zeit hier gesammelt wurde, und erlauben uns nur für einen Gegenstand, den in jüngster Zeit der Karst des gegenwärtigen Besitzers an's Licht brachte, die Aufmerksamkeit des Alterthumsfreundes in Anspruch zu nehmen. Es ist ein auf Taf. IV. Fig. 30 abgebildeter Henkel eines aus Erz gegossenen Gefässes, das ungefähr 30 Centim. hoch, an der stärksten Ausbauchung 20 Centim. weit war und die unter Fig. 30[a] angegebene Form gehabt hatte. An der mit Bildwerk verzierten äusseren Seite des Henkels, dessen Seitenansicht Fig. 30[a] zeigt, ist in Relief eine Opferscene dargestellt, die ebenso hübsch gezeichnet als für den Archäologen interessant ist. Auf einem Altare, an dessen Fusse eine Flamme auflodert, steht in anmuthiger Haltung Mercur, als Gott des Handels und Gewinnes sein gewöhnliches Attribut, den Beutel, vor sich hinhaltend. Sein Haupt ist nicht mit dem glockenartigen, beflügelten Reisehute bedeckt, auch mangeln die Flügelschuhe und der Stab; dagegen trägt er, wie häufig, die Chlamys über den linken Arm geworfen. Unter dem Götterbilde erscheint ein kräftig gebauter bärtiger Mann in freier Bewegung, mit unbedecktem Kopfe und kurzem Haare. Er ist mit Hosen (braccae) bekleidet, welche mit dem Obergewande zusammenhangen. Wie es bei der Opferhandlung gebräuchlich war, ist dieses aufgeschürzt, ein Theil der Brust und die Arme entblösst. Mit der linken Hand fasst er am Hinterbeine das Opferthier, zwar nicht eines der Haus- und Waldthiere, welche diesem Gotte dargebracht werden, sondern, wenn uns unser Blick nicht trügt, ein Ferkel. Die rechte Hand hält er, um dasselbe durch einen Guss Wasser oder Wein oder durch Bestreuung mit Opfermehl zu weihen, über einer auf einem Postamente stehenden Schale ausgestreckt. Es ist demnach der erste Akt eines dem Mercur zu bringenden Opfers hier vor Augen gestellt.

Unterhalb des Dorfes Altstetten trägt eine Anhöhe, die wenige Meter sich über die Thalsohle erhebt, den Namen Karstenbühl, dessen erste Sylbe ohne Zweifel aus dem Worte castrum entstanden ist. Hier wurde zum Zwecke der Abebnung des Bodens schon im vorigen Jahrhundert und im Jahre 1836/37 sehr festes Gemäuer ausgehoben und im letztgenannten Jahre eine Begräbnissstätte entdeckt, welche im ersten Bande unserer Mittheilungen S. 35 näher beschrieben ist. Die alte Römerstrasse, deren Bahn der jetzige Strassenzug vor seiner Tieferlegung benutzt hatte, lief unmittelbar an der Nordseite des Hügels hin.

Der sogenannte Kindlistein, ein 9' hoher, würfelförmiger, erratischer Block, welcher in unsern Chroniken als Hermesstein aufgeführt wird und schon im Anfange dieses Jahrhunderts als Baumaterial benutzt wurde, mag ein sogenannter Schalenstein gewesen sein. (Siehe Epistola von Ulrich in Tempe helv. T. 11. P. I. p. 184.)

Bassersdorf (Heidenburg). Die Heidenburg liegt 530 M. über Meer zwischen Geerlisberg, Birchweil und Bassersdorf, am südöstlichen waldigen Abhange der Höhe, von welcher das erstgenannte

Dorf seinen Namen trägt, und 5000 Fuss von den römischen Ruinen auf der »Hochfurri«. (Siehe Geerlisberg.) Die Stelle, über welche sich die Mauern und Estriche der Heidenburg verbreiten, ist etwa 3000 Quadratfuss gross. Im Jahr 1852 wurde das über den Boden hervortretende Gemäuer abgetragen, nachdem dasselbe schon im Anfange des Jahrhunderts wegen der vortrefflichen Bausteine, die es enthielt, durchwühlt worden war. So oft in diesen Trümmern gegraben wurde, kamen Geräthschaften aus Erz und Eisen, z. B. ein eherner Topf, Messer, Münzen u. dgl. zum Vorschein. Den bemerkenswerthesten Theil der Fundstücke bilden jedoch eine bedeutende Menge von Ziegeln mit den Stempeln der XI und XXI Legion. Das Vorkommen dieser Ziegel, verbunden mit dem Umstande, dass die Mauern ungewöhnlich dick und solid angelegt und theilweise aus einem Material erbaut sind, das man aus weiter Ferne hieher transportirte (Jura-Kalkstein, Tufstein), sprechen dieser Ansiedelung einen sehr frühen, jedenfalls in das erste christliche Jahrhundert fallenden Ursprung zu. Derselben aber den Charakter einer öffentlichen Anstalt zuzuschreiben, verbietet der Umstand, dass die Heidenburg weder an einer römischen Heerstrasse sich befindet und als Militärherberge (mansio) betrachtet werden darf, noch wegen ihrer Lage an einem Abhange die Bestimmung eines Castells oder einer Specula gehabt haben kann. In der That reicht der Mangel jeder fortificatorischen Eigenschaft hin, um die Heidenburg von der Reihe der militärischen Stationen auszuschliessen. Da der Boden der Umgegend zwar nicht sehr ergiebig, aber für Getreidebau dennoch geeignet ist, so scheint uns, dass die Heidenburg zu der bedeutenden Zahl der von Vindonissa aus zum Zwecke der Verproviantirung des Lagers gegründeten und bis zur Verlegung der Grenzen jenseits des Rheins unterhaltenen Höfe zu zählen sei. Der Ort ist gegenwärtig (Juli 1857) mit Gestrüppe bewachsen, grösstentheils abgeebnet, aber nicht bepflanzt. Scherben von Thongeschirr der verschiedensten Art und Bestimmung, zerschlagene Dachziegel, Bruchstücke von bemalten Kalkwänden, Heizröhren etc. sind bezeichnend für die Natur einer wohleingerichteten landwirthschaftlichen Anlage.

Denken. Auf der Nordseite des Dorfes liegt ein mit Reben besetzter Hügel (Bühel). der wegen der weiten Aussicht, die er darbietet, den Namen Guggenbühl trägt. Am Abhange desselben ist zu wiederholten Malen Gemäuer mit Scherben und Ziegelfragmenten, die römischen Ursprungs zu sein scheinen, entdeckt worden.

Birchweil. Unweit dem Hause Rooswies und der Mühle finden sich auf einer Localität, welche Steinmüri heisst, römische Dachziegel.

Birmensdorf. Beim Kohlholz im sogenannten Wühri- oder Uelithal, am Eingang der Schlucht, durch welche ein römischer Fahrweg aus dem Thale von Wettsweil nach Birmensdorf hinabführt, erhebt sich auf der Westseite des Baches ein niedriger Hügel, auf dessen Höhe der Sage nach die Trümmer eines Schlosses verborgen liegen. Im Jahr 1839 wurde durch einen Bewohner des erstgenannten Dorfes diese Stelle untersucht und ein röuischer Ziegelofen aufgedeckt. aber, da nichts von Werth zum Vorschein kam, gleich wieder verschüttet. Durch die Bemühungen eines französischen Schatzgräbers im Jahr 1845 wurde nicht ohne erhebliche Unkosten — weil die Arbeit nur zu gewissen Stunden vor sich gehen durfte — der Brennofen von Neuem aufgedeckt und offen gelassen. Als ich dann im März den Ort bemerkte, fand ich noch einen viereckigen, in den Boden versenkten, 9 Fuss in's Gevierte haltenden Raum, von dem aber nur drei Seiten erhalten waren. Das Mauerwerk. womit der Schacht vom Rande bis zur Tiefe von 12 Fuss ausgemauert war, bestand unten aus Sandsteintafeln, höher oben aus übereinander gelegten römischen Dachziegeln [⎯⎯⎯⎯] von denen man auf je einer Seite den aufgebogenen Rand entfernt hatte. Sowohl jedes einzelne Paar solcher Ziegel, als die verschiedenen Lager derselben, waren durch Lehm fest mit einander verbunden.

Diese viereckige Vertiefung hing ursprünglich mit einer rundlichen zusammen, welche wie die erstere durch gleichfalls aus Dachziegeln hergestellte Mäuerchen in viele Kammern eingetheilt war. Alle Ziegel, welche die noch erhaltenen drei Seitenwände des viereckigen Loches bildeten, waren durch die Hitze glasirt und theilweise geschmolzen. Unter den Haufen der um die Oeffnung des Ofens herumliegenden Ziegel fand ich auch nicht einen, der nicht gekrümmt oder zersprungen war. Diese Stücke waren mithin als gefehlte unverkäufliche Waare weggeworfen worden.

Auffallend ist, dass im ganzen Thale nur Thon gefunden wird, der im Brennen hellgelb wird, während die hier liegenden Ziegel eine dunkelrothe Farbe haben.

Einer der Besitzer dieser wohl längere Zeit im Bestand gewesenen Fabrik hiess Victor. (Siehe Wettsweil.) Die Zeichnung Taf. VI. Fig. 5 wurde im December 1839 verfertigt.

Brütten. Etwa 500 Meter südöstlich von Brütten und fast ebenso weit nördlich von der jetzigen Strasse von Zürich nach Winterthur, welche in dieser Gegend mit der römischen Vindonissa-Vitudurum-Strasse zusammenfällt, liegen an 200 Meter über dem Zürchersee auf einem sanften Abhange die Trümmer römischer Wohnungen, von welchen der Ort den Namen »Steinmüri« erhalten hat. Vor einigen Jahren wurden von den Besitzern dieser Localität die Umfangsmauern eines bedeutend grossen durch Zwischenmauern in viele Räume eingetheilten Gebäudes abgedeckt. Die Mehrzahl der Gemächer war mit ungemein dicken Estrichen ausgelegt. In dem darauf liegenden Schutte fand man Dachziegel, Eisengeräthe, Topfscherben und ein Paar Münzen. An dieses Gebäude stossen die Trümmer anderer Häuser, die sich etwa über einen Morgen Landes verbreiten. Im Jahr 1860 wurde hier ein Ziegel der XXI Legion aufgefunden.

Buchs. Am mittäglichen, sehr steilen Abhange des Lägernberges, oberhalb des Dorfes Buchs, etwa 100 M. über der Thalebene, befindet sich, der Ansiedelung zu Dällikon gegenüber, ausgedehntes römisches Mauerwerk, worauf auch die Benennungen der Oertlichkeit hinweisen. Die Felder auf dem circa 85 Meter über der Römerstrasse liegenden Absatze, vom Bruderhof an bis zum Bache heissen nämlich »im Castell«, der unterhalb dieser Stelle gelegene Weinberg, westlich vom Bache bis zur Mühle hinab, »in den Mauerückern«. Das Land, auf welchem Spuren einer römischen Ansiedelung sich zeigen, hat einen Umfang von etwa 30 Jucharten. In römischer Zeit war der Abhang durch starke, 10—12' in den Boden eindringende Mauern, deren Fundamente beim Einsetzen von Reben sichtbar wurden, in Terrassen eingetheilt, auf welchen nach den hier zum Vorschein kommenden Heizröhren zu schliessen neben Oekonomiegebäuden auch Wohnungen mit Hypokausten standen. Im Jahr 1759 liess der damalige Landvogt von Regensberg, Herr J. J. Scheuchzer, zu oberst beim Bruderhof einen Theil des Gemäuers von Schutt befreien. Es kam der Unterbau eines grossen Gebäudes, nebst verschiedenen Alterthümern zu Tage, welche von Ingenieur J. Müller, dem Herausgeber der schweizerischen Alterthümer, gezeichnet, von J. Holzhalb in Kupfer gestochen, mit Randbemerkungen von Professor J. J. Breitinger in zwei Querfoliotafeln bekannt gemacht wurden. Das Gebäude war etwa 230' lang (235' alt Zürchermass), enthielt eine Reihe durch lange Corridore verbundene grosse und kleine Gemächer, von denen eines mit einem Hypokaust versehen war, dessen Pfeilerchen aus Sandstein bestanden. Zwei Zimmer waren mit Mosaik, die übrigen mit Estrichen belegt. In einem derselben fand man Bruchstücke eines Gesimses aus Juramarmor und viele Scherben von terra sigillata Geschirr — eine trug den Töpfernamen Modesti — römische Münzen, einen an einem Fingerringe befindlichen Schlüssel und Dachziegel mit den Zeichen der XI und XXI Legion. Quer unter dem Gebäude durch lief eine Wasserleitung aus gebrannten Röhren. Die Umfangsmauern waren nach dem Abhange mit rechtwinklichen Vorlagen verstärkt.

In den letzten Jahrzehnden wurden hinter dem Hause »im Bruderhaus« die Trümmer eines, wie man annahm, ganz aus Tufsteinquadern aufgeführten und mit einer Säulenstellung versehenen Gebäudes — eines kleinen Tempels — aufgedeckt. Im Jahr 1859 sah ich davon noch eine Anzahl Quaderstücke und liess·einige Capitäle nach Zürich bringen. Beim Umgraben des Bodens kam in einem buntbemalten Zimmer ein Hypokaust mit Mosaik, der in schwarzer und weisser Farbe geometrische Figuren zeigte, ein Haufen Bruchstücke von Gesimsen und grossen Tafeln aus Juramarmor, ein zerbrochenes Basrelief von derselben Steinart, ein Pferd darstellend, und ein Schlüssel zum Vorschein; auch fanden sich in einem kleinen Gemache, einer Vorrathskammer, Klumpen verkohlter Gesäme, nämlich Fennich, Linsen, Hafer, Spelt.

Das Wasser der oberhalb der Ansiedelung hervorsprudelnden reichen Quellen war zu den Wohnungen und auf die sonnigen, einen herrlichen Blick auf das Thal und das Hochgebirge gewährenden Terrassen vermittelst bleierner und thönerner Röhren hingeleitet.

Unten am Abhange bei der Mühle bemerkt man grosse behauene Blöcke aus Muschelsandstein von Würenlos.

Professor Breitinger erklärt in den obenerwähnten Bemerkungen die Ansiedelung für eine Mansio auf der Militärstrasse von Vitudurum nach Windisch und das zu seiner Zeit aufgedeckte Gebäude für ein Prætorium romanum.

Die grosse Ausdehnung und feste Lage dieser Ansiedelung, der Aufwand, der sich in den noch vorhandenen Bauresten kundgibt, und der Umstand, dass am Fusse des Berges die römische Heerstrasse vorbeizieht, berechtigen allerdings zu der Annahme, dass wir hier eine auf Staatskosten gegründete Anlage vor uns sehen, die in frühester Zeit einer kleinen Abtheilung der zu Windisch stationirten Legion Unterkunft gewährte, und dass während der Dauer der römischen Herrschaft auch eine Mansio am Fusse des Berges bestehen mochte. Allein das Vorkommen von Münzen aus der mittlern römischen Kaiserzeit, von landwirthschaftlichen Geräthschaften und Gegenständen des häuslichen Comforts deuten ziemlich sicher auf spätere Benutzung der Gebäulichkeiten als trefflich eingerichteten Landsitz hin. (Siehe Taf. VII. Fig. 1.)

Bülach. Unmittelbar ausserhalb des Städtchens, westlich von dem Punkte, wo die von Zürich kommende Strasse in dasselbe eintritt, liegt der sogenannte **Pfarrbaumgarten**, in welchem römische Dachziegel gefunden werden.

Eine 1/4 Stunde westlich vom Städtchen trägt ein sanft ansteigendes nach dem Ufer der Glatt jäh abfallendes Grundstück den Namen »**im grossen Stein**«. Hier werden beim Pflügen Bruchstücke von Dachziegeln in Menge gefunden und setzen das Dasein römischer Gebäude, die gegen den Abhang hin zu suchen sind, ausser Zweifel.

Wandert man von Bülach nach dem·Dorfe Hochfelden, so gelangt man in ein Feld, das den

Namen »Anäglen« trägt, und zu einer Stelle, wo eine von Süd herkommende Hohlgasse »Murgass« geheissen, auf die Landstrasse stösst. (Der Punkt befindet sich beim Buchstaben e des Wortes Dannbalde auf der neuen topographischen Karte des Cantons Zürich.) Hier wurde bei der Tieferlegung der Strasse in den 50ger Jahren eine 2' dicke aus Bruchsteinen von Tuf- und Sandstein aufgeführte Mauer entdeckt, welche eine Kreisfläche von 18' Durchmesser einschloss. Das Innere des Gebäudes, wie auch einige Stellen ausserhalb desselben waren mit römischem Ziegelmörtel belegt. Die Bestimmung dieses Gebäudes ist zur Zeit noch nicht ermittelt.

Zwischen Bülach und Eglisau, südöstlich von den Häusern bei der Kreuzstrasse, liegt auf der Stelle, welche die neue topographische Karte des Cantons Zürich mit der Höhenangabe 434 Meter bezeichnet, in einem ebenen Gelände, »Schöckfeld« genannt, ein 18' hoher, 280' langer, 80' breiter Hügel, welcher den Namen Widstud trägt. Hier finden sich Reste eines römischen Gebäudes, welche von Herrn J. Utzinger von Bülach, Mitglied des Vereins, im Jahre 1860 entdeckt und näher untersucht wurden. Da der Pflug den grössern Theil des Gebäudes weggeräumt hatte, konnte der ursprüngliche Umfang desselben und die Anlage des Ganzen nicht mehr ermittelt werden. Nach Entfernung des Schuttes kamen mehrere kleine Gemächer zum Vorschein, deren Boden mit Feldsteinen gepflastert und 4" dickem Mörtel übergossen war. In einem derselben fanden sich Stücke des grün, blau, gelb, roth und schwarz bemalten Mauerbestiches und unter demselben der aus Ackersteinen verfertigte Abzugskanal einer hieher geführten Wasserleitung. In einem andern Gemache schien eine Feuerstätte gewesen zu sein. Die Fundgegenstände bestanden in Fragmenten von aretinischem und andern Geschirr nebst einigem Eisengeräthe. Zu bemerken ist, dass in dem Mörtel der aus Kieselsteinen und Stücken von Dachziegeln aufgeführten Mauern hier und da auch Scherben von aretinischem Geschirr vorkommen, ein Umstand, welcher auf eine schon in römischer Zeit über diese Gebäulichkeiten ergangene Zerstörung und eine nachherige Wiederherstellung derselben hinweist.

Südlich von diesem Hügel soll sich in den Feldern an mehreren Stellen Gemäuer zeigen. (Siehe Neujahrsblatt für Bülach Jahrg. 1861 verfasst von J. Utzinger.)

Dachsen. Auf der Anhöhe oberhalb Dachsen, in der Richtung von Uhwiesen, liegt ein Weinberg, der den Namen »Steinmüri« trägt und ohne allen Zweifel römisches Gemäuer birgt. Von einer andern Stelle in der Nähe der Mühle ist römisches Thongeschirr und Eisengeräthe uns zugekommen.

Dachslern, Kirchgemeinde Niederweningen. Ueberreste einer ausgedehnten römischen Ansiedelung zeigen sich oberhalb Dachslern auf der grossen Zelg, am nördlichen Abhange des Lägernberges. Im Umfange von 15—20 Juchartcn finden sich auf der Oberfläche überall Bruchstücke von Dachziegeln und Heizröhren und unter dem Boden feste aus Jurakalkstein (vom Lägernberge), Tufstein und Kieselsteinen erbaute Mauern nebst Stücken von Estrichen, bemalten Wänden u. dgl. In der Mitte der einstigen Anlage, an einer Stelle, die als rundlicher Vorsprung aus dem Abhange hervortritt, sind von der Vorhalle eines Gebäudes, dessen Vorderseite mit der Richtung des Thales parallel lief, sieben in gleicher Entfernung von einander liegende aus Jurakalkstein verfertigte Säulen sammt einigen Basen und Capitälen, sowie Stücken des Architravs entdeckt worden. Diese Säulen, von denen zwei im Garten der Künstlergesellschaft in Zürich aufgestellt sind, zwei im Hause des Herrn Dr. Weidmann in Niederweningen liegen und eine im Keller eines Hauses zu Schleinikon verwendet ist, haben eine Höhe von 10' und die bei Taf. VIII. Fig. 1 abgebildete Form.

Auf den hier gefundenen Dachziegeln sind bis jetzt noch keine Legionszahlen bemerkt worden. Die Reihe der hier gefundenen, theils in der Sammlung des Herrn Dr. Weidmann, theils in der unsrigen befindlichen Münzen beginnen mit Augustus und enden mit den Constantinen. Nachgrabungen haben hier nie stattgefunden, und es lässt sich daher über die Natur dieser Ansiedelung nichts Bestimmtes sagen; allein wir glauben uns nicht zu irren, wenn wir in diesen sich weithin verzweigenden soliden Mauern die Reste eines Cantonnements, des Winterquartiers einer Abtheilung Truppen vermuthen.

Dällikon. Am nördlichen Abhange des Altberges liegen oberhalb des Dorfes Dällikon, in den sogenannten »Maueräckern«, etwa 50 Meter über der Thalsohle, dem Castell zu Buchs gerade gegenüber, die Trümmer ansehnlicher römischer Gebäude, von denen zu drei verschiedenen Zeiten einzelne Theile im Interesse der Alterthumskunde durch Nachgrabungen untersucht wurden. Die Veranlassung zur Entdeckung im Jahr 1789 war das Ausrinnen des zunächst oberhalb der Mühle liegenden Mühlteiches und eine zur Ermittelung der Ursache veranstaltete Ausgrabung. Ein Hypokaust, auf den die Arbeiter stiessen, und der als solcher von dem Ortsgeistlichen sogleich erkannt wurde, bewogen den Stellvertreter der Regierung in jenem Cantonstheile auf obrigkeitliche Unkosten die Aufdeckung in umfassender Weise fortzusetzen. Das Ergebniss derselben wurde, wiewohl umständlich, doch nur mündlich dem Rathe von Zürich mitgetheilt, und wir haben in höchstem Grade zu bedauern, dass der im Auftrage desselben durch den ausgezeichneten Ingenieur und Mathematiker Fehr von Zürich »verfertigte Riss nebst Beschreibung der gemachten Entdeckung, welcher der löbl. Stadtbibliothek übergeben worden«, verloren gegangen ist. Die einzige Kunde von der Beschaffenheit des damals von Schutt befreiten Gebäudes verdanken wir einem Briefe des eben erwähnten Geistlichen [1], welcher mit aufmerksamem Auge den Fortgang der Arbeit verfolgte und über deren Ergebniss einem Freunde Bericht erstattete. — Ohne von diesen ersten Ausgrabungen eine andere als höchst unbestimmte, sagenhafte, Kenntniss zu besitzen — denn der erwähnte Brief war noch nicht zum Vorschein gekommen — beschloss im Jahr 1836 die antiquarische Gesellschaft, durch die Einladung einiger Dorfbewohner dazu ermuntert, unterhalb der früher durchgegrabenen Stelle die Beschaffenheit und Verzweigung des nur vom Rasen bedeckten Gemäuers durch Aufschürfung des Bodens zu untersuchen. In wenigen Tagen war ein System von 6' dicken aus Jurakalkstein, Tufstein, Backstein und Geröllc erbauten, äusserst festen Mauern bloss gelegt, welche den nördlichen Theil der Anlage gebildet haben mussten. (Siehe Tafel IX. Fig. 1.) Sechs Jahre später wurden die früher nur allzu flüchtig betriebenen Arbeiten wieder aufgenommen und zwar höher am Abhange begonnen, wo man durch einen Trümmerhaufen in ein unterirdisches Gemach blicken konnte. Erst als dieselben in vollem Gange waren, ergab sich zu nicht geringer Ueberraschung der Anwesenden aus dem Inhalte des mehr erwähnten Briefes, welcher in jenen Tagen wieder zum Vorschein gekommen war, dass man die im Jahr 1789 mit grosser Sorgfalt abgedeckten und nach Wegnahme der Thürschwellen, Thürpfosten und brauchbaren Werkstücke wieder verschütteten Erdgeschosse römischer Gebäude mit grossen Unkosten zum zweiten Mal auszugraben bemüht war. Eingetretenes Regenwetter und die leider nicht in Erfüllung gegangene Hoffnung, dass auch der oben angeführte Riss sich irgendwo werde auffinden lassen, hatten die sofortige Einstellung des Unternehmens zur Folge.

---

[1] Friedrich Salomon Ulrich, Kammerer des Regensperger Capitels.

Aus dem von einem Mitgliede der Gesellschaft, dem verstorbenen Ingenieur Ludwig Schulthess, und mir gemachten Aufzeichnungen, sowie aus einigen Angaben in dem Schreiben des Herrn Pfarrer Ulrich theilen wir hier den Sachbestand der Aufdeckungen in Kürze mit, indem wir die von dem erstern entworfenen Pläne in reducirtem Masse auf Taf. IX. und X. beifügen.

Der 10 Fuss im Quadrat grosse Raum A ist mit einem Hypokaust versehen. Der untere Boden, auf welchem die Säulchen ruhen, besteht erstens aus einer Schicht Geröllsteine, die unserm Strassenpflaster gleicht, zweitens aus einem, sehr feinen Sand enthaltenden, Kalkguss und drittens aus Backsteinen, welche auf die Kante gestellt und nach Art des opus spicatum geordnet sind. Auf dieser äusserst soliden, den Zudrang der Feuchtigkeit abhaltenden Unterlage stehen die 3' hohen und 2—3' von einander entfernten Sandsteinsäulchen, welche, mit einem Backsteine bedeckt, die 3—4' langen und ebenso breiten Sandsteintafeln des obern Bodens (suspensura) nebst dem darauf gelegten 11" dicken Ziegelcement-Estrich tragen. Alle vier Wände dieses Raumes waren mit Heizröhren bekleidet, welche einen Bestich von mehrfachem Kalkanstrich und zuletzt eine Bemalung von gelber und rother Farbe erhalten hatten. Von der Belegung mit Mosaik kamen im Schutte nur geringe Ueberreste zum Vorschein.

Der Raum B ist in Absicht auf Grösse und Einrichtung dem oben beschriebenen ähnlich. Die Säulchen des Hypokaustes bestehen hier aus halbkreisförmigen, wagrecht auf einander gelegten Backsteinen. Die Decke derselben (suspensura) bilden grosse Backsteintafeln nebst einem Estriche. Auch hier fand man an allen vier Wänden Heizröhren und bemalte Wände.

Der Raum C ist das zum Einheizen der beiden oben bezeichneten Räume bestimmte Lokal; es ist mit einem Estriche belegt, der auf gleicher Höhe mit dem untern Boden der Hypokauste liegt. Die Heizlöcher der Zimmer A und B sind bei a und b angebracht, aus Sandsteinquadern hergestellt, und haben nach Innen eine Verlängerung durch aufrechtstehende Sandsteintafeln. Die erhöhten und mit Steinplatten eingefassten Behälter c und d, welche mit Asche und Kohle angefüllt waren, dienten ohne allen Zweifel zur Aufnahme der aus den Hypokausten gezogenen Asche. Verschiedene Umstände liessen uns in diesem Gemache die Küche des Hauses erkennen.

Der mit einem Estrich belegte, auf gleicher Ebene mit den Hypokaustböden liegende Raum D enthält in einem Nebenzimmer ein kleines, 5' breites und 8' langes Schwitzgemach. L Der Fussboden des letztern bestand aus Backsteinplatten, welche auf aufrecht gestellten grössern Backsteinplatten ruhten. An den zwei schmälern Seiten waren Heizröhren angebracht. Die Vorderseite dieses Zimmerchens mit der Einrichtung zum Einfeuern war zerstört.

Der mit einem Estrich belegte Raum E ist 6' lang und 4' breit, an den Wänden mit Backsteinen bekleidet, ganz wie ein Badkasten gestaltet und ohne sichtbaren Eingang. Man muss von oben herab in denselben gestiegen sein. In einer Ecke bei e läuft ein bleiernes Rohr, welches zum Entlassen des Wassers diente, durch die Mauer hindurch. Das Zimmer war ohne Zweifel für warme Bäder bestimmt.

In dem Raume F, welcher mit dem vorigen auf gleicher Höhe liegt, aber leider nur theilweise aufgedeckt wurde, vermuthete man ein Kaltwasserbad und nahm an, dass durch unterirdische Leitung von den vielen Quellen, die jetzt den Mühlteich speisen, das zum Baden nöthige Wasser in den Raum geleitet worden sei. Durch die bei f angebrachte mit zwei aneinander liegenden Hohlziegeln gefütterte Oeffnung fand der Ablauf des Wassers Statt.

Der Raum *G* scheint ein Gang gewesen zu sein. An den weissen Wänden zeigten sich Bordüren von rother Farbe.

In der obern Ecke des Raumes *H*, dessen Eingang sich bei *g* befand, lag ein grosser Haufen Austernschalen.

Ueber den Raum *I*, an dessen südlicher Wand eine Mauerbank angebracht ist, können wir weiter nichts berichten, als dass bei *h* eine $2\frac{1}{2}$ Fuss weite, sehr flache, aus Juramarmor gearbeitete Schale gefunden wurde, die bei der früheren Nachgrabung in einem der Badezimmer, vielleicht *D*, gefunden und hier niedergelegt worden war.

Die Beschaffenheit des Raumes *K* ist leider ebenfallsununtersucht geblieben. Es befindet sich in demselben ein halbrunder Einbau mit erhöhtem Fussboden, der durch die Mauer *i* in zwei Theile getheilt und bei *k*, am Fussboden, mit Wasserabzugsröhren versehen ist.

Das Gebäude dehnte sich nach Süd und Ost aus, allein nach jener Seite setzte der Teich, nach dieser die Mühle den Nachgrabungen ein Ziel. Wie weit sich dasselbe auf die Westseite erstreckte, ist ebenfalls unbekannt. Die Mauern sind sämmtlich aus Backsteinen, Jurakalkstein, Tufstein und Kieselsteinen mit einem Ueberflusse des besten Mörtels erbaut und desshalb von einer ausserordentlichen Festigkeit.

Das Dasein eines unterhalb der Oekonomiegebäude befindlichen und mit diesen durch eine Mauer verbundenen Wohngebäudes geht daraus hervor, dass bei einer flüchtigen Aufschürfung des Bodens ein Raum mit einem wohlerhaltenen Herde zum Vorschein kam, der, aus grossen Backsteinen construirt, $3''$ hoch, $4'$ breit war und $4'$ in das Gemach heraustrat. (Taf. IX. Fig. 3.) Später wurde in derselben Gegend noch ein ganz ähnlicher Herd in einem zimmerartigen Raume entdeckt, von dem man, da Reste von Mosaik darin vorkamen, vermuthete, er sei nicht zum Kochen, sondern zur Erwärmung bestimmt gewesen.

Die bei den Ausgrabungen des antiquarischen Vereins aufgehobenen Alterthümer bildeten, wie sich denken lässt, nur eine unbedeutende Nachlese zu den im Jahre 1789 entdeckten, und bestanden in Fragmenten von Fensterscheiben, Scherben von aretinischem Geschirr, einer thönernen Lampe mit dem Namen der Offizin Eucarpi, Ziegeln mit den Marken der XI und XXI Legion, einer grossen Backsteinplatte, auf welcher der Stempel L. XXI vier Mal in der Form angebracht ist, dass die Eindrücke ein Viereck einschliessen, und, merkwürdiger Weise, einem Ziegelstück mit dem Stempel *D. S. P.* (Siehe erste Abtheilung S. 289.) Bruchstücke von Amphoren, Wasserkrügen, Lampen und Thongeschirr der verschiedensten Form, Qualität und Bestimmung kamen haufenweise zu Tage. Alle drei Nachgrabungen lieferten auch nicht Eine römische Münze.

Noch müssen wir anführen, dass an verschiedenen andern Stellen sich ebenfalls Gemäuer zeigt, z. B. einige hundert Schritte östlich von dem Orte der Ausgrabung am Fuss des Rebberges. Hier tritt eine Mauer von ausserordentlicher Festigkeit zu Tage, die mit der Fronte der oben beschriebenen Gebäulichkeiten parallel läuft, von der Ostseite des obern Wohnhauses anzuheben scheint und eine ziemliche Strecke in gerader Linie fortzieht. Diese $7-8'$ dicke Gussmauer besitzt ähnlich den Festungsmauern eine Bekleidung von kleinen, rechtwinklig zugerichteten Steinen von Muschelsandstein, Tufstein und Kieselstein mit gänzlicher Beiseitelassung des ganz nahe befindlichen Jurakalkes des Lägernberges. Sie soll eine Reihe von kleinen, thurmartigen, viereckigen Gebäuden verbunden haben, deren innerer Raum ungefähr $10'$ ins Gevierte betrug. In dem äussersten Thurme nach Ost, dessen

Fundamente noch erhalten sind, bemerkte ich im Jahr 1857 einen Estrichboden und eine kleine Nische, in welcher eine irdene Lampe gefunden worden war. Auch zeigte man mir eine 6′ lange bleierne Röhre, welche unter diesem Boden durchlief. Rückwärts der Mauer steigt das Terrain ziemlich steil an. — Die Alterthumsforscher des vorigen Jahrhunderts erklären auf Grund der Situation der Ansiedelung und der Festigkeit der Mauern diesen Gebäudecomplex für ein Winterlager, und wir, denen eine genauere Kenntniss der Baureste und die Vergleichung derselben mit ähnlichen Ueberbleibseln in der Schweiz und andern Ländern zu Statten kommt, haben keinen Grund, dieser Ansicht nicht beizustimmen. Indessen halten wir die Idee, dass die erst beschriebenen Räume eine öffentliche Anstalt zum Schwitzen und Baden gewesen seien, für irrig, da dieselben offenbar nur nach dem Masstabe der Bedürfnisse einer Villa angelegt sind. Ferner sind wir überzeugt, dass, wie zu Buchs, auch hier die ursprünglich militärische Niederlassung in späterer Zeit sich in eine bürgerliche, in den Landsitz eines ausgedienten Militärs oder wohlhabenden Privatmannes umwandelte.

Es ist in hohem Grade zu bedauern, dass bezüglich der ebenbeschriebenen Ansiedelung, wie mehrerer anderer in unserm Canton, die Mittel nicht vorhanden waren, um dieselbe in ihrer Gesammtheit zu untersuchen und die Anordnung und Bestimmung der einzelnen Theile genau zu ermitteln.

Dietikon. Dietikon, in der Mitte zwischen Baden und Zürich gelegen und von der römischen Strasse durchschnitten, ist nach Zürich die ansehnlichste Niederlassung des Limmatthales. Ein nicht geringer Theil des Dorfes steht auf römischem Gemäuer, das namentlich um die Kirche herum, ferner in den »Buchsäckern«, der sogenannten »Säugass« bei den Wohnungen am linken Ufer der Reppisch und in der »Vorstadt« massenhaft und von grosser Festigkeit zum Vorschein kommt. Es ist indessen unmöglich, nach den zufällig da und dort zum Vorschein gekommenen Mauerresten und nach den Muthmassungen der Dorfbewohner die Anordnung der Gebäude zu construiren. Auch die Ausgrabungen, die in den letzten Jahrzehenden theils zum Zwecke der Fundamentirung neuer Häuser theils zur Anlegung der Eisenbahn stattfanden, waren für die Alterthumskunde von wenig Gewinn, da sie nur ein Wirrsal von Gemäuer bloss legten und etwa einen Einblick in ein Wohngemach gestatteten, aber wegen ihres geringen Umfanges kein Gebäude nach seiner ganzen Anlage zu Tage brachten. Wir müssen uns daher auf Angabe unserer eigenen bei öfterm Besuche des Ortes gemachten Wahrnehmungen beschränken.

Das Material, aus welchem die Mauern aufgeführt sind, der dauerhafte Muschelsandstein, welcher aus den fast zwei Stunden entlegenen Steinbrüchen zu Würenlos, jenseits der Limmat, hiehergebracht wurde, gibt uns von der auf den Bau der Wohnungen verwendeten Sorgfalt ein hinlängliches Zeugniss. Ueberreste von Hypokausten wurden an vielen Punkten aufgedeckt. Gesimse, kleinere und grössere Tafeln von schön geschliffenem Jurakalkstein, womit Wände und Böden belegt waren. Räume, deren Fussboden aus kleinen in der Form des opus spicatum aufgestellten Backsteinen bestand. Stücke von bemalten Wänden und Fensterscheiben verkünden mit den Scherben von aretinischem Geschirr und Glasgefässen die Wohlhabenheit der Bewohner. Hausgeräthe verschiedener Art, das hier und da gefunden wurde, ist wieder verloren gegangen. Aus der geringen Zahl der in den letzten Jahren aufgehobenen Münzen lässt sich auf die Zeit des Bestehens und muthmasslichen Erlöschens dieser Ansiedelung kein Schluss ziehen; allein der Charakter der zu Tage geförderten Ueberreste weist derselben entschieden das erste Jahrhundert als Gründungszeit an.

Unter den vielen Dachziegeln, die nebst grossen von Hypokausten herrührenden Backsteinplatten, zerbrochenen Heizröhren u. s. w. neben der Kirchhofmauer liegen, und von denen viele Exemplare eine Dicke von 0,04 M. besitzen, habe ich keinen mit einem Legionszeichen versehenen finden können. Südwestlich vom Dorfe birgt der Boden ebenfalls römisches Gemäuer, wovon bei Erbauung der Rothfärberei ein Stück aufgedeckt wurde, weiterhin aber, in den »im Steinmürli« benannten Feldern, hat die Cultur des Bodens alle Ueberbleibsel von Gebäuden, welche der Localität den Namen gegeben haben, längst vertilgt. Dagegen treten wieder in einer Entfernung von 20 Minuten nordwestlich vom Dorfe, auf der Westseite der Landstrasse, hart an der Grenze zwischen den Cantonen Zürich und Aargau, in den hier auf den Feldern herumliegenden Dachziegelstücken und Mauerbrocken unverkennbare Anzeichen römischer Gebäude auf. Die Felder auf der Ostseite der Strasse verdanken den hier seit Jahrhunderten aufgepflügten Dachziegeln die Benennung »Ziegelegerten«, allein die Gebäulichkeiten, von denen sie herrühren, haben, nach der Versicherung des Grundbesitzers, auf der andern Seite der Strasse gestanden.

Dass das alte Dietikon, dessen früheren Namen man unter den Benennungen der verschiedenen Abtheilungen des Dorfes gern entdecken möchte, sich über das Steinmürli bis hieher erstreckt habe, ist indessen nicht nachweisbar.

Fassen wir die Vertheilung der Trümmerstätten auf dem Areal dieses Dorfes in's Auge, so überzeugen wir uns, dass sich hier nicht, wie auf den meisten andern Punkten, eine Zusammengehörigkeit der Baureste, ein geschlossenes Ganzes kundgibt, und dass man nicht von einer einzigen, sondern von mehreren durch die Fruchtbarkeit des Geländes in's Dasein gerufenen Villen sprechen muss. Ausserdem stellt sich in den im Dorfe selbst liegenden Ueberbleibseln eine dorfähnliche Aneinanderreihung von Wohnungen dar. Betrachtet man die Lage Dietikons an der grossen römischen Handelsstrasse und der Abzweigung derselben nach der Gegend von Affoltern und den dortigen Niederlassungen, so lässt sich annehmen, dass, wie es vor Erbauung der Eisenbahn der Fall war, dieser Ort einen Rastpunkt im Transporte der Kaufmannsgüter und Personen auf der Strecke zwischen Zürich und Baden bildete und mit Herbergen wohl versehen war.

Bemerkenswerth ist der etwa 10 Minuten südlich von Dietikon, an der Landstrasse nach dem Reussthale auf einer Anhöhe liegende Weiler »im Basi« genannt. Auf dem spitzzulaufenden, etwa 40' hohen Vorsprunge, Kilenspitz genannt, an dessen Fuss sich die Strasse theilt, kommt römisches Gemäuer von grosser Festigkeit zu Tage, das quer über den Ausläufer des Hügelrückens gelegt und etwa 40' lang ist. Im Frühjahr 1857 habe ich auf dieser jetzt mit Reben bepflanzten Stelle Klumpen von römischem Ziegelmörtel und zerbrochene Tafeln vom jurassischem Marmor aufgehoben. Da schwerlich ein Wohnhaus auf diesem so engen, nach drei Seiten abschüssigen Raume gestanden haben kann, so liegt die Vermuthung nahe, dass dieses Gemäuer das letzte Ueberbleibsel eines kleinen Tempels (fanum, sacellum) sei.

Dietlikon. Im Jahr 1821 grub ein Bauer einen irdenen Topf mit Silber- und Kupfermünzen und, wie behauptet wird, mit allerlei Gold- und Silbergeschirr aus. Die aus der spätern Kaiserzeit herstammenden Münzen gelangten theilweise an die Sammlung der Stadtbibliothek von Zürich, das Geräthe verschwand. Dietlikon liegt so wie Nürensdorf, wo im Anfange des 17. Jahrhunderts ebenfalls Kupfermünzen aus der Zeit der spätern Kaiser in einem irdenen Topf gefunden wurden, und Glattbrugg, in dessen Nähe im Jahr 1753 ein Topf mit 200—300 Silbermünzen von August bis auf die Constantine zum Vorschein kam, an dem alten unzweifelhaft schon in römischer Zeit vorhandenen Wege zwischen Zürich und Winterthur. Es ist sehr wahrscheinlich, dass in nicht sehr grosser Entfernung von dem Fundort dieser Schätze römische oder gallo-römische Wohnungen standen, deren Reste entweder bis jetzt noch nicht bemerkt worden, oder, weil die Behausungen aus Fachwerk construirt waren, verschwunden sind [1]).

Dorlikon (Bethur). Hundert Schritte östlich von diesem Dorfe, auf der Westseite eines sich nach dem Thurbette abdachenden Hügels liegen zum Theil in einer Matte, zum Theil im Ackerfeld, Trümmer römischer Wohnungen. Der Name Bethur kommt unter den Ortsbenennungen des Cantons Zürich einige Male vor und bezeichnet nach Grimm's Mythol. S. 59. 75 ein delubrum, heidnischen oder christlichen Tempel. Der Name ist abzuleiten von Bed, d. i. Tisch, ara, altare (fanum) und Bur, d. i. Hütte. Da auch an andern diesen Namen tragenden Localitäten Ueberreste römischer Gebäude angetroffen werden, so ist die Annahme, dass eine alemannische Cultstätte unmittelbar an die Stelle einer römischen getreten sei, nicht ganz zu verwerfen. Bruchstücke von Dachziegeln sind auf dieser Anhöhe das einzige Kussere Merkmal der römischen Ansiedelung. Unter dem Boden, den ich im Jahr 1850 an einigen Punkten aufgedeckt sah, befinden sich Ueberreste von Estrichböden aus Ziegelcement, zerbrochene' Heizröhren und Pfeilerchen eines Hypokaustes; ferner enthält die Erde, die auf diesen Gegenständen sich angehäuft hat, aretinische Töpferwaare, so wie gemeines Geschirr, Stücke von Fensterscheiben, allerlei Eisengeräthe und römische Münzen. Vier 2½ — 3' dicke feste Mauern schliessen einen durch Scheidemauern eingetheilten und mit Schutt angefüllten Raum ein, welcher noch nie untersucht worden ist.

Ob die Gräber auf der nahen Anhöhe, »Losentaschen« genannt, wirklich römisch sind, ist ungewiss.

Dübendorf. Ein Theil dieses am linken Ufer der Glatt gelegenen Dorfes steht auf den Trümmern römischer Gebäude. Im Herbst 1839 sah ich die Umfangs- und Scheidemauern des Erdgeschosses eines römischen Wohnhauses und einen aus Kalkmörtel und kleinen Stücken von Dachziegeln verfertigten Boden von dem darauf ruhenden Schutte, in welchem zerbrochene Dachziegel und Heizröhren mit Scherben von Geschirren und Kohlen vermischt lagen, befreit. Ein bleiernes, 20 Pfund schweres Rohr war das Bruchstück einer Wasserleitung. Gemäuer wird namentlich in der Umgebung der Kirche bemerkt. Ohne Zweifel rührt dasselbe von den verschiedenen Gebänlichkeiten einer römischen Villa her, die, wie eine hier gefundene Münze des Claudius Gothicus († 270) beweist, gegen Ende des dritten Jahrhunderts noch im Wesen war.

Eglisau. Bei der »im Weiler« benannten Häusergruppe oberhalb des Städtchens Eglisau wurde im Jahr 1852 in dem auffallender Weise »im Teuchel« (Tünchel, eine Wasserleitung aus ausgebohrten Baumstämmen) geheissenen Weinberge eine römische Wasserleitung aus Thonröhren entdeckt, welche in dem östlich vom Weiler liegenden Tobel ihren Anfang nimmt und unmittelbar unter den östlichen Häusern dieses Dörfchens auf einem Absatze des Abhanges, der »in der Gupfen« genannt

---
[1]) Da in diesem Verzeichnisse hauptsächlich nur bauliche Reste oder Gegenstände, die auf das einstige Vorhandensein von Wohnungen hinweisen, angeführt werden sollen, so habe ich um so eher unterlassen, die in der östlichen Schweiz zu Tage gekommenen Schätze von Münzen aufzuzählen, als Herr Dr. H. Meyer dieselben in einer eigenen nächstens erscheinenden Schrift besprechen wird.

wird, sich in Röhren von geringerem Kaliber verzweigt und nicht viel weiter zu erstrecken scheint. Die grössern Röhren sind, wie fast alle in unserer Gegend vorkommenden, inwendig glasirt [1]. Es ist gewiss, dass zu Eglisau, das durch eine Strasse mit Zürich verbunden war, eine Fähre bestand, und nicht zu bezweifeln, dass sowohl in diesem Städtchen als den über ihm liegenden Häusern »im Weiler«, so wie auch in dem »in den Muren« geheissenen Weinberge unterhalb des Städtchens, auf welches der von Hüntwangen kommende Weg »Murweg« hinführt, römische Wohnungen standen und in ihren Fundamenten noch vorhanden sind. Ebenso scheint der Name »Murfeld«, den die Felder gegenüber Eglisau, unterhalb Seglingen, tragen, auf römische Gebäude hinzudeuten.

Elgg. Diese Ansiedelung scheint, nach den Resten mehrerer grösseren Gebäude zu urtheilen, von beträchtlichem Umfange gewesen zu sein. Die Trümmer liegen hauptsächlich auf der Nord- und Ostseite des Städtchens, zwischen dem alten Stadtthor und dem Frohbrunnen, so wie auch an der Vordergasse, ferner am Anfange der sogenannten Schützenbreite. Unmittelbar neben der jetzigen Cigarrenfabrik wurde eine hauptsächlich aus römischen Dachziegeln aufgeführte Mauer und nahe dabei eine Wasserleitung aus gebrannten Röhren aufgedeckt, die von der Anhöhe herunterkommt. Zwischen der Breite und dem Frohbrunnen, links von der St. Gallerstrasse, fand man bei der Tieferlegung derselben Theile eines Mosaikbodens, von dem mehrere 26—27′ lange Stücke sich erhalten hatten. Er bestand aus weissen (Jurakalk) und schwarzen Würfeln, von denen die letztern geometrische Figuren darstellten. Ein Fragment dieses Bodens ist an der Vorderseite eines Hauses (der ehemaligen Schmiede) eingemauert. Von den ersten Stadthäusern bis zur Sandgrube sind mehrere Morgen Landes mit Gemäuer besetzt und mit Heizröhren, Dachziegeln und Ziegelmörtelbrocken bestreut. Hier wurde auch eine den Silenus vorstellende Lampe (siehe Taf. IV. Fig. 31) und ein zerbrochenes Glassgefäss mit Figuren und Rankenornamenten gefunden. Auf dem »Tätsch« liegen unter dem Garten noch die guterhaltenen Estriche von Erdgeschossen. Nicht weit von dem Mosaikboden wurde ein 9—10′ langer quadratischer, mit Sandsteintafeln belegter Raum aufgedeckt, dessen Mauern bis zur Höhe von 5′ da standen. Man hielt denselben für ein Badegemach. Nahe dabei kam ein schmaler Gang, vielleicht der Rest einer Cloake, zum Vorschein.

Münzen aus den ersten vier Jahrhunderten sind auf verschiedenen Punkten gefunden worden.

Gegen den Wald Abtsegg kommen Mauern, im Aettenbühl gegen Aadorf Gräber vor, die man für römisch hält.

Ellikon an der Thur. Etwa ¼ Stunde von diesem Dorfe in der Richtung nach Ober-Winterthur steht ein Haus, das den Namen »auf Strässen« trägt, weil es neben der von Vitudurum nach Pfyn führenden römischen Heerstrasse erbaut ist. An dieser Stelle finden sich im Schutte von Gebäuden römische Dachziegel und unter diesen solche mit dem Stempel der XXI Legion.

Auch im Dorfe selbst, zunächst der Mühle, wurden römische Dachziegel gefunden.

Ellikon am Rhein. Ueber die Warte am linken Rheinufer siehe Abtheilung I. S. 330.

Embrach. Auf der südöstlichen Seite einer aus dem Plateau von Brütten hervortretenden Anhöhe, 196 Meter über dem Zürchersee, befinden sich etwa 300 Meter südlich vom Bühlhofe die Umfangsmauern römischer Gebäude, von denen die zerbrochenen Heizröhren, Dachziegel und Scherben von

---

[1]) Siehe S. 57 nebst Taf. I. Fig. 12.

Töpfen herrühren, welche in einer Ausdehnung von etwa zwei Morgen überall wahrgenommen werden. Der Ort heisst **Steinmürli**, und die östlich von demselben liegenden Aecker tragen seit Alters her den Namen Strassenäcker. Es ist kein Zweifel, dass diese Benennung auf eine römische Strasse hindeutet; allein, ob wir uns unter dieser nur eine Verbindungsstrasse dieser Niederlassung mit einer römischen Hauptstrasse oder einen längern über das Plateau hinlaufenden Strassenzug zu denken haben, müssen weitere Nachforschungen entscheiden. Obwohl hoch gelegen, eignet sich die Gegend für Getreidebau sehr wohl, und es ist anzunehmen, dass die einst hier stehenden römischen Gebäude eine landwirthschaftliche Bestimmung hatten.

Dieser Ort, der etwas mehr als eine halbe Stunde von der »Heidenburg« bei Bassersdorf und dem »Steinmüri« bei Brütten entfernt liegt, ist nie untersucht worden.

Feuerthalen. Oberhalb der obersten Häuser des Dorfes Feuerthalen, südlich von der Schaffhauser-Zürich-Strasse liegt in den sich nach dem Rheine hin absenkenden Feldern römisches Gemäuer, über dessen Ausdehnung und Beschaffenheit die Besitzer der Grundstücke keine Auskunft geben können. Als im Jahr 1846 die Erweiterung der Landstrasse vorgenommen und behufs der Kiesgewinnung das anstossende Ackerfeld an einigen Stellen abgedeckt wurde, kamen mehrere Karren voll römischer Dachziegel zum Vorschein. Ich selbst sah im Jahre 1850 an dem bezeichneten Orte einen Haufen Bruchstücke römischer Dachziegel mit Mörtelbrocken in einer Sandgrube liegen.

Flaach. In der Umgebung der untern Mühle werden Bruchstücke von römischen Dachziegeln gefunden; ein ganzer wurde 1844 hervorgezogen. Auf der Anhöhe hinter der Mühle, Bürgli genannt, vermuthet man Gemäuer. In dem Manuscript des Herrn v. Zoller befindet sich eine Zeichnung eines bronzenen Merkurbildes, das zu Flaach gefunden wurde. (Siehe Taf. V. Fig. 20.)

Geerlisberg. Eine halbe Stunde nordöstlich von Kloten befindet sich etwa 100 Fuss unterhalb Geerlisberg auf der Abdachung des Berges, in den »Hoch Furri« genannten Ackerfeldern römisches Gemäuer, welches im Jahr 1839 die antiquarische Gesellschaft vermittelst einiger Schürfe untersuchte. Es wurden einige mit Estrichen ausgelegte Gemächer eines solid gebauten Hauses aufgedeckt. Die Bestimmung von zwei runden, mehrere Fuss weiten und 2—3 Fuss tiefen ausgemauerten Löchern in einem der Gemächer blieb unerklärt. Unter dem herausgeworfenen Schutte befanden sich römische Dachziegel, Scherben gemeiner Töpferwaare, Fragmente von Heizröhren, von bemalten Zimmerwänden, Eisengeräthe, Münzen, Kohlen und Asche. Die Ausdehnung der Trümmer ist nicht ausgemittelt. Der Ort ist gegenwärtig bepflanzt.

Gräslikon. Am nordöstlichen Abhange des Irchels, ungefähr 100 Meter über der Ebene, in der die Thur in den Rhein fliesst, oberhalb Gräslikon, liegen die Felder, welche wegen der auf ihnen in grosser Menge herumliegenden zerbrochenen römischen Dachziegel seit unvordenklicher Zeit den Namen »Auf Ziegeln« tragen. Nach ungefährer Schätzung mögen 6—7 Jucharten Landes mit Resten römischer Gebäude, nämlich Mörtel-, Ziegel- und Tufsteinbrocken bestreut sein. Im Jahr 1846 wurde auf Veranstaltung eines Mitgliedes der Gesellschaft, des Herrn G. v. Escher von Berg, der Boden an verschiedenen Stellen aufgedeckt und ganz aus Backsteinen aufgeführtes Gemäuer, dessen Bestimmung nicht auszumitteln war, bloss gelegt. Bruchstücke von Heizröhren, Amphoren, Eisengeräthe kam in Menge zum Vorschein. Die frühere Bestimmung dieser Ansiedelung als landwirthschaftliche Villa spricht sich durch ihre Lage deutlich genug aus.

Hasli (Nieder-). Eine Anhöhe südwestlich von diesem Dorfe heisst Kastell und das auf derselben stehende Bauernhaus »Kastellhof«. Eine militärische Bedeutung scheint der Ort indessen nicht gehabt zu haben, da weder Reste von Wall und Graben noch von Festungsmauern hier zu bemerken sind, und der jetzige Besitzer sich nicht erinnert, beim Bearbeiten dieses Grundstückes auf Mauerwerk gestossen zu sein. Auffallend ist indessen, dass ein Platz von bedeutender Ausdehnung — wie behauptet wird — von mehreren Morgen — künstlich mit rundlichen Feldsteinen besetzt war und theilweise noch ist, und dass hier Spiesse, Schwerter und anderes Eisengeräthe, auch römische Münzen gefunden wurden.

Eine andere zwischen dem Kastell und Niederhasli gelegene Anhöhe, die Bäpperi, in Urkunden Bethur heisst, und ganz mit Reben besetzt ist, soll römische Alterthümer bergen. Ueber den Namen Bethur siehe Anzeiger für schweiz. Gesch. u. Alterth. 1863 No. 2 und Artikel Dorlikon.

Nördlich von Niederhasli steht der merkwürdige durch Menschenhand errichtete Hügel Burgerrain genannt, über den au einem andern Orte berichtet werden wird.

Kempten. Der Name dieses Ortes, welcher in einer Urkunde von 812 Camputana, in einer gleichzeitigen Campitona lautet, mag in römischer Zeit campodunum und campitunum geheissen haben und ohne Zweifel aus dem celtischen campdun entstanden sein. Die Erklärung dieses Wortes ist Lagerberg oder befestigter Berg. Einige Andeutungen betreffend die celtischen Ausiedelungen in unserer Gegend werden wir später mittheilen und beschränken uns hier auf die Angabe der Stätten, wo Ueberreste der römischen Niederlassung zu Tage kommen.

Im Umfange dieses in der Nähe des Pfäffikersees und am südwestlichen Abhange eines Berges gelegenen Dorfes finden sich auf drei Punkten Trümmer römischer Gebäude. Unterhalb der Mühle ist zu verschiedenen Zeiten römisches Gemäuer und kürzlich wieder eine lange Mauer ausgegraben worden. Die Sage geht, es habe an dieser Stelle früher ein Hagheerenschloss [1]) gestanden. Gemäuer fand man ferner in den Matten und Ackerfeldern westlich vom Dorf. Hier, wie dort, ist die Anlage der Gebäulichkeiten nicht mehr zu ermitteln. Diejenige Stelle, wo sich römischer Anbau durch die Gestaltung des Bodens deutlicher zu erkennen gibt, liegt südlich vom Dorfe, auf der Nordseite des Hauses »in den Mauern«. Unmittelbar vor diesem Hause ist im vorigen Jahrhundert viel altes Gemäuer ausgebrochen worden. Zwischen diesem und dem sogenannten Unterhause bemerkt man in der Matte mehrere Erhöhungen, die aus dem Schutte römischer Wohnhäuser bestehen. Eine derselben wurde im Jahr 1854 zum Zwecke der Bepflanzung abgetragen. Es kamen das mit Estrichen belegte Erdgeschoss eines Hauses, ferner eine Menge von Dachziegeln und Heizröhren, Geräthe von Eisen und Erz nebst Scherben von Thon- und Glasgefässen und einer Anzahl Münzen zum Vorschein, welche letztere der antiquarischen Gesellschaft überschickt wurden. An einer andern Stelle wurde im Winter von 1855/56 ebenfalls ein Theil eines Wohnhauses aufgedeckt. Ich sah im August 1856 in den offen gebliebenen Löchern die Ueberreste eines Hypokaustes, dessen Pfeilerchen aus Sandstein bestanden,

---

[1]) Alle Ueberreste zerfallener Burgen werden im östlichen Theile unsers Cantons als Hageereu- oder Hagheerenschlösser bezeichnet. Unter dieser Benennung hat man sich ohne Zweifel ein Schloss des 6. und 7. Jahrhunderts, nämlich ein auf einem natürlichen oder künstlichen Hügel stehendes, durch Wall und Graben und zunächst durch Pfahlwerk, Hag, geschütztes hölzernes Gebäude zu denken. Hagheer oder Hagherr ist demnach gleichbedeutend mit Burgherr. Schlösser von dieser Art heissen in Frankreich »mottes« und sind beschrieben in v. Caumont's Bulletin monumental Band II. S. 230.

Bruchstücke von bemalten Wänden und eine Menge Scherben von Geschirren aus rother Erde. Die Mauern waren aus Geröll und Tufstein aufgeführt gewesen. — Zwischen dem Unterhause und dem Hause »in den Mauern« läuft ein zum Theil künstlich angelegter Damm hin, der früher den Namen Einsiedlerweg trug und augenscheinlich ein Stück des römischen Weges ist, der die Verbindung der Ortschaft Campodunum mit Kempraten (s. S. 67) über uns noch unbekannte Zwischenstationen vermittelte. Es muss bemerkt werden, dass Anno 1780 die Vorsteher der Bürgerbibliothek laut den Acten (Bd. VII. p. 240) zur Ausgrabung »des römischen Schuttes in Kempten« von dem damaligen Pfarrer von Wetzikon aufgefordert wurden. Das Ergebniss der Nachgrabungen, wenn solche wirklich stattgefunden, ist nicht bekannt.

Kloten. Dieses Dorf, dessen Name aus Claudia, Clodia entstanden sein mag, liegt an der Stelle, wo die von Zürich nach Eglisau führende Römerstrasse und die römische Militärstrasse Vindonissa-Vitudurum sich kreuzen. Mitten im Dorfe und zwar auf dem Kirchhofe wurden in den 30ger Jahren Säulenschäfte und ein Capitäl aus Juramarmor entdeckt, die zur Halle eines grossen Gebäudes, eines Tempels, gehört haben müssen. Die Höhe der Säulen betrug 13—14 Fuss. Das Mauerwerk des Gebäudes liegt entweder von der Kirche oder den umliegenden Häusern bedeckt oder ist schon früher ausgebrochen worden.

Etwa 25 Minuten nördlich vom Dorfe, hart an der ersterwähnten Strasse nach Eglisau, befanden sich auf dem sogenannten Aalbühel (später Schatzbuck) die nun völlig verschwundenen Reste einer römischen Villa, die im ersten Bande unserer Mittheilungen ausführlich beschrieben sind. Aus übel angewendeter Rücksicht gegen die Ansicht der Alterthumsforscher des 18. Jahrhunderts, welche aus dieser Ansiedelung eine militärische Anstalt machen wollten, obgleich weder die Lage derselben noch die Natur der Gebäude im mindesten auf eine solche Anlage hindeuteten, erklärte ich die Baureste als eine Mansio trotz ihrer bedeutenden Entfernung von der Heerstrasse und ihrer völligen Aehnlichkeit mit den bei uns, in Frankreich und England ausgegrabenen Trümmern römischer Landsitze.

Den meisten Aufschluss über die Bedeutung dieser Ansiedelung verbreitet eine auf einer Säule befindliche Inschrift, welche im Jahr 1601 auf dem Schatzbuck ausgegraben, von dem damaligen Statthalter H. Holzhalb in den Garten seines Hauses zum wilden Mann in Zürich versetzt, dann vermauert im Jahr 1732 von Chorherr Baptist Ott nach einer im Archive des zürcherischen Chorherrenstiftes vorhandenen Copie bekannt gemacht [1]), aber von den damaligen Gelehrten als unächt erklärt wurde. Die Inschrift lautet:

GENIO
PAG · TIGOR · P · GRAC
CIVS Ø PATERNVS
/ / / / / /
SCRIBONIA LVCANA
V · FEC ·

---

[1]) Der Titel der kleinen Schrift, die auch in Tempe helvetica p. 606 abgedruckt ist, lautet: »Conjectura de columna marmorea antiqua Cloti anno 1601 eruta.« Die im Manuscript vorkommenden Worte »quae Tiguri in horto apud Castrum antiquum Domini Henrici Holzhalbii, proconsulis dignissimi, conspicitur« hatte Ott weggelassen. (Siehe Anzeiger für schweiz. Geschichte u. Alterthumskunde. 1861. No. 1.)

Unerwarteter Weise kam im verflossenen Jahre beim Abbrechen einer Mauer in dem Garten des ebengenannten Hauses ein Stück dieser Säule und auf derselben die letzte Zeile obiger Inschrift

zum Vorschein, wodurch alle Zweifel an der Aechtheit der von Ott publicirten Inschrift gehoben sind. Die schlanke aus Juramarmor verfertigte Säule von 26—28 Centimeter Durchmesser stand ohne allen Zweifel hinter einem Altare, und bildete das Postament eines ehernen Geniusbildes. Ein ähnliches Monument bemerkt man am Triumphbogen des Trajan. (Siehe Rich, Dictionnaire des antiquités unter ara.) Aus dem Umstande, dass in der Dedication auch der Name der Gemahlin des Stifters vorkommt und dass somit das Denkmal keinen öffentlichen Charakter hat, scheint hervorzugehen, dass wir uns unter den Gebäuden auf dem Schatzbuck ein Privatbesitzthum, eine bequem eingerichtete und schön ausgestattete Villa auf einem Landgute (praedium) des P. Graccius Paternus zu denken haben. Merkwürdig ist, dass die gleichen zwei Personen durch testamentliche Verfügung einen Altar mit ganz ähnlicher Inschrift in der Nähe von Avenches, zu Münchwyler, errichten liessen. Die Familie Paternus gehört zu den angesehenen im Lande der Helvetier und wird mehrmals auf Denkmälern genannt. Ein Glied derselben war Patron der Gemeinde Genf, ein anderes hat als Duovir von Aventicum den Durchbruch bei Pierre Pertuis ausführen lassen.

Aus dieser Inschrift ergibt sich eine für die älteste Eintheilung des Landes merkwürdige Thatsache, dass der Gau der Tigoriner, des mächtigsten Stammes unter den Helvetiern, sich von Ost nach West über den ebneren und bevölkertesten Theil des Landes erstreckte.

Knonau. Nördlich von den Häusern auf Baregg sind auf einer Anhöhe, Lachen genannt, die eine prachtvolle Aussicht nach dem Hochgebirge darbietet, ein Paar Morgen Landes mit Dachziegelfragmenten bestreut. An verschiedenen Punkten birgt der Boden Gemäuer. An einer Stelle sind die Scheidemauern einer in mehrere kleine Räume eingetheilten Wohnung aufgedeckt worden. In dem Schutte, der die Gemächer bedeckt, kommen Scherben von Töpfergeschirr, Eisengeräthe, Münzen etc. vor. Ein gegenwärtig verschütteter Sodbrunnen lieferte der Ansiedelung Trinkwasser. Die Baregg ist eine Stunde vom Zugersee entfernt und eine der dem Gebirge am nächsten liegenden Ansiedelungen.

Lunnern. Die römische Ansiedelung zu Lunnern[1]), deren Entdeckung im Jahre 1741 unter den schweizerischen Gelehrten bedeutendes Aufsehen erregte, dehnt sich über ein mehrere Morgen grosses Feld aus, das von dem Ufer der Reuss sanft nach einer Anhöhe emporsteigt. Man geniesst von dieser aus eine freie Aussicht über ein weites fruchtbares Thal und das nahe Hochgebirge. Von den Gebäulichkeiten, welche theils unmittelbar am Flusse, theils einige hundert Schritte davon auf der Ebene standen, wurden in dem genannten Jahre unter Leitung des damaligen Landvogtes von Knonau,

---

[1]) Die Alterthümer von Lunnern sind ausführlich beschrieben in einer Schrift von Professor Breitinger, betitelt: »Zuverlässige Nachricht und Untersuchung von dem Alterthum der Stadt Zürich und von einer neuen Entdeckung merkwürdiger Antiquitäten einer bisher unbekannten Stadt in der Herrschaft Knonau. Zürich 1741.« Ferner in einer Schrift von Georg Sulzer, damaligem Pfarrvikar zu Maschwanden, nachmals bekannt als Verfasser der Theorie der schönen Künste, betitelt: »Ausführliche Beschreibung einer merkwürdigen Entdeckung verschiedener Antiquitäten in dem in der Herrschaft Knonau gelegenen Dorfe Nieder-Lunnern im Jahr 1741«. Zu dieser Schrift ist später ein Anhang erschienen, der über den Fund des Goldschmuckes (siehe Bd. III. unserer Mittheilungen) berichtet.

J. J. Scheuchzer, der später auch die Ausgrabungen zu Buchs anordnete, einige aufgedeckt. Eines derselben (Taf. VI. Fig. 6, 1), circa 15 Schritte vom Ufer der Reuss, in der Nähe einer Quelle gelegen, war ein kleines, quadratisches Wohnhaus von 31½' Seitenlänge, dessen Innenseite eine 2—3' dicke Zwischenmauer in zwei gleiche Theile schied. Die Räume, E F D, der westlichen Hälfte lagen etwa 3' tiefer als diejenigen auf der Ostseite, weil E und F Hypokauste, deren Höhe sammt der Suspensura 3' betrug, aufzunehmen bestimmt waren, und weil von dem mit Backsteinen belegten Gemache D aus die Hypokauste geheizt wurden. Der untere Boden der zwei heizbaren Zimmer, auf dem die aus quadratischen 9" langen Backsteinen errichteten Pfeilerchen vertheilt waren, bestand aus drei Schichten, zu oberst aus einer Lage quadratischer Backsteine, dann aus einem Estrich und zu unterst aus einer Schicht von kleinen Kieselsteinen, welche in die lettige Erde gesetzt waren. Von der Suspensura hatten sich einige der grossen, auf den Säulchen ruhenden Backsteintafeln erhalten, aber ob dieselbe mit Mosaik oder, was wahrscheinlicher ist, mit einem Estrich belegt war, wissen wir nicht. Von den Heizröhren waren wenige Fragmente übrig. Sehr auffallend ist, dass bei der Abdeckung die Heizlöcher nicht bemerkt wurden. Von den kleinen Räumen B und C der Ostseite ist jenes 9' lang und nur 3¾' breit, dieses bei gleicher Länge um 3' breiter. Die Böden dieser Gemächer sind auf gleiche Weise hergestellt, wie diejenigen der heizbaren Zimmer. Unter den Backsteinplatten der obersten Schicht gab es hier solche, die gleich den Suspensuraplatten 3' in's Gevierte massen. In diesen beiden Gemächern zeigte sich nach dem Boden zu eine Verengung des Flächenraumes, da an allen vier Mauerwänden 3" dicke Ziegelplatten schief aufgestellt und mit einer 2" dicken Mörtelschicht belegt waren. In der Mauer zwischen B und C befand sich bei a eine viereckige Oeffnung, die, wie man annahm, zum Ablauf des Wassers gedient hatte. Der mit einem Estrich belegte Raum A ist der grösste des Hauses, in den man aus dem Freien durch die Hausthüre bei b eintrat. Es ist zu bemerken, dass alle Scheidemauern dieses Hauses aus Backsteinen aufgeführt waren. Bei der Ausgrabung stand das Gemäuer noch 3' hoch über der Ebene der Gemächer. Dessenungeachtet konnte bei A, B und D keine Verbindung mit den übrigen Räumen entdeckt werden.

Die Geräthschaften, die in diesem Hause aufgehoben wurden, beschränken sich auf einen Schlüssel mit bronzener Handhabe, ein Thürbeschläge, ein Messer und eine Kupfermünze.

Etwa 500 Fuss nordwärts von diesem Hause wurde ebenfalls am Ufer der Reuss ein freistehendes ganz kleines quadratisches Gebäude von 10½' in's Gevierte abgedeckt. (Taf. VI. Fig. 6, 2.) Das Innere war mit einem Estrich aus Kalk und Kieselsteinen belegt. Die 2' dicken Mauern, die auf der Aussenseite mit gelber, rother und grüner Farbe angestrichen waren, erhoben sich noch 3½' hoch über den Boden. Dessenungeachtet war kein Eingang zu entdecken. Man fand hier einen kleinen aus Erz gegossenen Helm von 2" Höhe, der vielleicht das Haupt einer Mars- oder Minervastatuette bedeckt hatte; ferner über 80 Münzen von Augustus an bis Maximianus, † 311 [1]). Auf der Morgenseite des Gebäudes zeigten sich Ueberreste eines Kieselsteinpflasters.

Südlich und nördlich von diesem Gebäude entdeckte man in den Wiesen am Ufer der Reuss Ueberreste mehrerer Häuser, die in ziemlich gerader Linie mit den eben angeführten standen, aber wegen des angewachsenen Grases nicht untersucht werden konnten.

---

[1]) Diese Münzen sind sämmtlich in »Sulzers Ausführlicher Beschreibung einer merkwürdigen Entdeckung etc. im Jahr 1741« aufgezählt.

Auf das erstgenannte Wohngebäude (6, 1) und senkrecht auf die Reihe der am Ufer der Reuss befindlichen Gebäude führte zur Römerzeit vom Abhange herunter eine Strasse, an welcher zu beiden Seiten, wie die noch im Boden vorhandenen Reste von Grundmauern nebst Bruchstücken von Dachziegeln, Heizröhren, Mühlsteinen etc. deutlich zeigen, mehrere durch Zwischenräume von einander getrennte Wohnhäuser standen.

Ein an diesem Orte (6, 3) im Jahr 1741 abgedecktes Haus war von bedeutendem Umfange, da eine der Hauptmauern 90' mass. Unter den Trümmern desselben fand man Kupfermünzen, grosse Backsteine und Stücke einer Wasserleitung, worunter aber ohne Zweifel Hypokaustöhren zu verstehen sind; auch wurde hier ein Schatz entdeckt, bestehend in »80 Silbermünzen von verschiedenen römischen Kaisern und Kaiserinnen bis auf Contantinum hinab« und einem ebenso schönen als werthvollen Goldschmuck, der in Band III. unserer Mittheilungen abgebildet und beschrieben ist.

Nordöstlich von diesem Gebäude grub man bei 6, 4 die Grundmauern eines 30' langen und ebenso breiten Gebäudes auf.

Hundert Fuss südöstlich von dieser Mauer wurde der Brennofen eines Töpfers entdeckt. An der Westseite desselben befand sich eine aus Sandsteinen gemauerte Oeffnung; die Mauern bestanden aus Backsteinen, die alle ausgebrannt und sehr mürbe waren. Der Ofen war 6' lang, nicht ganz so breit und die dem Mundloche entgegengesetzte Seite rund vortretend. Rings um den Ofen herum lagen »viele Wagen voll« Scherben von gemeinem römischem Töpfergeschirr, darunter Wasserkrüge mit engem Hals und zwei bis vier Henkeln [1]); auch fanden sich hier Haufen unverarbeiteten Thons. Breitinger berichtet, dass »die zierlichen Gefässlein von rother Erden« bei dem Brennofen gefunden worden seien, während der genauere Sulzer ausdrücklich sagt, es sei in der Umgebung desselben nur grobes Geschirr aufgehoben worden. Die Annahme (Bd. III. Goldschmuck von Lunnern), die hiesige Werkstätte habe Terra sigillata Waare fabriziert, ist demnach unrichtig. Die Namen, die auf den hier gefundenen Gefässen vorkommen, nämlich Passienus, Priscinus, Mercator, Bassus, Sarrutus, gehören zu den diesseits der Alpen bekanntesten Firmen.

Im Frühjahr 1836 zeigte man mir in der Nähe des Wirthshauses die Umfangsmauern eines kleinen runden aus Backstein erbauten Gebäudes, das man nicht mit Unrecht ebenfalls als die Ueberreste eines Brennofens betrachtete.

Zehn Minuten südlich von Lunnern »in den Brüchen« soll ein römischer Ziegelofen entdeckt worden sein. Die Leute von Lunnern glauben, dass der Thon für die Werkstätten der Töpfer und Ziegler an einem kleinen Hügel unterhalb des Dorfes gegen die Reuss ausgebeutet worden sei.

Ein Paar Minuten südlich von der Ansiedelung, auf der Anhöhe, lag der Begräbnissplatz der Bewohner des römischen Lunnern mit den dazu gehörigen Brandstätten, Ustrinen. Diese letztern waren mit Kohle und Asche angefüllte Vertiefungen im Boden, in denen sich eine Menge Gegenstände fanden, welche die Leichname entweder an sich getragen, oder die bei der Verbrennung in den Scheiterhaufen (rogus) hineingeworfen wurden waren. Die Bestattung war von zweierlei Art. Entweder waren die Todten unverbrannt beerdigt, oder verbrannt, ihre Ueberreste nach der Verbrennung gesammelt und in einer Aschenurne beigesetzt worden. Die Begräbnisse der erstern Art enthielten Körper von erwachsenen Personen, die auf festen Boden von Letten und Kies, der Mehrzahl nach in einer Reihe,

---

[1]) Ein solcher mit vier Henkeln wurde in der Nähe von Wettsweil gefunden.

2—3' von einander und mit den Häuptern nach Westen (mit dem Angesicht nach Sonnenaufgang) gelegt waren. Andere Skelette lagen hier und da zerstreut und oft so nahe beisammen, dass sie einander berührten. Eines derselben hatte zur Linken ein Schwert, einen Dolch und ein Messer. Bei allen fand sich eine Münze entweder neben dem Kopf oder zur Seite. Die noch lesbaren Münzen zeigten die Bildnisse des Titus, Domitian, Hadrian, der Faustina junior. Da schon vor den Ausgrabungen des Jahres 1741 und in den letzten Jahrzehenden wieder an dieser Stelle eine Menge Körper zum Vorschein gekommen sind, muss das Todtenfeld von bedeutendem Umfange gewesen sein. Man nimmt gewöhnlich an, dass im zweiten Jahrhundert die Verbrennung der Todten durch die Grablegung verdrängt worden und allmälig ausser Uebung gekommen sei. Sollte hier die Beerdigung der Leichname in die Zeit der Prägung der angeführten Münzen fallen, so wäre dieses Leichenfeld ein Beispiel von sehr frühem Gebrauch des Vergrabens, der übrigens von der weniger bemittelten und armen Classe immer festgehalten wurde.

Die Graburnen waren, wie diess immer der Fall ist, in einem 2—3' tiefen Loche in lockere schwarze, oft mit Kohle und Asche vermischte Erde eingesenkt und mit einem Stein oder einer Topfscherbe oder einem Dachziegelfragment zugedeckt. Wie anderswo, wurden auch hier in den Töpfen und um dieselben herum Schmucksachen, Geräthschaften des häuslichen Lebens von der verschiedensten Art gefunden. Bei den verbrannten und unverbrannten Körpern lagen eine Menge kurzer und langer Nägel, die bei den ersten von der Zusammenfügung des Holzstosses, bei den letztern vom Sarge herrührten, ferner Fragmente von aretinischen Schalen [1]), von Glasfläschchen (Balsamarien), deren man oft eine Mehrzahl um die Aschenkrüge herum aufgestellt antrifft. In dem Töpfernamen, auf dem Boden einer dieser Schalen, EPONA — der erste und der letzte Buchstab ist verwischt — erkennt der übergelehrte Breitinger den Namen der Göttin EPONA. Von einem aus weissem Thon geformten glasierten Fläschchen von der Gestalt eines Thieres, das zwischen Hund und Affe in der Mitte steht, an den Cynocephalus erinnert und einen Apfel in den Pfoten hält (es ist inwendig hohl, hat eine trichterförmige Oeffnung am Hinterkopfe und einen Henkel am Rücken), spricht Breitinger sehr ausführlich und nennt es ein unflätiges Götzenbild, da er nicht wusste, dass dergleichen Gefässe aus weisslichem und gelbem Thon und mit Glasur bedeckt in der Form von Kaninchen, Vögeln und phantastischen Thieren in den Trümmern römischer Häuser, z. B. zu Windisch häufig vorkommen. (Siehe Taf. IV. Fig. 32—35.) Zwei kleine Tauben und ein Hahn aus weissem Thon sind in Band III. unserer Mittheilungen abgebildet und (Seite 126) vielleicht irrthümlich, als christliche Symbole beschrieben. Endlich kamen bei diesen Grabstätten noch Fibeln, wovon eine mit buntem Glassluss verziert (Taf. IV. Fig. 36), Perlen ebenfalls aus Glasfluss, zerbrochene oder zusammengeschmolzene Glasfläschchen (Balsamarien), die eherne Handhabe eines Schlüssels, ein eherner Ring, eine zweizinkige Hacke aus Eisen, Messer nebst anderen kleinen Geräthschaften zu Tage. Der Begräbnissplatz soll mit einer Lage von Kieselsteinen bedeckt gewesen sein. Im Jahr 1836 wurden bei Erweiterung der Strasse wieder eine Anzahl Körper hier ausgegraben und neben ihnen römische Münzen, Glascorallen und Fibeln von Bronze gefunden.

Die Zahl und Vertheilung der hier entdeckten Häuser und ihre Einrichtung beweisen zur Genüge,

---

[1]) Unter den Schälchen befindet sich eines von der seltener vorkommenden Art aus grauem Thon mit glänzend schwarzem Ueberzuge.

dass dieselben nicht, wie die Ueberbleibsel der Mehrzahl der Ansiedelungen in unserem Lande, als Bestandtheile einer Villa, sondern als die Reste einer Ortschaft angesehen werden müssen, welche, wie die im Jahr 1741 stattgefundenen Nachgrabungen und die von uns im Jahr 1843 vorgenommenen Aufschürfungen zeigten, ein Paar Reihen kleinerer und grösserer Gebäude umfasste. Nach der Menge der Fragmente von Hypokaustöhren, von aretinischem Geschirr, dem reichen Goldschmucke u. s. w. zu urtheilen, erfreuten sich die Bewohner derselben eines gewissen Wohlstandes. Fassen wir die Lage des römischen Lunnern in's Auge, so sehen wir, dass diese Niederlassung in geringer Entfernung von den Thälern des Hochgebirges und abseits der bedeutendern Strassen des Landes und des Verkehrs liegt. Die Ursache des Entstehens dieser Ortschaft darf kaum in der industriellen Thätigkeit der Bewohner zu suchen sein, die sich in dem Dasein von Töpferwerkstätten offenbart, vielmehr liegt die Vermuthung nahe, die Hauptbeschäftigung derselben habe im Flössen von Holz für Häuser- und Schifffbau bestanden. Der Umstand, dass eine Anzahl Gebäude unmittelbar am Ufer erbaut war, spricht für eine derartige Thätigkeit. Eine Corporation von Flössern und Holzhändlern zu Almendingen bei Thun wird auf einer Inschrift erwähnt; ähnliche Flössergesellschaften gab es auch in Frankreich und im Badischen. Das Wegführen von Nadelholzstämmen aus der waldreichen Umgebung des Vierwaldstättersees nach den Niederlanden dauert gegenwärtig noch fort.

Martalen. Einige Minuten nördlich von diesem Dorfe steht ein Hügel, an dessen Südwestseite die Strasse nach Rheinau hinläuft, und der von einem abgegangenen Hofe den Namen »Niederwyl« trägt. Auf dem etwa 15 Morgen umfassenden, dem grössern Theile nach mit Reben besetzten Südabhange birgt der Boden an verschiedenen Stellen Umfangsmauern sehr solid aufgeführter römischer Gebäude. Da die Pflanzungen eine Abdeckung der Ruinen nicht gestatten, so kann nur das berichtet werden, was bei zufälligen Grabungen zum Vorschein kam. Man stiess beim Einlegen von Weinstöcken auf Gemächer, die mit Estrichen belegt waren und bunt bemalte Wände hatten; auch deckte man einen Raum auf, der, nach den hier zu Tage gekommenen Geräthschaften von Eisen, Haufen von Schlacken und Kohlen zu urtheilen, die Werkstätte eines Schmiedes gewesen sein muss. Bruchstücke von Dachziegeln und Heizröhren, von Amphoren, von Wasserkrügen, von Koch- und Tafelgeschirr (terra sigillata), Scherben von Fensterscheiben, eine bleierne Wasserleitung etc. — alle diese Dinge vervollständigen das Bild einer wohleingerichteten Villa. Westlich von diesem Gebäude stand ein zweites Wohnhaus, in dessen Trümmern im Jahr 1806 ein goldener Ring mit geschnittenem Stein und in den 30ger Jahren der Arm einer bronzenen Statuette gefunden wurde.

Stumpf und nach ihm alle ältern Geographen haben das Treffen zwischen Julian und den Alemannen (357 n. Chr. Ammian 16. 11), das nicht hier, sondern bei Strassburg stattfand, in die Gegend von Rheinau verlegt. Haller (Helv. u. d. R. II. 164), der auf die wunderlichste Weise den Namen Martalen als Martis Thal, Martia vallis, deutet, beschreibt 1. 295 ff. die Stellungen und Operationen der Heere in den Feldern diess- und jenseits des Rheines und bei der Insel sehr ausführlich. (!)
Ueber den Wartthurm unweit Martalen siehe erste Abtheilung S. 330.

Maschwanden. Reste von römischen Gebäuden sind hier nicht mit Bestimmtheit nachgewiesen, indessen im Jahr 1741 etwa 400 Schritte ausserhalb des Dorfes, am Wege nach Lunnern, sechs römische Aschenkrüge ausgegraben worden.

Meilen (Ober-). In dem Weinberge, Rabenhalde genannt, durch welchen sich die römische Strasse zieht, wurden Gemäuer und Ziegelstücke, die man für römisch hielt, und einige römische Münzen (von Otto, Septimius Severus und andern Kaisern) beim Einlegen von Weinstöcken gefunden.

Mettmenstetten. Etwa 10 Minuten nordwestlich von Unter-Mettmenstetten, östlich von der alten römischen Strasse nach Knonau, steht ein länglicher, ungefähr 10 Meter hoher Hügel, der auf der Nordwest- und Südseite ziemlich steil abfällt und jetzt überall angebaut, theilweise mit Weinreben bepflanzt ist. Er wird **Mauerägerten** genannt, weil unter dem Boden die Fundamente römischer Gebäude sich befinden, die an zwei von einander ziemlich entfernten Punkten bei der Feldarbeit sich bemerkbar machen. An einer Stelle zeigt sich eine im Halbkreis angelegte Mauer. Ohne Zweifel stand in dieser schönen Lage einst eine Villa, deren einstiges Dasein ausser dem Gemäuer jetzt noch Dachziegel, Heizröhren, Stücke von rothen Estrichböden, kleine Tufsteinquader, Scherben und römische Münzen verkündigen.

Nänikon. Auf der etwa 10 Meter hohen, an der Südseite des Dorfes liegenden Anhöhe, **Bühl** genannt, kommen Reste römischer und mittelalterlicher Gebäude neben einander vor. Die erstern beschränken sich auf Ziegelstücke, Topfscherben, Eisenwaare etc., die letztern auf die Grundmauern einer ehemaligen Kapelle. Auch römische Münzen sind hier ausgegraben worden. Für eine Villa war dieser Punkt, von dem man den See von Greifensee und einen Theil der Alpen erblickt, ganz vorzüglich gewählt.

Neftenbach. Am rechten Ufer der Töss, in einem gegen Nord durch Hügel geschützten und von einem Bache bewässerten freundlichen Thale lag südlich von dem jetzt durch seinen Weinbau bekannten Dorfe eine römische Niederlassung, welche gegen Ende des vorigen Jahrhunderts entdeckt und dann näher untersucht wurde. Als nämlich im Jahr 1775 die Vorsteher der Bürgerbibliothek in Zürich auf das Vorkommen von ausgedehntem Gemäuer und die Auffindung von römischen Münzen in der unmittelbaren Nähe des genannten Dorfes aufmerksam gemacht und später bei einer flüchtigen Untersuchung der Trümmer mehrere römische Geräthschaften und ein goldener Ring mit einem geschnittenen Carniolstein entdeckt worden waren, beschloss im Jahr 1780 der Rath von Zürich, in der Hoffnung, dass noch andere werthvolle Gegenstände zum Vorschein kommen möchten, an diesem Orte, der wegen des hier befindlichen Gemäuers den Namen Steinmöri trägt, umfassende Nachgrabungen veranstalten zu lassen. Die Leitung der Arbeiten wurde dem Maurermeister David Vogel, einem Manne, der die römischen Bauwerke Italiens gesehen und mit den Schriften des Vitruv wohl bekannt war, übertragen. Die Ausgrabungen begannen im September des genannten Jahres und wurden mit grossem Eifer bis im December fortgesetzt. Im Januar des folgenden Jahres gab Vogel dem Rathe ausführlichen Bericht über die Ergebnisse der Nachforschungen ein, in welchem er seine Ansicht sowohl über die Bedeutung der ganzen Niederlassung als die Bestimmung jedes einzelnen Theiles aus einander setzte. Von den Plänen, welche er diesem Berichte beifügte, ist leider nur das kleine Stück erhalten, welches uns Müller im 10ten Abschnitt seiner »Merkwürdigen Ueberbleibsel von Alterthümern an verschiedenen Orten der Eidgenossenschaft« in schlechter Copie aufbewahrt hat. Vogel erklärt in seiner Beschreibung und Erläuterung der Ruinen von Neftenbach dieselben als »ein militärisches Etablissement, ein Standlager römischer Truppen« und zugleich einen Theil der Gebäulichkeiten »als die Villa eines reichen Römers«. Der Grund, warum er diesen Bauresten eine ganz besondere Bedeutung beilegte, war offenbar der, dass die Ausgrabung eine für die damaligen Verhältnisse sehr grosse Summe gekostet und entgegen den Erwartungen doch nur ganz wenige Alterthumsgegenstände und keinerlei historische Aufschlüsse geliefert hatte.

Betrachtet man nach Durchlesung des Vogel'schen Berichtes den eben erwähnten »Grundriss der im Jahr 1780 zu Neftenbach entdeckten römischen Antiquitäten« bei Müller, so überzeugt man sich auf den ersten Blick, dass diese Niederlassung in die Reihe der landwirthschaftlichen Villen gehört, welche im ebeneren Theile unseres Landes zahlreich vorhanden waren. Sie enthielt die Bestandtheile einer wohleingerichteten Wohnung des Eigenthümers mit allen nöthigen Räumen für die Unterkunft des Gesindes nebst Vorrathskammern und anschliessend an das Wohngebäude Ställe und Schennen. Die Gebäulichkeiten; die freien Plätze und Gärten waren von einer im Vierecke angelegten, ziemlich hohen Mauer eingeschlossen, deren südliche Seite am Fusse des Hülliberges hinläuft, 5—6' hoch und etwa 1000' lang jetzt noch zu sehen ist. Umfangsmauern, welche dem Gehöfte nicht nur gegen Diebe, sondern, wie ihre Festigkeit zeigt, auch gegen feindliche Schwärme Schutz gewährten, treffen wir bei den meisten römischen Landsitzen in unserer Gegend an. An der Westseite des von Nord nach Süd sanft ansteigenden, gegen 20 Morgen Landes umfassenden und etwa 30' über der Thalfläche liegenden Einschlusses standen um einen gemeinschaftlichen Hof herum die Wohngebäude des Gehöftes. Das grösste unter denselben, welches Taf. VII. Fig. 2 veranschaulicht, enthielt verschiedene Räume und Schlafgemächer für den Aufenthalt des Gesindes. An diese schlossen sich die Wohn- und Schlafzimmer des Besitzers und seiner Familie an, die sämmtlich reicher als die vorigen ausgestattet waren. Die mit einem Bestich versehenen abgeglätteten Wände zeigten einen Anstrich von gelber Farbe mit rothen oder von weisser mit grünen Streifen, mitunter eine Bemalung mit roh ausgeführtem Blumenwerk. Obgleich die grösstentheils 2' dicken, aus Geröllе und Tufstein aufgeführten Mauern sich bis zur Höhe von 7' erhalten hatten, bemerkte man doch in diesen, so wie in den noch zu erwähnenden Gemächern keine Spur von Fenstereinschnitten. Der kleine, 10' im Quadrat haltende Raum a, ein Winter-Wohnzimmer, war, wie ein anderes dieser Abtheilung des Hauses, mit einer Heizvorrichtung versehen, an das sich mehrere andere, ebenfalls heizbare Räume anreihten. Unter dem Fussboden von a fand man nämlich einen noch gut erhaltenen Hypokaust und an drei Wänden des Zimmers die in dichter Reihe aufgestellten, obwohl zerbrochenen Heizröhren. Das anstossende Gemach b besass ebenfalls einen, wahrscheinlich mit dem vorigen zusammenhängenden Hypokaust, indessen nur an einer Seite die Zugabe von Heizröhren. Die Fussböden und Wände der Gemächer a und b und ein Paar anderer waren mit Tafeln von jurassischem Marmor belegt, welche für das eine Zimmer mit mehr, für das andere mit weniger Sorgfalt geschnitten und abgeschliffen worden waren. Das aus Sandstein hergestellte Heizloch (praefurnium) befand sich bei c, in einem Raume, der, wie Asche und Kohlenhaufen und die von Russ geschwärzten Wände und der noch vorhandene Herd deutlich zeigten, die geräumige Küche der Herrschaft und des Gesindes gewesen war. Kleinere mit Kohlen bedeckte Herde aus 2' in's Gevierte gelegten Backsteinen mit darüber in der Mauer angebrachten Oeffnungen von derselben Dimension wurden auch in zwei andern Räumen entdeckt, und als Kamine zur Erwärmung der Zimmer in der kältern Jahreszeit erkannt. Ausser den Zimmern a und b wurden noch zwei mit diesen in Verbindung stehende, ebenfalls vermittelst Hypokausten heizbare Zimmer aufgedeckt, in welchem die Heizröhren nur auf die vier Ecken (?)

vertheilt waren. Bemerkenswerth schien in den genannten heizbaren Zimmern die Construction der untern Böden, auf welchen die aus Sandstein oder Backsteinen verfertigten, die Suspensura tragenden Pfeilerchen aufgerichtet waren. Anstatt der regelmässig und dicht neben einander gestellten Findlinge mit darüber gelegtem Kalkestrich bestanden dieselben aus grossen Sandsteinbrocken und Kieselsteinen, deren Zwischenräume leer gelassen wurden, mit darauf gelegten Sandsteintafeln. Noch erfahren wir, dass der nischenartige Raum d 3½' tief war, dass eine Wasserleitung unter den Zimmern durchlief und bei e und f zum Vorschein kam, dass bei g die Ueberreste eines Waschherdes lagen, und endlich, dass die ganze Anlage durch Einäscherung zerstört wurde. Von der Beschaffenheit des halbkreisförmigen Raumes und der übrigen Räume, sowie über die Vertheilung der verschiedenen wirthschaftlichen Gebäude ist es in Ermangelung der von David Vogel verfertigten Pläne unmöglich, etwas Näheres zu erfahren.

Die bei diesen Ausgrabungen entdeckten und gegenwärtig in der Sammlung der zürcherischen antiquarischen Gesellschaft aufbewahrten Gegenstände sind folgende:

Eine Reihe von Münzen, die bis auf das Jahr 270 herunter reichen und hauptsächlich der Regierung des Trajanus, Hadrianus und Antoninus Philosophus angehören, verschiedene Zierraten, nämlich ein massiver goldener Fingerring mit einem in Carniol geschnittenen Kopfe eines Jünglings von mittelmässiger Arbeit, eine kleine eherne Maske eines Satyrs von vortrefflicher Zeichnung und Ausführung (Taf. XI. Fig. 1 u. 2; ferner Baureste, nämlich Fragmente von Mosaikböden, von Zimmerwänden mit vielfarbigen Streifen, rothen und grünen Blumen auf gelbem Grund und Theilen einer männlichen Figur, Marmortäfelchen zur Bekleidung der Fussböden und Wände aus weiss und schwarzer italischer Marmorbreccie, aus grünsteinähnlichem, sehr feinkörnigem Brecciegestein ebenfalls aus Italien, und röthlichem dünnblättrigem Marmor von unbekannter Herkunft; ferner eine Anzahl von Heiz- und Wasserröhren aus gebrannter Erde, mancherlei eisernes Geschirr, nämlich Ketten, eine dreizinkige Mistgabel, eine Hacke, eine Doppelhacke, zwei hohle Hacken, zwei Hippen, vier Meissel, ein Zirkel, ein Senkel, ein Winkelmass, drei Messer, eine Schafscheere, eine Schale zu Talglichtern, zwei Schwerter, ein Schlüssel etc. etc. Irdenes Geschirr: Aus aretinischer Erde ein Paar ganze und mehrere zerbrochene Schälchen mit den Namen der Töpfer IVCA, CINTVGENI(VS), ATERNOS, ferner Stücke von Amphoren, Wasserkrügen, Reibschalen (mortaria); aus Lavezzstein eine Schale; aus Glas Fragmente einer kleinen Schüssel und verschiedener Flaschen; endlich noch ein kupferner verzinnter Teller, eine Menge Austerschalen, verbrannter Weizen, verbrannte Aepfel und Birnen, ein Stück eines Hirschgeweihes, ein Horn von einem jungen Schafbock.

Unter den oben aufgezählten Fundgegenständen verdienen noch genauere Erwähnung der als Winkelmass angeführte Winkelhaken (Taf. XII. Fig. 1.) Die längere Seite des geschlossenen rechtwinkligen Dreiecks ist 9″, jede der kleinern 7″ lang. Das Dreieck ist auf ein eisernes und oben mit einem dünnen Erzbleche belegtes Lineal befestigt, so dass das Werkzeug aufgestellt oder mit dem Rande angeschlagen werden kann. Es dient daher zur genauen Bestimmung eines Winkels von 45, 90 und 135°. Ein ähnliches Instrument ist neben einem Zirkel in Relief auf einem Grabsteine von Vindonissa ausgehauen zu sehen. (Siehe Mommsen's Insc. Conf. helv. No. 253 und Vorrede p. XX.) Für die Geschichte der Landwirthschaft unserer Gegend sind die hier und zu Buchs gefundenen Ueberreste mehrerer Obst- und Getreidearten von bedeutendem Interesse.

Im Jahre 1856 waren mit Ausnahme der Ueberbleibsel der die südliche Begrenzung bildenden, am

Fuss des Hülliberges sich hinziehenden Mauer alle Trümmer der Gebäulichkeiten grösstentheils ausgegraben und Bruchstücke von Dachziegeln und Heizröhren, welche auf den Feldern herumliegen, die letzten Zeugen von dem Dasein der römischen Villa. Neulich ist von Herrn Commandanten Pfau in Winterthur eine aus irdenen Röhren bestehende, von dem genannten Berge nach der Ansiedelung laufende Wasserleitung entdeckt worden.

Nürensdorf, Gemeinde Bassersdorf. Auf einem Felde, Limat genannt, unweit dem Weiler Hakab, findet sich unter dem Boden viel Gemäuer und auf demselben eine Menge Bruchstücke von römischen Ziegeln. Auch sollen hier Ziegel mit Legionszeichen aufgehoben worden sein. Römische Münzen kommen nicht selten vor.

Nussbaumen bei Bülach. Westlich von dem Dörfchen Nussbaumen tritt aus der Einsattlung zwischen dem Dachsel- und Ottenberg ein rundlich geformter, etwa 60' hoher Hügel von etwa 350' Durchmesser hervor, der den Namen Sandbuck trägt, und vor Kurzem mit Weinreben besetzt worden ist. Bei Durchgrabung des Bodens entdeckte der Eigenthümer zwei 30' von einander entfernte, gleichlaufende, 2' dicke und 2½' hohe Mauern, welche auf der einen Seite durch eine ähnliche Mauer rechtwinklig verbunden waren. An der östlichen Ecke dieses Gebäudes, dessen Seiten genau nach den Himmelsgegenden orientirt sind, fanden sich noch Reste eines Estriches und innerhalb und ausserhalb der Mauern Haufen von römischen Ziegeln nebst Knochen von Pferden und Hunden. Am westlichen Fusse des Hügels sprudelt eine Quelle, Binzbrünneli genannt, hervor, deren Wasser ohne allen Zweifel künstlich hieher geführt ist. Die vielen Ziegelstücke, die man rings um den Hügel antrifft, auf welchem man sonst wenig Gemäuer bemerkt, scheinen Fachwerkgebäude bedeckt zu haben.

Oberweil bei Dägerlen. Westlich vom Dörfchen Oberweil, Kirchgemeinde Dägerlen, befand sich am mitternächtlichen Abhang des Hügelzuges, an dessen Nordabhange die Thur hinfliesst, in den Feldern, welche den Namen »Steinmürli« tragen, eine Gruppe römischer Häuser, deren Mauern und Erdgeschosse in den Jahren 1841/42 durch die Besitzer theilweise abgedeckt und ausgebrochen wurden. Eines der Gebäude enthielt mehrere Zimmer mit Hypokausten und bunt bemalten Wänden, während die Böden anderer nur mit Estrichen belegt oder mit Geröllsteinen besetzt waren. Ich sah da einen Raum, der eine Esse mit Eisenschlacken, Kohlen und mancherlei Werkzeug aus Eisen enthielt, und einen andern, der sich durch einen Herd und viel zerbrochenes Kochgeschirr als Küche zu erkennen gab. Bruchstücke von Amphoren, grossen Wasserkrügen, von Koch- und feinem Tafelgeschirr der verschiedensten Art und Form, nebst einer Menge Erz- und Eisengeräthe, sowie Haufen von Austerschalen liessen in diesen Trümmern die Ueberreste einer wohleingerichteten landwirthschaftlichen Villa erkennen. Die Ausgrabung, welche nur die Befreiung des Bodens von Gemäuer zum Zwecke hatte und zur Winterszeit stattfand, hinderte den Verein, einen ordentlichen Plan der auf etwa 10 Morgen vertheilten Gebäulichkeiten aufnehmen zu lassen.

Oetweil. Am nordöstlichen Abhange der das rechte Ufer des Zürchersees einschliessenden Hügelkette wurde nahe bei den Häusern »Ober-Kreuzlen« im Jahr 1836 bei Anlegung eines Fahrweges eine von West nach Ost laufende, aus gebrannten Röhren verfertigte römische Wasserleitung entdeckt, welche sich bis gegen das Dorf Oetweil hinab erstreckt. Die Stelle, wo sie endigt und ohne allen Zweifel römische Häuser standen, konnte ich nicht ermitteln.

Otelfingen. Eine geringe Erhöhung gleich ausserhalb des Dorfes gegen Würenlos, auf der Nordseite der römischen Heerstrasse, heisst seit jeher »Auf Mauren«. Die ältern Leute des Dorfes erinnern sich, dass hier Gemäuer ausgebrochen wurde.

Ottenbach. Oestlich von der Reuss erhebt sich beim Dorfe Ottenbach bis zur Höhe von 140 Meter über den Fluss ein Hügelzug, der den Namen Isenberg trägt. Der erste Theil dieses Wortes kommt in Benennungen von Anhöhen im Thale der Reuss mehrmals vor, erscheint auch öfter in andern Theilen unsers Landes in der Bezeichnung von Localitäten. Er wird von Iso, einem bekannten altdeutschen, in unsern Urkunden häufig wiederkehrenden Mannesnamen abgeleitet [1]). An der südwestlichen Abdachung des Isenberges, nur wenige Meter unter dem Gipfel, bemerkt man mitten im Walde von Gestrüppe verhülltes römisches Gemäuer und hier und dort ein Bruchstück eines römischen Dachziegels. Es sind diess die Ruinen, mit denen sich die Alterthumsfreunde des 16., 17. und 18. Jahrhunderts darum viel beschäftigten, weil dieselben von dem Landvolk Heidenkirch [2]) genannt werden und auf dem Isenberg liegen, folglich als Reste eines Isistempels betrachtet wurden. Stumpf, Bullinger, Simmler, Hottinger und alle übrigen Alterthumskundigen sprechen von diesem Isistempel als »von einem herrlichen Gebeuw«, und erinnern daran, dass der Isisdienst, wie aus einer Inschrift zu Wettingen hervorgehe (Mommsen No. 241), in unserer Gegend sehr verbreitet gewesen sei.

Als im Jahre 1741 die Ausgrabungen zu Lunnern (siehe diesen Artikel), welcher Ort nach Ottenbach kirchgenössig ist, beendigt waren, beschloss man, in der Hoffnung, eine Inschrift oder einen Mosaikboden zu finden, die Ruinen des Isistempels auf dem nahen Isenberg zu untersuchen. Man bemerkte bald, dass diese Stelle schon früher durchwühlt worden war, und erfuhr, dass zum Bau der Kirche von Ottenbach und mehrerer Häuser in der Gegend hier Steine geholt worden seien. Indessen kamen die Grundmauern eines 85' langen und 55' breiten Gebäudes und in demselben ein kleines Gemach zum Vorschein. Einige hundert Schritte von diesem Tempelgebäude entdeckte man noch andere Mauerreste, welche man als die Wohnungen der Priester betrachtete [3]). Obgleich die Ergebnisse der Ausgrabungen in der Heidenkirch völlig unbefriedigend waren und weder »Säulen noch ein Portal« aufgefunden wurden, hat sich doch die Sage von dem Dasein der Trümmer eines Isistempels bei den Thalbewohnern aufrecht erhalten [4]).

Gegenwärtig kann über die Bedeutung der Gebäude auf dem Isenberg kein Zweifel mehr walten. Zum Zwecke der Urbarmachung des Bodens wurde nämlich im Winter von 1863—64 der Theil des Waldes, in dem sich die Ruinen befinden, umgeschlagen und das Gemäuer ausgegraben. Herr Cantonsrath Hegetschweiler in Ottenbach hatte die Güte, im Interesse der Alterthumskunde einen Plan der aufgedeckten Mauern aufzunehmen und für die Aufbewahrung der Fundgegenstände zu sorgen. Ueber die Ausdehnung und Beschaffenheit der Anlage verdanken wir ihm nachfolgende Notizen: Das Haupt-

---

[1]) Siehe Meyer's Ortsnamen Bd. VI. unserer Mittheilungen.
[2]) Breitinger erzählt: »Bei den Einwohnern dasiger Gegend sei ein Sprichwort, dass man von einem, der die Kirche versäume, sage, er sei in Iseliskirch gewesen.« Der Name Heidenkirch, so wie diess Sprichwort, ist gewiss nicht älter, als die etwa von einem Ortsgeistlichen gemachte Entdeckung, dass das Gemäuer auf dem Isenberg ein Isistempel sei.
[3]) Siehe die bei Lunnern angeführten Schriften Breitinger's und Sulzer's.
[4]) Ueber das angebliche Dasein eines zweiten Isistempels auf dem eine Stunde vom Isenberg entfernten Iselisberg, auf dem ebenfalls römisches Gemäuer vorkommt, siehe unter Iselisberg (Aargau).

gebäude bildete ein rechtwinkliges Viereck, dessen Umfangsmauern auf der Ost- und Westseite wenigstens 150', auf der Nordseite 70' lang sind. An der nordwestlichen Ecke befindet sich ein Anbau, an den sich ein Kalkofen anschliesst. — Das Material des Mauerwerkes besteht aus kleinen Feldsteinen und Bruchsteinen (Sandstein und Tuf). Die Umfangsmauern haben eine Dicke von $2-2^{1}/_{2}'$. Die Westseite ist theilweise nur $1^{1}/_{2}'$ dick. Die Eintheilung des Innern ist nur auf der Nordseite des grossen Vierecks noch erhalten, auf der Südseite liegen die Fundamente der Scheidemauern entweder tiefer im Boden oder sind früher ausgebrochen worden. Die beiden kleinen Räume A und B haben einen Fussboden aus Ziegelmörtel. Der Raum C ist mit einem Hypokaust versehen. Pfeilerchen und Suspensuraplatten bestehen aus Sandstein. Das Heizloch ist bei a angebracht. Dieses Wohnzimmer ist mit einem kleinern Gemache D durch eine Thür verbunden. In den andern Räumlichkeiten ist . der Boden mit Kieselsteinen gepflastert, über welchen ein Estrich liegt. Der Kalkofen E liegt unter der Ebene der Gemächer und ist in den Boden hineingebaut. Bei b befindet sich eine kleine Treppe von drei Stufen, die zur Feueröffnung führt. Im Ofen selbst befand sich noch ein Quantum gebrannten Kalkes, der zum Theil noch brauchbar war. Das Gebäude war mit Ziegeln bedeckt, von denen eine Menge Bruchstücke herumliegen. (Siehe Taf. VI. Fig. 7.) — Die Fundstücke bestehen in Eisengeräthe, nämlich einem Speereisen, zwei Meisseln, einem Messer, einem Schlüssel mit bronzenem Handgriff.

Aus dem eben Mitgetheilten ergiebt sich mit Sicherheit, dass das Gebäude auf dem Isenberg nicht als ein Isistempel, sondern als eine Villa zu betrachten ist. Einiges Gemäuer in der Nähe ist ein Rest der zu derselben gehörenden Oekonomiegebäude.

Ottenhausen. Auf dem Rücken des Hügelzuges zwischen dem See von Pfäffikon und dem Aabachthale befinden sich die Ueberreste einer römischen Ansiedelung, welche schon Stumpf unter dem Namen Bürglen als »ein auf einer zierlichen und lustigen Höhe gelegenes Stättli mit zerfallenen Gräben, zerbrochenen Ringmauern, Häusern und Gebäuden« anführt und durch eine Abbildung veranschaulicht, die aber der Wirklichkeit ebensowenig entsprochen haben kann, als die Zeichnung auf der im Jahr 1667 verfertigten Gygerschen Karte. Die Niederlassung ist in der That kein »von Gräben und Mauern umgebenes Stättli«, sondern eine von einer Mauer eingefriedigte Villa gewesen, die aus sieben grössern und kleinern Gebäuden bestand. (Siehe Taf. VI. Fig. 8.) Auf der Höhe des durch eine Mauer abgeschlossenen viereckigen, ostwärts sich nach dem Pfäffikersee absenkenden Platzes standen die Wohnhäuser, deren Mauern gegenwärtig nicht mehr über den Boden hervortreten. Innerhalb des Hauptgebäudes A, sowie bei B und G sind durch Ausheben die Bausteine Gruben entstanden, welche einen Einblick in das Innere der Zimmer gewähren. Bei A sieht man einen Hypokaust, nämlich eine Reihe 4' 4" hoher Pfeilerchen aus Sandstein mit den darauf liegenden, die Suspensura bildenden Sandsteintafeln. Die Wände sind in diesem Wintergemache blau, in einem anstossenden, ebenfalls heizbaren Zimmer röthlich angestrichen. In dem Gebäude C, das 1862 aufgedeckt wurde, liegt unter dem Schutte von Ziegeln und Mauerbrocken ein Estrich und ein eingedrückter Hypokaustboden. Die Art des Thürverschlusses ist hier noch deutlich zu sehen. (Siehe Taf. I. Fig. 4.) Die Mauern bei D, E, F, G sind Ueberreste von Oekonomiegebäuden.

Die Umfassungsmauer der ganzen Anlage, die einen Flächenraum von 204,960 $\square'$ in sich schliesst, ist 2' dick, folglich nicht sehr hoch gewesen. Das Material bestand aus Geröllsteinen, die durch Mörtel schlecht verbunden waren. Aus Feldsteinen, Stücken von Sand- und Tufstein sind auch die Mauern der Häuser aufgeführt.

Bürglen ist dadurch merkwürdig, dass hier der Plan des Ganzen einer landwirthschaftlichen Anlage sich nachweisen lässt. — Seinen Namen verdankt dieser Ort der Masse festen Gemäuers innerhalb eines Mauerumzuges.

Pfäffikon. In der Umgebung dieses schön gelegenen Dorfes finden sich an mehreren Stellen Reste römischer Gebäude.

Zunächst dem Dorfe, in dem spitzen Winkel, den die von Unter-Hittnau und Irgenhausen herkommenden Strassen einschliessen — die letztere scheint ein Theil des römischen Weges von Winterthur nach dem obern Zürchersee zu sein — liegen bei dem »im Häusler« genannten Punkte, wo in den 40ger Jahren Herr Dr. Gessner ein Haus erbaute, die Fundamente eines römischen Wohngebäudes. Der Platz ist buckelig und verräth durch sein Aussehen die Anwesenheit von Gemäuer. Beim Graben des Kellers wurde damals ein Paar Fuss tief im Boden ein eingefallener Hypokaust mit Pfeilerchen aus Sandstein aufgedeckt. Westlich von diesem Gebäude stiess man auf ein 10—12' breites, mit Feldsteinen besetztes Stück einer Strasse und eine Kalkgrube.

Ein Paar Dutzend Schritte südlich von dieser Localität befindet sich nahe am Seeufer eine etwa 12' hohe Anschwellung des Bodens, welche Tumelen genannt wird. Hier wurden in der Mitte des verflossenen Jahrhunderts Menschengerippe mit Schwertern und Spiessen ausgegraben. Die Benennung wird von dem Worte tumuli abgeleitet.

Spöck. So heisst ein nordwestlich von der Kirche liegender, etwa 1800 Meter von dieser entfernter, aus der Niederung zwischen Pfäffikon und Fehraltorf hervortretender rundlicher Hügel, der ungefähr 80' lang und 60' breit ist. Die Oberfläche desselben wird vom Pflug befahren, der eine Menge Tufsteinbrocken, Dachziegel- und Heizröhrenfragmente von Hypokausten und mitunter auch Sandsteinpfeilerchen zu Tage fördert. Ein hier gefundener Mühlstein dient gegenwärtig als Basis des Brunnenstockes bei den untern Häusern zu Bussenhausen.

Steinmüri — ein Name, der mit Sicherheit auf das Dasein römischer Gebäude bezogen werden kann — heisst eine Erhöhung südlich von dem alten, die Localitäten Freistein und Böhnler verbindenden Strässchen. Geröllsteine, womit der Boden hier dicht besetzt war, sind zu Bauzwecken in grossen Massen weggeführt, Mauern aber bis jetzt noch nicht entdeckt worden.

Ueber das nahe liegende Castell zu Irgenhausen siehe den ersten Theil dieser Schrift Seite 311.

Rheinau. Das sogenannte Städtchen Rheinau liegt auf der Höhe einer vom Rhein umschlungenen Landzunge gegenüber einer ähnlichen Landzunge, welche den Namen »im Schwaben« trägt und im VII. Bande unserer Mittheilungen unter den keltischen Vesten beschrieben ist.

Haller, Helv. u. d. R. II. S. 170, verlegt auf diese Oertlichkeit ein 14 Jahre v. Chr. von Tiberius Cäsar den Vindeliciern geliefertes Treffen, und lässt ihn hier »eine wichtige Festung« anlegen und mit Hülfsvölkern, »Auxiliis Legionum«, besetzen; ferner bezieht er ebenso irrthümlich auf diese Stelle die Schlacht zwischen Julianus und den Alemannen. Ammian. XVI. 11. Die früher im Museum des Klosters, nun in der antiquarischen Sammlung zu Zürich aufbewahrten, angeblich bei Rheinau ausgegrabenen Bronzefiguren, von denen Haller spricht, sind durchaus unächt; auch wurden von den Münzen, die das dortige Cabinet enthält, nur wenige in der Umgegend gefunden. Von dem Castell auf der Höhe ist keine Spur vorhanden, überhaupt sind wenigstens bis jetzt weder Mauern noch Dachziegel noch andere Romana zum Vorschein gekommen, und alles, was Haller von Rheinau erzählt, ist dem Kloster, in dem er oft und lange sich aufhielt, zu lieb erdichtet. Tschudi hat vollkommen recht, wenn er (Gall. comata p. 136) sagt, »es werden in dem Flecken Rheinau keine römischen Antiquitäten gefunden«.

Wahrscheinlich ist übrigens, dass der tiefe Graben, welcher an der engsten Stelle der Landzunge vom Rhein zum Rhein gezogen ist und diese, von dem sogenannten Rheinauerfelde isoliert, nicht aus dem Mittelalter stammt, obgleich er in jener Zeit in Verbindung mit einer Maner die Befestigung des Städtchens bildete, sondern aus celtischer Zeit. Bekanntlich wurden in den gallischen Ländern die durch die Krümmungen der Flüsse entstandenen Halbinseln hauptsächlich als Zufluchtsörter, refugia, benutzt.

Rheinsberg. Der nördlich von Bülach liegende Rheinsberg zieht sich einer hohen Schanze ähnlich am linken Ufer des Rheins hin. Auf dem Gipfel des östlichen Abhangs, dem sogenannten »Schatz« (549 Meter ü. M.) stand wegen der Fernsicht, die dieser Punkt darbietet, durch das Mittelalter bis auf die neueste Zeit herab eine Hochwache, von der man die Ufer des Rheins aufwärts bis Ellikon, abwärts bis Kaiserstuhl und ein weites Gelände nach Süden überschauen konnte. Der Schatz ist nach West durch einen künstlich angelegten, 15' tiefen Graben, nach Ost durch den dachfirstähnlichen Grat des Berges, nach Süd und Nord durch jähe Abstürze isoliert. Im Jahr 1860 wurde dieser Ort durch Herrn Utzinger untersucht. Zerbrochene Geschirre unzweifelhaft römischen Ursprungs, die in dem zerfallenen Mauerwerk zum Vorschein kommen, heben jeden Zweifel an dem einstigen Dasein einer Specula auf dieser Höhe. Das viereckige Gebäude hatte mit seinen 3' dicken Mauern einen Durchmesser von 27', und war durch eine Scheidemauer in eine östliche und westliche Hälfte abgetheilt. (Siehe die Warte zu Ellikon, erste Abtheilg. S. 330.) Die Ueberreste desselben wurden leider im vorigen Jahrhundert von Schatzgräbern durchwühlt. (Siehe Neujahrsblatt für Bülach von J. Utzinger. 1861. Seite 30.)

Rheinsfelden. Auf einer westlich von dem Einflusse der Glatt in den Rhein liegenden Anhöhe bemerkt man eine künstliche, theilweise mit Gebüsch bewachsene Erhöhung, in welcher die Grundmauern eines römischen Gebäudes verborgen liegen. An dieser Stelle wurden Ziegel, Topfscherben, Knochen, Pfeilspitzen, Kupfermünzen hervorgegraben. Der Ort heisst Schlossbuck. — Auch bei der Mühle in dem Winkel zwischen den genannten Flüssen sollen römische Alterthümer gefunden worden sein.

Riffersweil. In geringer Entfernung südlich vom Dorfe Riffersweil und etwa $1/2$ Stunde östlich von der römischen nach Knonau hinlaufenden Strasse finden sich auf dem circa 100 Meter über der Thalsohle liegenden Hügelplateau in einem $1 1/2$ Morgen grossen Felde an ein Paar Stellen Ueberreste römischer Häuser, wesshalb die Oertlichkeit den Namen »im Heidenhaus« erhalten hat. Im Jahr 1857 wurde das dem Pfluge hinderliche Gemäuer des Hauptgebäudes theilweise ausgebrochen. Zwei Gemächer von ziemlicher Grösse waren damals abgedeckt und in einem derselben ein eingestürzter Hypokaust zu sehen. Die Wände des einen waren röthlich marmorirt, die des andern weiss angestrichen und mit Blättern und Blumen verziert. Eine nähere Untersuchung dieser Villa wurde nicht veranstaltet.

Rümlingen. Einige Minuten nördlich vom Dorfe Rümlingen, bei dem die römische Heerstrasse (Vindonissa-Vitudurum) über die Glatt setzte, befinden sich am Abhange des Berges in den Feldern, welche den Namen »Hanget-Widum« tragen, Reste römischer Gebäude, deren Grundmauern durch den Pflug aufgewühlt werden. Alte Leute behaupten, es sei hier am Ende des vorigen Jahrhunderts ein Mosaikboden abgedeckt und bald nachher zerstört worden. Vor nicht gar vielen Jahren wurde eine Aschenurne gefunden. Dachziegelstücke liegen über ein Paar Morgen Landes zerstreut. Diese Ansiedelung liegt derjenigen auf dem Schatzbuck bei Kloten (siehe Bd. I.) gerade gegenüber auf der andern Seite des Thales. — Bei der Grabung des Feuerweihers im Dorfe selbst sollen ebenfalls Romana zum Vorschein gekommen sein.

Schirmensee. Am nördlichen Ufer des Zürchersees erhebt sich gegenüber der Insel Ufenau in Gestalt eines Dreiecks ein 18 Meter hoher Hügel, der den Namen »Schlossacker« trägt. Auf der etwa einen halben Morgen Landes einschliessenden, gegenwärtig mit Weinreben besetzten Fläche zeigen sich Mauerreste, die theils von einer mittelalterlichen Burg, theils von römischen Häusern herzurühren scheinen. Bei der Bearbeitung des Bodens sollen Ueberbleibsel einer 5' dicken Umfangsmauer eines Estriches und zweier neben einander stehenden festen Gebäude (Thürme) zum Vorschein gekommen sein. Der Ort war nach der Seite des Sees durch jäh abfallende Nagelfluhfelsen, in welche ein Weg zur Anhöhe eingehauen ist, gegen Osten durch sumpfiges Terrain gesichert. Die Fundgegenstände bestehen in einigen Speer-, in vielen Pfeilspitzen und römischen Münzen.

Merkwürdig ist der sogenannte »Stuckiweg«, ein uralter Weg, der aus dieser Gegend nach dem Bergübergange Forch (Gemeinde Küsnach) auf der Höhe des zwischen dem Greifen- und Zürchersee liegenden Hügelzuges hinführt.

Schlatt. In diesem 1 Stunde südwärts von Elgg liegenden Dorfe wurde Ende des 17. Jahrhunderts ein 3" 3"' hohes Mercurbildchen aus Bronze (siehe Taf. V. Fig. 21) ausgegraben, das nicht mehr im Original, aber in guter Zeichnung erhalten ist.

Schleinikon. Die römische Niederlassung in der grossen Zelg zwischen Dachslern und Schleinikon, unweit Niederweningen, gehört zu den bedeutendern in der Nordschweiz. Sie liegt am nördlichen Abhange des Lägernberges und bestand in mehreren von einander getrennten Gebäuden, deren Ueberreste, wie z. B. zerbrochene Dachziegel und Heizröhren, Fragmente von Estrichen, bemalten Wänden, der Pflug über 15 Morgen Landes zerstreut hat. Die Mauern sind aus Jurakalk, Tufstein und Geschieben aufgeführt. In der Mitte der einstigen Anlage und zwar an einer Stelle, die als rundliche Erhöhung aus dem Abhang hervortritt, wurden im Jahr 1834 sieben aus Juramarmor gearbeitete Säulen sammt einigen Architravstücken aufgedeckt, welche zum Porticus eines mit der Fronte in der Richtung des Thales stehenden Tempels oder Privatgebäudes gehört hatten. (Siehe Taf. VIII. Fig. 1.) Von den Säulen sind gegenwärtig ein Paar bei dem Hause des Herrn Dr. Weidmann, ein Paar im Garten der hiesigen Künstlergesellschaft und ein Paar in dem Keller eines Hauses zu Schleinikon aufgestellt.

Nachgrabungen haben hier noch nicht stattgefunden, und desshalb sind auch noch keine Ziegel mit Legionsstempeln, die hier gewiss nicht mangeln, zum Vorschein gekommen. Es ist nämlich kein Zweifel, dass die Ansiedelung zu Schleinikon, wie diejenige am gegenüberliegenden Berge zu Schöfflisdorf, zu den Cantonnements gehörte, von denen unter den Artikeln Buchs und Düllikon gesprochen wurde.

Schlieren. In diesem Dorfe, das an der römischen Strasse zwischen Zürich und Baden liegt, sind an zwei Stellen Spuren römischer Ansiedelung entdeckt worden. Die eine ist die Umgebung der

Kirche, wo nach J. J. Hottingers Kirchengeschichte (Zugabe Blatt 6) »am Ende des 16. Jahrhunderts bei Veränderung eines Beinhauses viele heidnische Krüglein. Bildnisse und Münzen etc. gefunden, das weitere Nachsuchen aber von der Regierung verboten worden«. In einem von Pfarrer J. W. Simmler der Regierung betreffend die Kirche von Schlieren eingesandten Memorial heisst es, dass das Herausheben des alten von einem Götzenhäusli herrührenden Gemäuers im dasigen Kirchhofe, bei welchem Anlasse die oben genannten Dinge gefunden wurden, grosse Mühe verursacht habe. Breitingers Antiq. S. 10.

Der zweite Punkt, wo römische Alterthümer gefunden werden, ist die Umgebung der Mühle. Diese steht etwa 60 Fuss über der Thalsohle, am Abhange desselben Berges, an dessen Fuss der Loogarten bei Altstätten und der Heidenkeller bei Urdorf liegt, in gleicher Entfernung von diesen beiden Stationen. Wenige Schritte südlich von der zur Mühle gehörigen Scheune wurde im Jahr 1860 ein von grossen Tufsteinbrocken eingefasstes Grab und darin ein gagatener Armring gefunden. Neben diesem Grabe stiess man bei Abebnung des Terrains auf den Schutt eines römischen Gebäudes, in welchem grosse Haufen zugehauener Tufsteinstücke, Dachziegel, Bruchstücke von Amphoren, Wasserkrügen, Tellern und anderer Thonwaare vorkamen. Die Umgebung ist reich an Quellen.

Schöfflisdorf. Die römische Ansiedelung, welche den ohne Zweifel aus Heidenmürli entstandenen Namen »Heinimürler« trägt, liegt circa 30 Meter über der Thalebene auf einem gegenwärtig fast ganz mit Reben bepflanzten Absatze der Südseite des Eggberges, fast gerade gegenüber der auf der andern Seite des Thales sich ausbreitenden grossen Zelg zu Schleinikon. (Siehe diesen Artikel.) Der Abhang, in welchem Dachziegel- und Heizröhrenstücke sich zeigen, hat einen Umfang von 20—25 Jucharten. In diesem Raume findet man an mehreren Punkten Gemäuer von solcher Festigkeit, dass das Ausbrechen desselben mit grosser Mühe verbunden ist. Im Juli 1857 machte mich hier mein Freund, Herr Dr. Weidmann in Niederweningen, auf einen eingestürzten Hypokaust aufmerksam. Das Material, aus welchem die Mauern aufgeführt sind, ist Tufstein, Jurakalkstein und Gerölle. Unter dem Schutte der Häuser kommen Dachziegel mit den Stempeln der XXI und XI Legion vor. Oberhalb der Reben wurde vor einigen Jahren eine Wasserleitung aufgedeckt, welche aus Dachziegeln mit Wänden und Bedeckung von kleinen Schieferplatten construirt war. Eine andere, aber aus gebrannten Röhren bestehende Wasserleitung läuft in schiefer Richtung vom Berge herab und bei den äussersten Häusern westlich vom Dorfe unter der römischen und jetzigen Strasse durch. Ihr Ende ist nicht ausgemittelt, und man weiss nicht, wo die Häuser standen, deren Bewohner sie mit Trinkwasser versah.

Der Umfang dieser ausgedehnten Ansiedelung, ihre Lage, die Anordnung der Gebäulichkeiten und die Stärke der Mauern bestätigen die Annahme, dass Schöfflisdorf, wie Buchs, mit dessen Anlage es grosse Aehnlichkeit hat, ursprünglich für militärische Zwecke gegründet worden sei und erst in späterer Zeit eine landwirthschaftliche Bestimmung erhalten habe.

Buchs, Dällikon, Schleinikon und Schöfflisdorf liegen sämmtlich etwa 4 Stunden von Windisch.

Seeb (früher Seew und Seewen). Die Ansiedelung von Seeb liegt an der römischen Strasse, die von Zürich nach dem Rhein und in's römische Zehentland hinüberführt, auf einem schmalen, ziemlich von Süd nach Nord laufenden und dann sich nach West umbiegenden Hügel von fruchtbarem Wiesengrund und Ackerfeld umgeben. Die tiefste Stelle des Geländes, das den sonderbaren Namen »Kurz

Aeglen« trügt, nimmt ein kleiner an der Südseite des Hügels liegender See ein, wesshalb die benachbarte Häusergruppe Seeb geheissen wird. Auf dem Rücken des Hügels stand ein langes unter rechtem Winkel sich brechendes Gebäude, dessen westlicher längerer Flügel 210' lang und 35' breit ist. Das Material, aus welchem das Gemäuer besteht, wurde bei Häuserbauten in der Umgegend seit Langem zu Nutze gezogen, eine genauere Untersuchung eines kleinen Theiles der Anlage aber erst in den Jahren 1852 u. 1854 unter der Leitung eines Mitgliedes des Vereins, Herrn Conrad Meyer, vorgenommen. Der kürzere Flügel, welcher von Schutt und Gestrüppe bedeckt ist und eine Länge von circa 80' haben mag, sowie das Ende des längern Flügels sind bis jetzt ganz ununtersucht geblieben. In der Ecke A wurden zwei grössere und ein kleineres Zimmer ausgeräumt, von denen das nördliche mit einem rechtwinkligen Ausbau, das westliche mit einem Hypokaust versehen war. Die Fussböden aller drei Gemächer waren mit Estrichen belegt, die Wände mit den buntesten Farben, roth, blau, gelb, braun, bemalt. An der Stelle zwischen A und B, die bereits durchwühlt worden war, hatte ein Zimmer mit Hypokaust und Mosaikboden gelegen und war eine nach Art der parietes cratitii aus Zweiggeflecht und Thon etwa 3" dicke, nachher verputzte und bunt angestrichene Scheidewand aufgeführt. Bei B befand sich die Küche, wie ein aus grossen gebrannten Backsteinen verfertigter Kochherd und eine Menge zur Küche gehöriger Utensilien deutlich zeigten.

Die Bestimmung und Beschaffenheit der Räume C, D, E ist noch nicht ermittelt.

Am östlichen Abhange des Hügels bei A kamen Ueberreste einer Wasserleitung zum Vorschein. Das Material, woraus das Haus erbaut ist, ist Gerölle von den umliegenden Feldern her genommen und Tufstein, dem grössten Theil nach aber ein ziemlich weicher Molassesandstein, der in der unmittelbaren Nähe der Ansiedelung nordwestlich von dem westlichen Ende des längern Flügels gebrochen wurde.

Der Zugang und Haupteingang zu dem Gebäude war auf der Ostseite des Hügels beim Raume A angelegt.

Es scheint, dass die Trümmer dieser Gebäude, die durch Brand untergegangen sind, nie durchsucht wurden. Im Zimmer A und B fanden sich Thürschloss mit Schlüssel (siehe Taf. I. Fig. 1) und Beschläge aller Art mit den dazu gehörigen Nägeln etc. vollständig vor. Die übrigen Fundgegenstände bestanden in einem Dachziegel mit dem Stempel der XXI Legion, in ein Paar Münzen, in Eisengeräthe für häuslichen und landwirthschaftlichen Gebrauch, in Scherben von Thongeschirren der verschiedensten Art.

Wir fügen noch bei, dass trotz der Trockenheit der Baustätte bei Anlegung der Fussböden auf Abschluss der Feuchtigkeit grosse Sorgfalt verwendet war. Der Boden des nördlichen und östlichen nicht heizbaren Zimmers bestand zu oberst aus einem Estrichboden von 5" Dicke, darauf folgte eine Schichte aus aufrecht gestellten Feldsteinen von circa 4", dann eine Schichte von festgestampfter Erde von 4", worin Stücke von bemalten Wänden, dann eine Schichte von klein zerstossenen Backsteinen von 3", zuletzt eine Schichte Sand von ungleicher Dicke.

Auf der Nordseite ist der Hügel künstlich in zwei Terrassen abgetheilt. Am Fusse der untern bemerkt man bei F die Trümmer eines Oekonomiegebäudes, das mit dem linken Flügel des herrschaftlichen Gebäudes parallel läuft, gleiche Länge hat und in 5 ziemlich gleich grosse Räume, ohne Zweifel Stallungen, abgetheilt ist.

Bei G ist ein Stück eines Mosaikbodens entdeckt worden, das Ueberbleibsel eines zweiten Wohngebäudes von unbekanntem Umfang. In den Feldern nördlich von diesem zeigen sich an vielen Stellen Reste der Einfriedigungsmauern.

Etwas mehr als 300 Fuss nordwestlich von dem westlichen Ende des Oekonomiegebäudes findet man die Ueberreste eines dritten grossen Gebäudes von 105' Länge und 70' Breite, wahrscheinlich die villa fructuaria, das Gebäude, worin Getreide, Heu u. s. w. aufbewahrt wurden. Die innere Einrichtung der beiden letztgenannten Häuser ist noch unbekannt.

Nördlich von der Anlage zeigen sich beim Pflügen lange Züge von Mauern, welche die zum Gehöfte gehörigen Gärten einfriedigten.

Steinmaur. Der oben auf dem Berge liegende Theil des Dorfes, in welchem die Kirche steht, heisst in Urkunden von 831 und 832 Steinicmura und Steinimuro, und hat seinen Namen offenbar von dem festen römischen Gemäuer, das sich westlich hinter der Kirche über einen Acker verbreitet, der vorzugsweise »Muriacker« genannt wird. Dieser Ort, welcher in einem Umfange von 10—15 Jucharten mit Bruchstücken römischer Dachziegel bestreut ist, liegt auf einer aus der Berghalde hervortretenden leichten Ausbauchung 50 Meter über der sumpfigen Niederung, an deren Rand Nieder-Steinmaur erbaut ist. Im Jahre 1834 wurde ein Theil des Gemäuers im »Muri« von den Grundbesitzern ausgebrochen, nachdem in früherer Zeit schon grosse Lasten des aus Jurakalk und Tufstein bestehenden Materials der römischen Mauern weggeführt worden waren. In dem genannten Jahre kamen in einem Flügel eines Gebäudes drei etwa 30' lange und 15—20' breite, mit Estrichen belegte Räume zu Tage, die wegen der grossen Dicke und Festigkeit der Mauern von den Dorfbewohnern für ein Gefängniss gehalten wurden.

Oestlich von der Ansiedelung im Muri standen in gleicher Höhe über dem Thale auf einem Absatze des Berges, »Rodlef oder Rodolf« [1] genannt, ebenfalls römische Gebäulichkeiten. Gemäuer kommt hier an mehreren Punkten vor, und Dachziegelfragmente sind über 10—15 Jucharten Landes zerstreut. — Die Höhe oberhalb des Rodolf heisst Augsthalde.

Die Verbindungsstrasse von Ober-Steinmaur mit den römischen Niederlassungen in Schöfflisdorf und Schleinikon ist jedenfalls der unter dem Namen »Todtenweg« bekannte Weg, welcher alle Eigenschaften eines römischen Strässchens an sich trägt.

Truttikon. Zwischen dem Castellholz beim Husersee (Ossingen), in welchem sich alte Verschanzungen befinden, und dem Streuried von Truttikon, an dem sogenannten Goldbuck, wo nach der Volkssage ein Schloss gestanden haben soll, wurden im Jahr 1849 bei Anlegung eines Weinberges römische Dachziegel entdeckt.

Uitikon. Auf dem nordwestlichen niedrigern Rücken der Albiskette (Unteralbis) liegt 145 Meter über der Ebene des Limmatthales das Dorf Uitikon und bei den äussersten Häusern desselben eine noch in wenigen Trümmern vorhandene römische Ansiedelung, über welche ein Weg nach Urdorf führt. Um die Beschaffenheit des von der Erde bedeckten Gemäuers, so weit es der Anbau des Bodens zuliess, aufzuklären, wurde im Jahr 1856 von einem Mitgliede des Vereins, Herrn Pfarrer Tobler, welchem wir die Kenntniss dieser Römerstätte verdanken, eine Ausgrabung veranstaltet. In geringer Tiefe kam eine 2' dicke, 30' lange, hauptsächlich aus Tufstein erbaute, sich unter rechtem Winkel brechende Mauer und in der aufgeworfenen Erde eine Menge zerschlagener Dachziegel, Heiz-

---

[1] Ein Wort, dessen ursprüngliche Form und Bedeutung wir nicht angeben können.

röhren, Scherben von aretinischen Gefässen, ein Stück eines Glasbechers und eine Silbermünze zum Vorschein. Auf der anderen Seite der Strasse sind die Ruinen durch eine Erhöhung des Bodens bezeichnet. In früheren Jahren wurden hier die Grundmauern eines Hauses und innerhalb desselben ein 18' langer und 16' breiter mit Backsteinen ausgelegter Raum aufgedeckt.
Diese isolierte Ansiedelung gehört unzweifelhaft in die Classe der Villen.

Urdorf. Die Benennung »Heidenkeller« trägt ein mehrere Jucharten grosses Stück Land auf der Abdachung eines Ausläufers des untern Albis, nordöstlich von Urdorf. Bruchstücke von Dachziegeln und Heizröhren, die in grosser Menge auf diesem mit Weinreben bepflanzten Abhange zerstreut liegen, bezeichnen die Ueberreste einer römischen Ansiedelung (das Urdorf), welche nur schwach mit Erdreich bedeckt ist. Obgleich behufs näherer Kenntniss der Niederlassung noch keine Ausgrabung stattgefunden hat, so ergibt sich doch aus der Natur des beim Einsenken von Weinstöcken blossgelegten und theilweise ausgebrochenen Gemäuers, dass hier eine Gruppe Häuser stand, von denen ein Paar mit wohleingerichteten Wohnzimmern ausgestattet waren. Den Namen Heidenkeller hat diese Localität von den hier früher vorhandenen Hypokausten erhalten. Die Fundgegenstände bestehen wie in andern Römerstätten in den oben genannten Gegenständen sammt Geräthschaften aus Erz und Eisen, Münzen. Scherben aretinischer Gefässe und Bruchstücken von Amphoren und verschiedenartigem Thongeschirr.

Uster. Hottinger (Helv. Kirchengeschichte I. 50) erzählt: »Als man zu Uster im Zürichgebiet Ao. 1694 ein Fundament gegraben zu einer Scheuer, ward angetroffen ein Mercurius 6" hoch, am Gewicht 12 Unzen 4 Quintlein. Er war so rostig, dass man ihn nicht erkennt, bis er im Feuer geglüht wurd. Er hat das äusserste in einer linken Hand verloren. Es gibt aber die Postur mit, dass er seinen Caduceum oder Stab nid sich gehalten, welchen er aber verlohren etc. Dieses Bildnuss des Mercurii steht diessmal in der Kunstkammer der Burgerbibliothek zu Zürich.« Gegenwärtig befindet es sich in der Sammlung der antiquarischen Gesellschaft. (Siehe die Abbildung desselben auf Taf. V. Fig. 22.)

Nach Bluntschli's Memorabilia Tigurina Seite 10 sind zu Uster Aschenkrüge gefunden worden.

Veltheim. In den 30ger Jahren wurde auf der Nordseite des Kirchhofes dieses durch seine anmuthige Lage und seinen vorzüglichen Weinbau wohlbekannten Dorfes eine Grabung vorgenommen und in der Tiefe von etwa 7' ein Theil einer römischen Mauer und ein Estrichboden aufgedeckt, bei welchem Fragmente römischer Dachziegel zum Vorschein kamen.

Volketswil. Auf einer Anhöhe unmittelbar hinter dem Kirchhügel, nach Kindhausen zu, liegen Bruchstücke von römischen Dachziegeln und unter dem Boden die Mauern von Wohnungen. Der Eigenthümer des Grundstückes hat eine Münze von Constantius Chlorus gefunden. Der Ort ist nie untersucht worden.

Welach. Der sogenannte »Heidenbuck« auf der Ebene zwischen diesem Dorfe und dem Rhein soll römisches Gemäuer enthalten.

Weiningen. Hier trägt ein Stück Land seit Alters her den Namen »Steinmüre«, welcher auf das Vorhandensein römischen Gemäuers mit aller Bestimmtheit hinweist. Der Ort ist noch nicht untersucht worden.

Weningen (Nieder-). Die oberhalb dieses Dorfes am nördlichen steilen Abhang des Lägernberges entdeckte, aus gebrannten Röhren bestehende Wasserleitung beginnt etwa 250 Meter über der Thalsohle in den sogenannten Bergwiesen und läuft in schiefer nordöstlicher Richtung ungefähr nach der Gegend von Dachslern hin. Der eigentliche Anfang derselben ist noch nicht ausgemittelt worden, auch nicht der Wohnort, welchem sie Quellwasser zuführte. Die Röhren zeichnen sich vor andern Producten dieser Art durch äusserst saubere Arbeit und vollkommene Härtung aus.

Wettswell. Heidenkirch, so heisst ein 580 Meter über Meer gelegenes Plateau von etwa zwei Morgen Landes Ausdehnung an der südwestlichen Seite des Ettenberges, nördlich von Wettsweil. Von dieser Höhe aus, an deren Abhang in unmittelbarer Nähe die alte römische (mit der jetzigen identische) Strasse vorbeizog, geniesst man einen freien Ueberblick der moorigen Thalebene zwischen dem genannten Dorfe und Bonstetten. Dass an dieser Stelle, die zwar von jeher den Namen Heidenkirch getragen, ein Gebäude von religiöser Bestimmung gestanden, ist sehr zu bezweifeln. Gegenwärtig sieht man hier noch die Reste eines hart am Abhange erbauten Gebäudes mit mehreren Gemächern von circa 16' Länge und 10' Breite, deren Böden theils bloss mit Estrichen belegt, theils mit Hypokausten versehen waren. Die Hauptmauern desselben bestehen aus Guss, die Bekleidung aus rectangular zugerichteten Feldsteinen von ungefähr 6" Länge und 3" Höhe. — Hinterhalb dieses Gebäudes entdeckt man auf drei verschiedenen, einander nahe liegenden Punkten die Trümmer von Häusern mit Gemächern, deren Fussböden aus Estrich oder Backsteinen bestanden. In den 30ger Jahren fand man hier eine gemauerte Brunnenleitung, welche diese Ansiedelung mit Trinkwasser versah.

Bei der im Jahre 1862 vorgenommenen Abebnung des Bodens wurden im erstgenannten Gebäude mehrere römische Dachziegel mit dem Stempel VICTOR. FEC, Scherben verschiedenartigen römischen Geschirrs nebst Stücken von bemalten Wänden, Heizröhren u. drgl. gefunden.

Bei den Mauerräckern am Eingange des Dorfes gegen Zürich, westlich von der Landstrasse, befindet sich ein Erdbuckel, wo auf den Trümmern eines römischen Gebäudes ein grosses Bauernhaus steht. Die bei Aufschürfung des Bodens an dieser Stelle zu Tage kommenden Sand- und Tufsteinquader, die Haufen von Dachziegeln, Heizröhren u. s. w. zeugen von der Solidität und guten innern Anlage dieses Hauses. An der westlichen Seite der Erhöhung wurde im Jahr 1836 eines der vielen Gemächer, die das Haus in sich fasste, bloss gelegt, dessen Bestimmung aber nicht ermittelt. Es bildete ein von dünnen Wänden in vier ganz gleiche Kammern eingetheiltes Quadrat von 8' Länge, mit Seitenwänden, Scheidemauern und Fussboden aus Backstein.

Wiesendangen. Auf der Ruchegg — so heisst der etwa eine halbe Stunde nordöstlich von Ober-Winterthur gelegene Hügel — befindet sich 200 Schritte rechts von der alten Strasse, die hier den Namen »Römerstrasse« trägt, ein Paar Fuss tief im Boden ausgedehntes Gemäuer, für dessen Untersuchung der antiquarische Verein von Zürich im Jahr 1838 eine Ausgrabung veranstaltete. Nach Wegräumung des meist aus Dachziegeln, Topfscherben, Stücken von Estrichen etc. bestehenden Schuttes kamen zwei Gemächer mit roth und grün bemalten Wänden zum Vorschein. Die Verbreitung der Mauern, auf die der Pflug stösst, und der Dachziegelfragmente lassen auf eine Anlage von beträchtlichem Umfange schliessen.

Spuren von Gebäuden zeigen sich auch oberhalb des Hofes Hinteregg am Saume des Waldes, auf einer Localität, die »in der Stadt« heisst.

In Wiesendangen selbst ist eine aus Röhren verfertigte Wasserleitung aufgedeckt, deren Ende aber nicht ausgemittelt worden.

Der Name Täferi, der unzweifelhaft aus taberna entstanden, kommt einem an der Römerstrasse liegenden Ackerfelde zu, auf welchem bis jetzt noch nichts Römisches gefunden worden. **Winterthur (Ober-).** Da über das Castell und die Ortschaft Ober-Winterthur in der ersten Abtheilung S. 280 ff. gehandelt worden ist, haben wir hier nur noch der in der Nähe dieses Dorfes Anfangs des vorigen Jahrhunderts aufgedeckten gallo-römischen Gräber zu erwähnen.

Bei der Austiefung und Erweiterung eines zur Scheidung zweier Weidereviere gezogenen Grabens im Walde auf dem Limberge (Lindenberge) oberhalb Ober-Winterthur wurden im Mai 1709 die Ueberreste eines Körpers entdeckt, der mit einer Menge merkwürdiger Beigaben bestattet worden war. Ob derselbe in blosser Erde lag, oder in einer Steinkammer, oder unter einem Haufen von Steinen, und ob über der Gruft sich ein Hügel erhoben hatte, wäre wohl bei der Aufdeckung nicht mehr zu ermitteln gewesen, da die Beerdigungsstelle sich mehrere Fuss tief im Boden und hart an der Böschung des in früherer Zeit angelegten Grabens befand. Die Beigaben bestanden aus bronzenen Figürchen und Zierathen, die vermittelst vierkantiger Drähte oder vielmehr Stängchen zusammengebunden waren. Da dieselben noch nie in ihrer Gesammtheit dargestellt wurden, lassen wir hier eine genaue Aufzählung der Fundstücke folgen, und geben auf Taf. V. Fig. 2 — 19 [1]) die in $1/2$ und $2/3$ Grösse des Originals ausgeführte getreue Abbildung. Sämmtliche Gegenstände, die Drähte nicht ausgenommen, sind, wie eben bemerkt, aus Bronze, und zwar durch Giessen, verfertigt mit ganz geringer Nachhülfe des Meissels. Die Ausführung ist bei allen Stücken ungemein roh, und wenn auch bei den Götterfiguren und dem Stierbildchen No. 7 die Anschauung guter Muster zu Grunde liegt, so ist die Zeichnung bei mehreren Thierbildern so schlecht, dass es unmöglich ist, zu sagen, was für einen Vierfüssler der Künstler darzustellen beabsichtigte. So viel ist gewiss, dass diese Dinge nicht aus einer italischen, sondern aus einer gallischen Werkstätte herstammen.

Fig. 2, 3, 4 stellen den Mercur dar, wie er gewöhnlich abgebildet wird und in den gallischen Ländern als Bronzestatuette in unzähligen Exemplaren zum Vorschein gekommen ist. — Bei Fig. 2 erscheint auf dem Postamente eines der Attribute dieses Gottes, die Schildkröte. — Bei Fig. 3 und 4 besteht das Postament mit dem Figürchen aus Einem Guss. — Fig. 5 und 6 stellen Eber vor, den Rücken mit einem Kamm von Borsten besetzt und mit Hauern, welche sich wie ein Ring um die Schnauze legen. Sie erinnern ganz an die Eberbilder, die auf gallischen Münzen vorkommen [2]. — Fig. 7 und 8 Stiere. — Fig. 9 und 10 Panther, wovon der erstere, wenn wirklich ein Panther, ein Halsband trägt. — Fig. 11 Hund oder Fuchs. — Fig. 12 unbestimmt, vielleicht Löwe, vielleicht Pferd. — Fig. 13—18 Beilchen, von denen je drei aus der gleichen Form gegossen sind. Sechs Beilchen ziemlich von derselben Gestalt, aber etwas grösser, sind 1824 in Allmendingen unweit Thun bei den Ueberbleibseln eines Altares gefunden worden und tragen die Aufschriften: Jovi, Matronis, Matribus, Mercurio, Minervae, Neptuno. Auf einem zu Solothurn in der Aar gefundenen ganz ähnlichen Beilchen kommen die Worte Jovi vot vor. Man betrachtet daher die Bildchen als eine Art Votivtäfelchen, die an der Wand eines Tempels, vielleicht unter das Bild des betreffenden Gottes aufgehängt wurden.

---

[1]) Alle diese Dinge mit Ausnahme von Fig. 4, 7 und 11, welche sich in unserer Sammlung befinden, werden in der Stadtbibliothek zu Winterthur aufbewahrt. [2]) Siehe Dr. H. Meyer's Gallische Münzen Taf. III. Fig. 124—126 und 129.

(Siehe schweiz. Geschichtsforscher Bd. VIII. S. 435. Mommsen's Inscr. No. 211. Anzeiger für schweiz. Gesch. und Alterth. 1857 S. 49.) Fig. 19. Fragment eines Schmuckgeräthes, einer Art Fibula, die ursprünglich in zwei in entgegengesetzter Richtung sich aufwindenden Spiralen bestand. Geräthe dieser Art werden diess- und jenseits der Alpen gefunden und sind in antiquarischen Werken häufig abgebildet [1]). In allen Beschreibungen dieser Fundgegenstände werden diese Spirale irriger Weise als das »symbolische Bild eines Lituus« beschrieben.

Die Drähte, welche die oben genannten Dinge zusammen hielten, scheinen ebenfalls Stücke von auseinander gezogenen Spiralen zu sein.

Noch ist als bezeichnend für die Religion des Bestatteten zu erwähnen, dass mit den Figürchen auch eine vom Rost zerfressene, unlesbare römische Münze zum Vorschein kam.

Der eiserne Dolch, welcher im Jahr 1810 in der Nähe der Fundstätte aufgehoben wurde, ist offenbar viel spätern Datums.

Es ist kein Zweifel, dass das Grab aus der frühesten Zeit der römischen Occupation des helvetischen Landes herstammt, und wahrscheinlich die Ueberreste eines romanisirten Galliers in sich schloss. Das Vorkommen der Mercurbildchen, die ganz den Charakter des gallischen Mercurs an sich tragen [2]), und der Thierfiguren, namentlich der Eber, scheinen auf die Nationalität des Verstorbenen hinzudeuten, während die Münze auf römischen Bestattungscult sich bezieht.

Die Mitgabe von Thierbildchen in Gräbern wird in französischen und deutschen Alterthumsschriften angeführt. In Memminger's Würtemb. Jahrbuch für 1820/21 S. 176 ist die Aufdeckung eines Grabhügels erwähnt, worin eine Anzahl 1—2 Zoll hoher, aus Bronze gegossener Figürchen, die man für römisch hielt, gefunden wurden; sie stellten Hirsche, Hunde, Wölfe etc. vor.

Wir bemerken noch, dass die Bronzen von Ober-Winterthur, welche als Grabbeigaben eines Druiden betrachtet wurden, kürzer oder weitläufiger in verschiedenen Werken und Zeitschriften angeführt und erläutert sind. (Siehe Haller's Bibl. d. Schweizergesch. IV. No. 202. 214—216.)

Wipkingen. Etwa 60 Meter unterhalb der »Weid«, diesem wegen seiner reizenden Lage viel besuchten Vergnügungsorte, liegt am Abhange des Berges 50 Meter über dem Limmatflusse ein mit Reben bepflanztes, ein Paar Jucharten grosses Grundstück »in der Steinmeren oder Steinmören« genannt, welches in einer Urkunde des hiesigen Spitales vom Jahr 1398 unter dem Namen »Reben in Steinmüre« erscheint. Bei dem Einlegen neuer Weinstöcke im Jahr 1839 wurde ein Theil des dem Wachsthume derselben hinderlichen Gemäuers ausgebrochen und bei diesem Anlasse zwei von bemalten Wänden eingefasste Estrichböden eines römischen Gebäudes blossgelegt. In dem heraus

---

[1]) Es befinden sich mehrere solcher Zierrathen in unserer Sammlung.
[2]) Dass dem gallischen Mercur, dem Hauptgotte der Nation (Cäsar's Comm. VI. 17), der Beutel (bulga) nie mangelt und oft in unförmlicher Grösse in die Hand gegeben wird, mag wohl aus der Vorliebe des Galliers für diese Art persönlicher Ausrüstung zu erklären sein. Er war den Römern zum Gespötte geworden, weil er beständig seine bulga mit sich schleppte.

Cui neque jumentum est, nec servus, nec comes ullus:
Bulgam et quicquid habet nummorum, secum habet ipse.
Cum bulga coenat, dormit, lavat: omnis in una
Spes homini bulga; hac devincta est cetera vita.

Lucillius Sat. VI (Nonius v. Bulga.)

geworfenen Schutte fand ich Scherben von Geschirr aus arctinischer Erde und gemeinem Stoffe, Bruchstücke von Heizröhren und eine Menge zerschlagener Dachziegel. Einige römische Münzen und eine 14 ℔ schwere, von einer Wasserleitung herrührende Bleiröhre wurden ebenfalls ausgegraben. Nach der Versicherung der Anwohner des Berges hat das Gemäuer einen beträchtlichen Umfang. Dass dasselbe die Ueberbleibsel einer landwirthschaftlichen Villa bildet, ist wohl keinem Zweifel unterworfen.

Wyla. Im Jahr 1846 erhielt unser Verein zerbrochene terra sigillata Geschirre von Wyla, einem Dorfe im Tössthale, das sonst, wie überhaupt der östliche gebirgige Theil unsers Cantons, keinerlei römische Alterthümer darbietet.

Zwillikon. Nordwestlich von Zwillikon liegen auf der östlichen Abdachung des Iseuberges, 20—30 Meter über der Thalfläche, die sogenannten »Baumgartenäcker«, auf denen im Mai 1855 bei Anlegung der neuen Strasse von dem genannten Orte nach Ottenbach das Erdgeschoss eines römischen Hauses durchschnitten und ein Paar mit Estrich belegte Räume, worin sich Scherben von terra sigillata, Eisenwaare, mehrere Münzen etc. fanden, offen gelegt wurden. Hinter diesem zunächst der Strasse liegenden Hause zeigen sich noch Reste von andern Wohngebäuden mit einer Menge von Dachziegeln und Heizröhrenfragmenten. Zum Bau dieser Häuser wurde viel Tufstein verwendet.

Canton Aargau.

Die römischen Ansiedelungen dieses Cantons stehen der Bedeutung und ohne Zweifel auch der Zahl nach über denjenigen des Cantons Zürich. Im Aargau liegen die bemerkenswerthesten Ortschaften der mittlern und östlichen Schweiz, Vindonissa und Aquae, und die Mehrzahl jener Cantonierungsquartiere und schon im ersten Jahrhundert für die Verproviantirung der Truppen zu Windisch angelegten Gehöfte. Der Boden dieses Cantons, dessen Gebiet einen Theil des helvetischen und, jenseits des Jurassus, einige Thäler des raurachischen Gaues in sich begreift, ist aber gegenwärtig noch nicht in dem Grade durchforscht, dass wir, wie diess bei den andern östlichen Cantonen geschehen, sämmtliche Punkte römischer Niederlassung anzuführen oder über die Vertheilung und Bestimmung der bekannt gewordenen Baureste ein auf sorgfältige Untersuchung gegründetes Urtheil abzugeben im Stande wären. Wir beschränken uns daher für einmal auf Mittheilung einiger Notizen betreffend einige Ansiedelungen, denen eine genauere Berücksichtigung von Seite der Alterthumsforscher zu Theil geworden, und behalten uns vor, gelegentlich in einem Anhange eine umfassende Uebersicht der Römerstätten dieses an historischen Denkmälern aus allen Perioden unserer Geschichte so reichen Cantons folgen zu lassen.

Buellsacker. Gemeinde Waltenweil. Der Weiler Buelisacker, in dessen Umgebung zu verschiedenen Zeiten Trümmer römischer Häuser aufgedeckt wurden, liegt am Fusse eines Hügelzuges, der die westliche Grenze eines fruchtbaren Thales bildet. Ueberbleibsel von Wohnungen finden sich besonders auf der mittäglichen Seite dieser kleinen Ortschaft an der Stelle, wo die Feldwege von der Thalstrasse abzweigen und nach den Höfen »in der Höll« führen. Nach einer Angabe im Schweiz. Geschichtsforscher II. 305 kamen hier im Jahr 1812 weitläufige Reste von Bädern [1]), caldariis, sammt

---

[1]) Unter Bädern sind hier nichts weiter als einfache Hypokauste zu verstehen.

den Röhren, tubis, zum Vorschein, so wie auch Ziegelstücke mit den Zeichen der XI und XXI Legion. In den Jahren 1851 und 1852 fand man neuerdings unter dem zerfallenen Gemäuer viel altes Eisenwerk, Geschirrscherben, ganze Dachziegel mit den ebengenannten Zeichen und einige Münzen. Die interessanteste Entdeckung an diesem Orte wurde aber im März 1862 gemacht [1]).

Einige hundert Schritte rechts oberhalb der Landstrasse nach Muri grub ein Landmann auf seinem Acker mehrere Fuss tief nach Bausteinen und brachte Mauerreste zu Tage, die bei fortgesetzter Aufdeckung sich als einen Theil eines ansehnlichen, ohne Zweifel zu einer Villa gehörenden Gebäudes erwiesen. Wie die meisten römischen Landhäuser liegt auch dieses an einem sanften Hügelabhange, und geniesst einer freien Uebersicht der Thalfläche. Die aufgedeckten Gemächer, die in gerader Linie neben einander liegen, sind zusammen etwa 55 Fuss lang, und bilden einen mit seiner Fronte nach Morgen schauenden Flügel einer weitläufigen Anlage. Es sind bis jetzt acht Zimmer ausgeräumt worden, die zwar alle ein recht freundliches Aussehen haben, aber durch ihre Kleinheit jeden Gedanken an den Luxus einer grossartigen Villa entfernen. Wir dürfen indessen annehmen, dass dieselben, da das Haus nur in einem Erdgeschoss bestand, ziemlich hoch waren und durch diesen Umstand für den geringen Flächeninhalt einigen Ersatz erhielten. Die Umfangsmauern des Gebäudes sind 3—4' dick, aus Bruchsteinen und zugerichteten Feldsteinen sehr solid aufgeführt, die Scheidemauern haben eine Dicke von 1—2'. Ungeachtet die erstern bis zur Mannshöhe sich erhalten haben, bemerkt man doch von Fensteröffnungen keine Spur. Ob der Raum, den wir im Plane (siehe Taf. XV.) mit No. I. bezeichnen, wirklich das Eckzimmer eines Flügels gebildet habe, ist ungewiss, ja sogar unwahrscheinlich, da in geringer Entfernung von demselben und in der gleichen Linie ebenfalls Frontmauern eines Gebäudes zum Vorschein kommen.

In den Räumen I und II bestand der Fussboden aus einem Estriche von der auf S. 52 beschriebenen Art. Obgleich Herr Pfarrer Urech sich bei der Nachricht der Entdeckung sogleich an Ort und Stelle einfand, war die Zwischenmauer schon völlig niedergerissen; auch hatte der Eigenthümer den Bestich dieser Zimmer, der nach seiner Angabe mit verschiedenartigen Blumen (Arabesken?) bemalt gewesen war, schonungslos weggeschlagen. Es lagen nur noch kleine Stücke desselben herum, auf denen einige Reste der Einfassung, nämlich rothe, schwarze, braune und gelbe Bänder auf weissem, grauem und grünlichem Grunde zu sehen waren. Die Mauerecken des Durchganges zum Raume III bestanden aus kleinen Tufsteinquadern. Den Raum III dürfen wir als ein Gesellschafts- oder Speisezimmer (triclinium) betrachten, da er sich vor den andern durch seine Grösse auszeichnet und die bestmögliche Auszierung erhalten hat. Der Boden desselben war mit Mosaik belegt, der aus Würfelchen von weissgelbem und schwarzem Kalkstein hergestellt, innerhalb geradliniger Bordüren Quadrate und Vierecke mit geschweiften Seiten darstellte. (Siehe Taf. II. Fig. 1.) Auch die Wände waren bis zur Brusthöhe mit Mosaik verziert, der durch ein zierliches Ornament, nämlich eine Guirlande von Wasserpflanzen mit grünen und gelben Knospen und herzförmigen gelb- und rothfarbigen Blüthen das Auge erfreut. Oberhalb der Mosaik waren die Wände dunkelroth bemalt. Zwischen diesem und dem

---

[1]) Die nachfolgenden Notizen sind der von Herrn Pfarrer Urech in Muri im Anzeiger für schweiz. Geschichte und Alterthumskunde Jahrg. 1862 bekannt gemachten, sehr genauen, sachkundigen und von einem Grundrisse begleiteten Beschreibung des »Landhauses in Buelisacker« enthoben. Einige unbedeutende Abänderungen gründen sich auf die von Herrn Professor Lasius und dem Verfasser später vorgenommene Untersuchung der Baureste.

neben ihm liegenden Raume IV besteht keine Verbindung. Der Raum IV, von dem man in den Raum V eintritt, hatte einen mit gebrannten Platten ausgelegten Fussboden, war aber bei der Aufdeckung fast ganz zerstört. Da von ihm aus der Raum V durch das schief in die Mauer eintretende Heizloch (siehe IV' bei a) erwärmt wurde, so ist er als ein Zimmer untergeordneten Ranges zu betrachten. Das Heizloch war bei der Aufdeckung der Trümmer zugemauert oder mit Steinen verstopft, ein Umstand, aus dem die Jahreszeit des Unterganges der Gebäude gefolgert werden kann, da man während des Sommers die Feuerungsröhren (Praefurnia) der Hypokauste verschloss. Der Raum V ist ein Winterwohnzimmer, daher mit einem Hypokaust versehen. Der schwebende Boden (suspensura) ruht auf fünf Reihen von Säulchen aus kreisrunden, durch dicke Mörtellagen verbundenen Backsteinen. Diese Säulchen tragen die grossen viereckigen Backsteinplatten und den aus rothem Cement und Marmortafeln bestehenden Körper des eigentlichen Fussbodens (siehe Querschnitt). Zwei Wände dieses Raumes sind ganz, die dritte zur Hälfte mit Heizröhren bekleidet. — Der anstossende Raum VI ist ein dem vorigen ähnliches heizbares Zimmer und durch eine Thür, deren Einfassung aus Tufstein besteht, mit ihm verbunden. Er hat kein eigenes Präfurnium, sondern empfängt die im Hypokaust des Raumes V erzeugte Wärme durch zwei Oeffnungen, die in der Scheidemauer unterhalb der Suspensura angebracht sind. Die Pfeilerchen in diesem Zimmer sind theils aus quadratischen, theils aus runden Backsteinen errichtet, die Heizröhren auf zwei Seiten vertheilt. Fussboden und Wände sind wie beim vorigen Raume mit Tafeln von weissem jurassischem Marmor belegt. Auf der Ostseite dieses Zimmers ist ein 3' hoher aus Backstein verfertigter und mit rothem Cement und Marmorleisten bekleideter Absatz, dessen Bestimmung uns nicht deutlich geworden. In der Scheidemauer zwischen B und C bemerkt man den Rauchzug b, der als viereckiges Rohr in dem hohlen Raume den Anfang nimmt und senkrecht durch die Mauer hinauf steigt. Vermittelst einer Klappe konnte er nach dem Abbrennen des Holzes geschlossen werden. — Das kleine Gemach VII ist ebenfalls heizbar und hat einen mit Raum VI gemeinsamen Hypokaust. Da es vom Feuerherde a sehr entfernt liegt, durfte, um der Wärme unter seinen Boden freien Zutritt zu gestatten, die Scheidemauer nicht von unten aufgeführt werden. Sie ist daher auf den Hypokaustboden über der Pfeilerreihe $c\,d$ aufgesetzt, nur 1' dick und aus Backsteinen und der Länge nach getheilten Dachziegeln verfertigt. — Das äusserste bis jetzt aufgedeckte Gemach VIII ist von VII durch keine sichtbare Wand geschieden. Sein Fussboden besteht aus Sandsteintafeln und liegt ein Paar Fuss tiefer als die eben beschriebenen Räume. Auf der Ostseite sind Stufen angebracht. Der kleine, nur wenige Fuss breite und lange Raum IX liegt gleichfalls tiefer als die erstgenannten Gemächer; er ist mit einem Hypokaust bedeckt versehen, von dem auf zwei Seiten Heizröhren aufsteigen. Ueber den vertikalen, sehr kurzen Röhren waren horizontale von viel grösserer Dimension (Länge $13\frac{1}{2}''$, Oeffnung $6''$) angebracht, welche die Reihen dieser Kanäle nach oben abschlossen und zugleich eine vollkommene Circulation der Wärme vermittelten. Das Präfurnium war ohne Zweifel auf der Ostseite angebracht. Boden und Wände sind mit Tafeln von weissem Marmor belegt und bei e ein Stück Marmorstein eingesetzt, das als Sitz oder Gestell irgend eines Gegenstandes gedient haben mag. Auffallender Weise zeigt sich keine Spur von einem Zugang. Die Bestimmung dieses Zimmerchens, in dem man wohl sitzen, aber sich nicht ausstrecken kann, scheint diejenige eines Schwitzbades gewesen zu sein. Ob Raum VIII als Kaltwasserbad zu betrachten ist, kann wegen der Zerstörung, die darüber ergangen ist, nicht mehr ermittelt werden. Bleierne oder thönerne Wasserröhren hat man nicht bemerkt.

Etwa 25 Schritte südlich von diesem Hause und durch einen Feldweg von ihm getrennt, finden sich, wie oben bemerkt ist, wiederum Reste von Umfangsmauern, die nur theilweise abgedeckt worden sind. Da sich dieselben in gerader Linie nach dem eben beschriebenen Gebäudeflügel hinziehen, so ist anzunehmen, dass sie ursprünglich mit ihm zusammenhingen oder nur durch einen schmalen Zwischenraum von ihm getrennt waren. Die Länge der abgedeckten Mauer, die $1\frac{1}{2} - 2\frac{1}{4}'$ dick ist, beträgt ungefähr 37'. Auf der Aussenseite war sie röthlich angestrichen. Zwei Scheidemauern bezeichnen die Grösse von drei Gemächern.

Schon früher wurden etwa 200 Schritte seitwärts von dieser Stelle, so wie auch unmittelbar unterhalb des beschriebenen Gebäudes bedeutende Mauerreste ausgegraben.

Es ist kaum zu bezweifeln, dass die Trümmer bei Buelisacker die letzten Reste einer weitläufigen und hübsch ausgestatteten Villa sind, die in der ersten Hälfte des ersten Jahrhunderts, wie die Ziegel mit dem Zeichen der XXI Legion[1] andeuten, erbaut und in den Stürmen der zweiten Hälfte des vierten Jahrhunderts durch Feuer zerstört wurde. Wenn von keiner Villa der Zeitpunkt des Unterganges mit Bestimmtheit nachgewiesen werden kann, so ist diess bei dieser um so weniger möglich, da keine Münzen zum Vorschein kamen. Wie bei ähnlichen Anlagen stand höher am Abhange das herrschaftliche Gebäude, das im vorliegenden Falle einem Veteranen angehört haben mochte, während tiefer unten und auf der Ebene die Oekonomiegebäude sich befanden.

Coblenz. Obwohl der Name des am Zusammenfluss des Rheins und der Aar gelegenen Ortes Coblenz von dem römischen Confluentia herstammt und angenommen werden darf, dass unter der in der Notitia Imperii (Raetia) angeführten Kriegsflotille-Station zu Confluentibus dieses Coblenz zu verstehen sei, obwohl ferner nicht zu zweifeln ist, dass von Windisch aus eine Strasse auf diesen Punkt hinführte[2] und eine Fähre hier bestand, so sind doch auffallender Weise bei dem jetzigen Coblenz weder am linken noch am rechten Ufer des Rheins[3] Reste römischer Gebäude oder Romana irgend welcher Art zum Vorschein gekommen, welche auf das einstige Dasein einer Niederlassung hinweisen. Sorgfältige Nachforschung und Erkundigung, die ich bei wiederholtem Besuche in den letzten Jahrzehnden hier vornahm, sind ohne Erfolg geblieben. Wir müssen daher, wenn wir die Existenz einer römischen Ortschaft nicht aufgeben wollen, zu der Ansicht unsere Zuflucht nehmen, dieselbe habe hart am Ufer des Stromes gelegen und sei im Laufe der Zeit völlig weggespült, oder ihre Trümmer seien anderswo zu suchen und bis jetzt noch nicht entdeckt worden. Uebrigens beweist der Umstand, dass Coblenz in der Cosmographia Ravennatis Anonymi unter den am Oberrhein liegenden Ortschaften nicht genannt wird, diese Station sei im siebenten Jahrhundert zerstört oder ganz unbedeutend gewesen. Auch Stumpf hat keine römischen Alterthümer hier gesehen und vermuthet nur, dass ein

---

[1]) Die auf den hier entdeckten Legionsziegeln befindlichen Marken sind mit demselben Stempel gemacht wie diejenigen auf den zu Sarmensdorf (siehe diesen Artikel) gefundenen Ziegeln, woraus hervorzugehen scheint, dass diese zwei Ansiedelungen zu derselben Zeit gegründet wurden.

[2]) Von dieser Strasse spricht Scheuchzer, Naturgeschichte des Schweizerlandes Bd. II. S. 45: »Ich habe auch in der Grafschaft Baden zwischen dem Dorfe Gross-Tettingen und wo die Limmat mit der Aar zusammenläuft, ein Denkmal von der römischen Pracht, eine Via romana gefunden, die sich beinahe 1½ Stunden weit erstreckt.«

[3]) Ueberbleibsel von römischen Gebäuden (Mauern, Estrichböden) finden sich oberhalb Coblenz auf deutscher Seite bei der Sägemühle am Einfluss der Wutach in den Rhein und dann noch weiter oben beim Etiker Hof.

Wachposten bei Coblenz und einer auf alamannischer Seite bei Waldshut gestanden habe. — Dagegen finden sich sichere Spuren römischer Niederlassung etwa eine Stunde südöstlich von Coblenz, an dem Abhange des Achenberges, in der Gegend, durch die der alte Weg nach Zurzach führte, und in der Nähe von zwei Localitäten, welche die Namen Kämpfwies und Gassenäcker tragen. Die Felder, auf denen die Trümmer vorkommen, liegen mehrere hundert Fuss über dem Rhein und heissen im Einschlag. Der Ort selbst ist ein jetzt von Wiesen, früher von Ackerfeld eingeschlossener, unangebauter, mit Dorngebüsch besetzter, grosser, künstlich terrassirter Platz. Als in der Umgebung desselben noch der Pflug ging, kamen nicht selten Stücke von Legionsziegeln, Topfscherben und Eisengeräthe zum Vorschein, welche Herrn Regierungsrath Dr. Schaufelbühl in Zurzach überbracht wurden und diesen Freund der Alterthümer und Geschichte seiner Gegend veranlassten, in den Jahren 1822, 23 u. s. w. kleine Nachgrabungen und dann in den 30ger Jahren eine etwas umfassendere Aufdeckung vornehmen zu lassen. Es kam das Erdgeschoss eines langen, aber schmalen Gebäudes zu Tage, dessen nordwestliche Seite 30' misst. Von den vier vom Schutte befreiten Räumen (siehe Taf. VI. Fig. 9) sind die beiden grössern mit Estrichen belegt, die beiden kleinern (*A* und *B*) mit Hypokausten versehen. *A* hat einen halbkreisförmigen Ausbau. Die Pfeilerchen bestanden aus quadratischen Backsteinen und trugen in *A* einen mit Mosaik verzierten Fussboden. Mit Ausnahme einer Menge Dachziegel, welche von der XXI und XI Legion verfertigt und gestempelt worden waren, fand sich nichts Erhebliches auf dieser Stätte. — Die Lage und Beschaffenheit der Trümmer deuten auf das isolierte Wohngebäude eines Meyerhofes hin.

Gränichen. Sowohl auf der Ost- als der Westseite des fruchtbaren, von der Wynen durchflossenen Thales finden sich in der Nähe des Dorfes Gränichen Reste römischer Ansiedelung. Die ausgedehnten Ueberbleibsel von Gebäulichkeiten an der Westseite liegen mehrere Meter über der eigentlichen Thalsohle auf einer sanft nach dem Fusse des Berges ansteigenden Fläche, und verbreiten sich über fünf bis sechs Morgen Landes. Da die Felder, in denen das Gemäuer vorkommt, seit längster Zeit mit dem Pflug befahren werden, tragen dieselben den Namen »Maueräcker«. Dass römische Münzen und Ziegel mit dem Zeichen der XXI und XI Legion hier gefunden werden, war den Alterthumsforschern schon im Anfange dieses Jahrhunderts bekannt. Haller, der Bd. II. S. 417 die Baureste von Gränichen bespricht, hatte den wunderlichen Einfall, den Namen dieses Dorfes vom lateinischen Granarium abzuleiten und ein grosses Getreidemagazin zur Unterhaltung der Truppen am Rheine hieher zu versetzen.

Die erste Nachgrabung zur Ermittelung der Beschaffenheit der Ruinen und zur Aufsuchung von Alterthümern fand im September 1856 Statt und zwar auf Anordnung und unter Leitung des Herrn Gemeindeschreibers Suter von Gränichen, dem ein Theil des mit Gemäuer besetzten Landes angehört. Es wurden im Erdgeschoss eines Hauses zwei Mörtelfussböden von 1500 Quadratfuss zu Tage gefördert, welche aus felsenhartem, mit schwarzen Kalksteinchen untermengtem Cement bestanden, der auf ein Steinpflaster gelegt und spiegelglatt abgeschliffen worden war. Rings an den Umfassungsmauern dieser Fussböden fanden sich Glasscherben, Geschirrtrümmer, eiserne Nägel etc., sowie Ziegel mit dem Zeichen der XXI Legion. Natürlich ermuthigten diese Erfolge zu weitern Nachgrabungen, und man traf denn auch bald bei 100 Fuss östlich wieder einen gleich konstruirten Fussboden von 234 ☐' Ausdehnung, von 2' dicken Mauern eingeschlossen. Auch hier zeigten sich Bruchstücke von Ziegeln der LEG. XXI., sowie solche mit dem Stempel LEG. XI. CPF. Ebenso fand man viele Gesimsstücke von Tufstein, $3^1/_2''$ dick, von verschiedener Länge und sauberer Arbeit, nebst einer Menge Bruchstücke von Kochgeschirr und Hohlziegeln.

Von nun an wurden die Nachgrabungen auf Kosten der hohen Regierung und unter Aufsicht des Herrn Ingenieur C. A. Rothpletz [1]) regelmässig betrieben und der Maueracker behutsam, aber eifrig durchwühlt, so dass zu Anfang des Monats December bereits die Fussböden von zwölf Gemächern zu Tage lagen. Wo man nur die Hacke einschlug, stiess man wieder auf neue Mauern und Gebäudetrümmer aller Art, die durch ihr Aussehen verriethen, dass die ehemaligen Bewohner dieser Räume nicht der ärmsten Classe der Bevölkerung angehört haben mussten. Die Menge feinen rothen Geschirrs mit hübschen Verzierungen in Relief, kleine, ebenfalls roth-irdene Vasen mit Randverzierungen von Epheulaubwerk. Stücke von feinen Glasgefässen in prachtvollen Farben, Scherben von Krügen und Töpfen von den verschiedensten Sorten und Grössen etc. lassen darauf schliessen, dass man zu jener Zeit wohl so viel Bedürfnisse und Bequemlichkeiten kannte, als es gegenwärtig der Fall ist. Und dass die Wohnungen auch des äusserlichen Schmuckes nicht entbehrten, beweisen die vielen geschliffenen weissen Marmorplatten, besonders aber der hübsch bemalte Bestich, der sich in einem gegen Süden gelegenen Gemache an den Wänden noch vorfand und dessen blendende Farben in blau, roth, grün, orangegelb etc. beim Hervorziehen an das Tageslicht, das sie seit 1500 Jahren nicht mehr geschaut haben mögen, noch so frisch und wohl erhalten waren, wie wenn sie vor Jahrzehnten erst wären aufgetragen worden.

Im Frühjahr 1855 wurden die Ausgrabungen wieder mit Eifer an die Hand genommen, und bald waren zwei neue Fussböden aus Cementmörtel abgedeckt. In einem derselben fand man vier neben einander stehende rothe Thonschüsseln, von denen jede einen auf seine Oeffnung gestellten Trinkbecher von weisslichem Thon enthielt. In dem $16^1/_2'$ langen, 16' breiten Gemache A an der nördlichen Seitenfaçade des Gebäudes befanden sich die Ueberreste einer Heizvorrichtung, eines Hypokaustes, dessen oberer Boden mit Cementmörtel ausgelegt war. Der hohle Raum war 14" hoch und mit 49 Pfeilerchen besetzt, die je aus 6 Backsteinen von 7" Länge und Breite und 2" Dicke bestanden. Die Backsteinplatten, die auf ihnen ruhten, hatten je nach der Entfernung der Pfeilerchen bei einer Dicke von 2" eine Länge und Breite von 2' oder eine Länge von 2' und eine Breite von 11". Das Feuerungsloch trat auf der Ostseite ein. Von den Heizröhren waren nur Bruchstücke vorhanden. [2]) Der 27' lange und $16^1/_2'$ breite Raum B stellte sich als die Küche dieses Landsitzes dar; wenigstens lagen dort an der dem Berge zugewandten Aussenseite des Gebäudes Massen von Knochen, und fanden sich innerhalb desselben neben vielen Kohlen, Knochen und Asche zwei Feuerstellen. In der nordwestlichen Ecke bei a stand ein ziemlich wohl erhaltener kleiner Herd, und in der südöstlichen befand

---

[1]) Herr C. A. Rothpletz hat einen Bericht über die Ausgrabungen in Grünichen sammt einem Plane der Ruinen im Taschenbuch der histor. Gesellschaft des Cantons Aargau für das Jahr 1861 und 1862 bekannt gemacht. Dem Berichte sind die nachfolgenden Angaben enthoben; von dem Plane theilen wir auf Taf. VII. Fig. 3 eine reduzierte Copie mit.

[2]) »Die Regulirung des Wärmegrades in den einzelnen Gemächern scheint in der Weise stattgefunden zu haben, dass die in der Röhrenleitung von Stelle zu Stelle vorhandenen Oeffnungen von 25''' Länge und 16—17''' Weite, in welche die in Menge aufgefundenen kleinen viereckigen Ziegelstücke genau passen, geschlossen oder wieder geöffnet wurden.« Sowohl die Bestimmung der Löcher in den Heizröhren, die im Zimmer gar nicht sichtbar waren, als die der kleinen Ziegelstücke, die in keiner Beziehung mit den Heizröhren stehen können, ist missverstanden worden.

sich eine grosse Feuerstelle aus Backsteinen. — Der Ort für die Amphoren oder Weinkrüge war bei *L*.

Merkwürdiger Weise wurde hier eine mit ihrer Spitze im Boden steckende $2\frac{1}{2}'$ hohe, $1'$ weite, noch unversehrte Amphora hervorgezogen und neben derselben die Bruchstücke eines weitbauchigen Wein- oder Wasserkruges gefunden. — In dem Raume *C* kamen Reste eines Mosaikbodens zum Vorschein, im Raume *D* Stücke von bemaltem Bestich von lebhafter Farbe, bei *E* viele Marmortäfelchen, womit der Boden oder die Wände belegt gewesen waren, und schönes aretinisches Geschirr. Die Räume *D, E, F, G, H, I, K* hatten sämmtlich Fussböden von Cementmörtel. (Siehe Taf. VII. Fig. 3.)

Die Dicke der Mauern beträgt $1-4\frac{1}{2}'$. Das dazu verwendete Material ist zugerichteter Feldstein, Mägenwiler Muschelsandstein und Tuf. Der vortreffliche in hiesiger Gegend anstehende und für den Bau der jetzigen Kirche benutzte Molassesandstein blieb in römischer Zeit gänzlich unbeachtet.

Die bei der Ausgrabung gefundenen Alterthumsgegenstände sind folgende: Eine kleine Anzahl Münzen, von denen die späteste unter Kaiser Probus († 282) geprägt ist; eine Menge Dachziegel mit Stempeln der XXI und XI Legion in fast allen Varietäten. (Siehe Meyer's Geschichte dieser beiden Legionen Bd. VII unserer Mittheilungen.) Von dem sehr seltenen Stempel der XXI Legion, auf welchem das Wort Legio nicht mit einem L, wie gewöhnlich, sondern mit LEG bezeichnet ist, kamen drei Exemplare vor. »Was das Material der Stempel betrifft«, sagt Herr Rothpletz, »mit welchem die Inschriften auf die Ziegel aufgedrückt wurden, so herrscht die allgemeine Ansicht, es seien die Stempel aus Eisen angefertigt worden und habe man die Ziegel z. B., die von Gränichen, von Vindonissa bezogen, da nur dort eine Ziegelei für diese Gegend existirt haben werde, welche den Stempel der Legion im Besitz hatte. In Betreff der Legio XXI nun möchte ich eine solche Annahme gelten lassen, da in der That Ziegel aus ganz verschiedenen und weit von einander entfernt liegenden römischen Stationen dem Anscheine nach ganz denselben Stempel tragen; von der eilften Legion aber existiren eine solche Menge von verschiedenartigen Stempeln, dass in diesem Falle eine solche Annahme unstichhaltig ist, denn schon aus Gränichen könnten wohl zehn verschiedenartige Stempel der eilften Legion nachgewiesen werden [1]. — Und dass man auch andere als eiserne Stempel benutzt hat, kann ebenfalls mit einem Ziegel von Gränichen nachgewiesen werden, der jedenfalls die Inschrift LEGXICPF nur durch einen Stempel von Tannenholz aufgedrückt erhalten hat, denn auf dem Ziegel selbst, wie auf den Abdrücken in Lehm, die wir davon nahmen, sind noch die Jahresringe der Holzfaser deutlich sichtbar.«

Auch fand sich ein Ziegel mit der Marke LSCSCR, die auch zu Triengen (Canton Luzern) zum Vorschein kam, und L · Scribonii Scriboniani oder Legionis septimae Claudiae; Scribonianus (fecit) bedeuten kann. Auf aretinischem Geschirr zeigten sich die Töpfernamen CSENTI (C. Sentii?) PRIMI und ME : SSO. Ausser diesen Dingen bildeten ein eiserner Zirkel, Stecknadeln und Schnallen aus Erz und verschiedene kleine Vasen und Vasenscherben die höchst geringe Ausbeute von Alterthümern.

Von den auf den Maueräckern zu Gränichen befindlichen Gebäuderesten bildet das bis jetzt untersuchte, eben beschriebene Stück nur einen kleinen Theil, aber dieser mit seinen kleinen Winter- und geräumigen Sommer-Wohnzimmern und den vielen Corridoren charakterisiert sich als Bestandtheil einer Villa, welche, auf ebenem Terrain sich ausbreitend, mit ihren Oekonomiegebäuden ein bedeutendes

---

[1]) Alle in Gränichen gefundenen Marken der eilften Legion sind auch anderswo gefunden worden.

Areal in Anspruch nahm und wahrscheinlich einen weiten Hof, von dem her die Gemächer Licht erhielten, einschloss. Der Umstand, dass die nördliche Umfangsmauer nicht rechtwinklig auf die östliche und westliche stösst und diese beiden von einander divergiren, wesshalb kein einziges Gemach ein rechtwinkliges Viereck bildet, lässt sich nicht wohl anders als aus Eigenthumsverhältnissen, die beim Entwerfen des Planes zu berücksichtigen waren, erklären, und beweist hinlänglich das Vorhandensein anderer Gebäude in der unmittelbarsten Nähe des eben beschriebenen. Wirklich sind auch auf der südöstlichen Seite des abgedeckten Gebäudes Zimmerwände mit Bemalung und Marmorbekleidung zum Vorschein gekommen. Mag man die Anlage sämmtlicher einst auf den Maueräckern stehender Gebäulichkeiten als ein Cantonnement der Legion zu Windisch oder als eine Gruppe von Villen betrachten, so viel ist gewiss, dass diese Ansiedelung schon im ersten Jahrhundert gegründet wurde und, wie die Legionsziegel darthun, während der ganzen Dauer der Anwesenheit der XXI und XI Legion Ziegel aus den Brennereien zu Windisch bezog.

Eine zweite römische Ansiedelung liegt auf der Ostseite des Thales am rechten Ufer des Wynenbaches, am Abhange des Herdenberges, unweit dem Badehause. Die Oertlichkeit heisst Zielacker. Auch diese muss eine beträchtliche Ausdehnung gehabt haben, da Gemäuer, das übrigens nirgends über den Boden hervortritt, und Dachziegel auf mehreren Morgen Landes angetroffen werden. Ungeachtet diese Stelle ebenfalls seit langer Zeit angebaut ist, sollen die hier vorkommenden Erdgeschosse von Wohnungen nach den Beobachtungen der Grundbesitzer sich in einem weniger zerstörten Zustande befinden, als die der andern Ansiedelung. Im Zielacker werden Ziegel der XI und XXI Legion in Menge, zuweilen auch römische Münzen gefunden.

Eine alte Strasse, welche quer über das Thal nach der Gegend südlich vom Zielacker läuft, gibt sich aus der Beschaffenheit des Bodens und der Saaten deutlich zu erkennen. — Die gegenwärtige neben den Maueräckern vorbeiführende Thalstrasse kann als die alte römische, von Windisch herkommende Strasse nach der Niederlassung von Ober-Kulm betrachtet werden.

Kulm (Ober-). In dem Thale der Wynen, etwa 1½ Stunden südlich von Gränichen, liegen bei Ober-Kulm die Ueberreste einer dritten römischen Niederlassung. Auf einem breiten freien Absatze des Berges, welcher das Thal auf der Ostseite begrenzt, zeigt sich beim Pflügen ausgedehntes festes Gemäuer, von welchem der Hügel den Namen Murhubel erhalten hat, und die Benennungen Murthal, Murgässli, Murbrunnen etc. herrühren. Die Mauerreste verbreiten sich aber nicht nur auf der Anhöhe über mehrere Morgen Landes, sondern erstrecken sich auch südwärts von dieser in der Richtung von Gontenswil.

Im Jahr 1756 entdeckte der Eigenthümer eines Grundstückes auf dem Mauerhubel das Erdgeschoss eines Hauses und in demselben Stücke von bemalten Wänden, Marmortafeln, Mosaiksteinchen u. s. w. Die Fundgegenstände wurden dem Ortsgeistlichen überbracht, der über das Vorkommen der Trümmer eines römischen Gebäudes in seinem Dorfe der Regierung von Bern Anzeige machte und dann von dem bernischen Landvogte zu Lenzburg den Auftrag erhielt, auf Staatsunkosten die Ausgrabung fortzusetzen. Im Jahr 1758 wurde die Leitung der Arbeiten dem berühmten Physiologen Albrecht von Haller, damals Salzdirektor des Cantons Bern, übergeben, an dessen Stelle bald hernach Herr von Schmidt von Bern, ein Freund und Kenner des römischen Alterthums, trat, um die Aufdeckungen zu Ende zu führen. Den Bemühungen dieses Mannes verdanken wir eine sehr kurze, aber ziemlich sachkundige Beschreibung der ganzen Anlage, einen Plan derselben und Zeichnungen der aufgefundenen Gegenstände. Die Druckschrift, die zuerst 1761 in Bern, dann 1771 zu Frankfurt erschien, führt den Titel: »Recueil d'antiquités de la Suisse. Tome I. (es ist kein zweiter erschienen) contenant celles d'Avenches et de Culm, par Mr. de Schmidt, seigneur de Rossan.« — Die nachfolgenden Angaben sind sämmtlich dem Berichte des Herrn v. Schmidt enthoben.

»Die Mauern des Gebäudes liegen durchschnittlich 5' tief im Boden. Um denselben ertragsfähig zu machen, haben die Eigenthümer theils Erde auf den Acker geführt, theils einen Theil des Gemäuers ausgebrochen und die Bausteine in's Dorf transportirt, wodurch ein Theil der Nordseite des Gebäudes und ein Theil der Südseite gänzlich zerstört worden ist. In der That bemerkt man im Dorfe überall grosse Quaderstücke, welche von dem römischen Gebäude herrühren. Gegenwärtig ist nur noch ein 380' langer und 85' breiter Zug von Mauern mit vielen Gemächern vorhanden. Die Höhe der Mauern über dem Niveau der Räume beträgt 3 — 6', unter demselben 3'. Die Fundamente ruhen auf Sandsteinfelsen. Bei der gegenwärtigen Beschaffenheit des Gebäudes ist es unmöglich, ein Bild des Ganzen zu entwerfen.

Erklärung des Planes auf Taf. XVI. Fig. 2.:

No. 1. In diesen Gemächern hatte sich eine arme Familie angesiedelt und, indem sie Fensterlöcher in den Mauern, eine Thür, ein Strohdach und einen Bretterboden anbrachte, eine Wohnung eingerichtet.

No. 2. Hier fand man eine aus grossen Quadersteinen angelegte Wasserleitung.

No. 3. Der Fussboden dieses Zimmers ist ein wohlgeglätteter Estrichboden, in welchem bunte Marmorwürfelchen so eingesetzt sind, dass dieselben Kreise und Sterne vorstellen (s. Taf. XVI. Fig. 3). Ein solcher Boden sieht hübsch aus, ist sehr dauerhaft und kostet weniger als ein eigentlicher Mosaikboden.

No. 4 siehe bei No. 19.

No. 5, 11, 12, 15 und 16 sind sehr zerstört und von geringer Bedeutung.

No. 6, 9, 10 und 13. An den Wänden dieser Gemächer, so wie bei No. 3 bemerkt man einen einfarbigen oder bunten Anstrich, aber keine Zeichnungen. Beim Eingang No. 7 besteht die Thürschwelle aus Juramarmor.

No. 8, 11, 13 und 15 sind schmale Gänge.

No. 10. Ein grosser Saal mit merkwürdigem Fussboden. Es ist ein Kalkguss mit vielen in denselben eingestreuten bunten Steinchen. Auch dieser Boden ist hübsch und solid.

No. 17. Die Wände dieses Zimmers sind bis zur Höhe von 9" mit weissem Marmor bekleidet. Der Fussboden ist eigenthümlich construirt; er besteht nämlich in der Mitte des Zimmers aus Tafeln von schönem Marmor, welche von mehren Streifen Mosaik eingefasst sind.

No. 18. Hier sind eine Menge Urnen und Näpfe von Thon gefunden worden. Vielleicht enthielten dieselben Salbe, deren man sich beim Baden bediente. (Wahrscheinlich war dieser Raum eine gewöhnliche Vorrathskammer.)

No. 4 und 19 sind Wintergemächer mit Hypokausten. Bei No. 4 bestand der untere Boden aus gestampfter Erde. In diesen waren in regelmässiger Distanz von 1¼' längs der Mauer viereckige und im Innern runde Marmortafeln eingesetzt worden, auf welchen die Säulchen zu stehen kamen. Auf die runden Tafeln stellte man Säulchen von acht 3" dicken runden Backsteinen, auf die viereckigen Tafeln aber längs den Wänden solche aus acht quadratischen Backsteinen von derselben Dicke. Auf diesen Pfeilerchen und Säulchen ruhte der obere Boden, der aus grossen Backsteintafeln mit darauf gelegtem Mosaik bestand. Nur eine Wand des Zimmers war mit Heizröhren bekleidet und neben derselben der als viereckiges Rohr in das Zimmer heraustretende Rauchzug angebracht. Das Heizloch befand sich in der den Heizröhren gegenüberstehenden Maner.

In dem Hypokaustgemach No. 19 war der obere Boden mit Marmortafeln belegt und in den blau bemalten Wänden eine Ausschmückung seltener und eigenthümlicher Art zu sehen, die von keinem alten Schriftsteller erwähnt wird. Man hatte nämlich nach Art des Ouvrage de rocaille in regelmässiger Entfernung von einander Gehäuse von Land- und Meerschnecken eingesetzt, die erstern von der Art der Gartenschnecke, die letztern aus dem Geschlechte der Austern, Gien- und Kammmuschelu. Ich habe zu Avenches ziemlich sichere Spuren ähnlicher Wandverzierung angetroffen [1]).

Fast alle Zimmer dieses Gebäudes, die nicht mit Marmortafeln bekleidet sind, haben einen einfarbigen oder in Nachahmung des fleckigen Marmors vielfarbigen Anstrich. Diese Tünchen haben sich sämmtlich sehr gut erhalten und sehen ganz frisch und lebendig aus.

Was die Fundgegenstände betrifft, so sind verschiedene (Taf. XVI. Fig. 10, 11, 12) abgebildete Gegenstände aus Bronze und Eisen aufgehoben worden [2]). Ferner kamen eine Anzahl Ziegel mit den Marken der XXI und XI Legion zum Vorschein. Auf aretinischen Schalen las man die Töpfernamen OF · MASCL (officina Masculi oder Masceli) und Salvetu [3]).

Die hier gefundenen Münzen beginnen mit Augustus und endigen mit Magnus Maximus († 388). Unter den Trümmern fanden sich eine Menge Stücke von Tafeln aus Porphyr und schönen ausländischen Marmorarten. Die Menge des hier verwendeten verschiedenartigen Marmors, der Luxus der Bäder (Zimmer mit Hypokausten), die Mosaikarbeiten und andere Ornamente zeigen, dass das Gebäude von nicht gewöhnlicher Bedeutung war. Da Schwitzbäder von der eben beschriebenen Art erst unter der Regierung Nero's in Aufnahme kamen, und die letzte der hier gefundenen Münzen aus dem Ende des vierten Jahrhunderts herstammt, so kann aus diesen zwei Daten die Dauer des Bestandes dieser Ansiedelung gefolgert werden.

Wenn man erwägt, dass die ganze Ebene zwischen Kulm, Zetzwil und Goutenswil mit den Erdgeschossen römischer Häuser angefüllt ist [4]), so überzeugt man sich, dass das Gebäude auf dem Murhubel keineswegs isolirt stand, sondern zu einer beträchtlichen Ortschaft gehörte. Man darf nicht übersehen, dass nach einer unter den hiesigen Landvolk allgemein verbreiteten Sage in diesem Thale eine Stadt Namens Agenen oder Hagenen, vielleicht die Civitas Ganodurum des Ptolemäus, existierte. Der mittelalterliche Name von Kulm lautet in Urkunden von 1045 Cholumbare [5]), 1173 Culumbe, 1179 Prædium Columbare, und ist also dem Namen der Stadt Colmar (Columbaria) und Colombier (Neuchâtel) Columbarium verwandt.«

[1]) Cardienumschelu kommen in römischen Ruinen gar nicht selten vor.
[2]) Fig. 11 sieht dem zu Lunnern gefundenen, Bd. III. abgebildeten, Schmuckgeräthe ganz ähnlich. Fig. 10 ist ein Kamm. Fig. 12 ein Gegenstand, der häufig vorkommt und für den Schuh eines kranken Pferdehufs gehalten wird.
[3]) Von Schmidt unrichtig Salve tu gedeutet.
[4]) Durch Erkundigungen an Ort und Stelle habe ich mich überzeugt, dass diese Angabe sehr übertrieben ist und zwar in der Absicht, um dem Ort Ganodurum des Ptolemäus in dieser Gegend eine Stelle anweisen zu können.
[5]) Ob dieser Name von einem römischen Begräbnissplatz hergenommen, wagen wir nicht zu entscheiden.

Haller, der überall, wo Legionsziegel vorkommen, castra æstiva entdeckt, folglich auch Oberkulm als ein Sommerlager erklärt, deutet den Namen Kulm als culmen castrorum, weil diese Station an der Spitze aller römischen Militärstationen gestanden habe. Nach seiner Ansicht war auf dem Mauerhubel »ein Castel mit der Wohnung des Befehlshabers, von welcher das eben beschriebene Gebäude einen Theil bildete, und den Casernen. Ausserhalb des Castells befanden sich Häuser für Händler und Gewerbsleute, deren die Garnison bedurfte.« Von Festungsmauern ist aber auf dem Murhubel nicht eine Spur vorhanden, und eine nur oberflächliche Betrachtung des dortigen Gebäudes zeigt, dass dasselbe in die Reihe der Villen gehört, die wie Kloten, Neftenbach, Gränichen, Zofingen u. s. w. nach einem den Bedürfnissen eines reichen Mannes Genüge bietenden grossartigen Plane angelegt waren. — Die Beschaffenheit der am Fusse des Hügels vorhandenen Trümmer zu ermitteln ist unmöglich, da man bei Feldarbeiten nur auf vereinzelte Mauerreste stösst, die ebensowohl von Wohnals Oekonomiegebäuden herrühren können. Auf die letztgenannte Bestimmung deutet der Umstand hin, dass an solchen Stellen, nach dem Ergebniss der von mir eingezogenen Erkundigungen, Reste von Hypokausten, oder Mosaikböden, oder bemalten Wänden u. s. w. nie zum Vorschein gekommen sind. — Indessen wäre es zu gewagt, zu behaupten, dass nicht während der Anwesenheit der Legionen in Windisch sowohl Gränichen, das 3, als Kulm, das 4—5 Stunden vom Hauptquartier entfernt war, zu den Cantonnements der Truppen gehörte, ohne dass man bei dieser Annahme an castellartige Vertheidigungsanstalten zu denken hat.

Lenzburg. Römisches Gemäuer kommt sowohl am nördlichen und nordöstlichen, als am südwestlichen Abhange des Hügels vor, auf welchem das Schloss Lenzburg steht. »Die letztgenannte Stelle ist ein Acker, welcher den Namen Wildenstein trägt, in der Nähe der cantonalen Strafanstalt. Der gegenwärtig ausgegrabene Theil gehört dem Herrn Hauptmann Fischer, welcher die kaum einen Fuss unter der Erdoberfläche verborgenen Mauerüberreste im Frühling des Jahres 1862 zu entfernen unternahm und dabei auf den halbkreisförmigen Fussboden aus Kalkmörtel stiess, den wir im beigegebenen Plane (siehe Taf. XVI. Fig. 4) mit A bezeichnet haben. Seine geradlinige Längenseite beträgt 8', sein grösster Durchmesser 6' 2'', seine Dicke ungefähr 1'. Wie die Fussböden in Gränichen, ruhte er auf einer Steinpflasterung; der weissliche Mörtel ist gemischt mit kleinen Kalksteinchen und Ziegelstücken, welche letztere ihm seine röthliche Farbe geben. Weitere Nachgrabungen fanden Statt im Auftrage der Regierung und unter Leitung des Herrn Ingenieur O. Zschokke. Sie waren insofern fruchtlos, als sie neben den Ueberresten zweier Hypokauste *(BB)* nur noch eine Anzahl Ziegelstücke, darunter zwei mit Legionszeichen (LEG. $\overline{XI}$ CPF), nebst unbedeutenden Glas- und Thonscherben und einigen eisernen Mauernägeln zu Tage förderten. Kohlen fanden sich wenige vor, Münzen gar keine. Das Alles lässt schliessen, dass diese Gebäulichkeit nicht abgebrannt, sondern vielmehr glatt auf dem Boden weg abgebrochen worden ist, so dass nur noch die Mauern des Fundamentes stehen blieben. Diese selbst sind von geringer Stärke, aus lauter Feldsteinen und Ziegelstücken zusammengesetzt, so dass das Gebäude, wie auch seine Dimensionen zeigen, kein gar stattliches gewesen sein mag.« [1]

Die Hauptniederlassung aber, welche noch nicht untersucht worden ist, lag östlich vom Schloss-

---

[1] Abdruck des Berichtes des Herrn Ingenieur C. A. Rothpletz in dem Taschenbuch der historischen Gesellschaft des Cantons Aargau für 1861/62.

berge, in den Schwarzäckern, an der Strasse nach Otmarsingen. Hier warden Dachziegel mit dem Stempel der XXI Legion, schön verzierte aretinische Töpferwaare und Scherben von Wasserkrügen und Kochgeschirr, auch Münzen gefunden.

Haller, II. 438 führt an, »man habe in Lenzburg zu oberst in den Schlossreben, Burghalden genannt, Ziegelstücke mit den Zeichen der XXI und XI Legion, geschnittene Steine von Siegelringen, kupferne und silberne Münzen von Cäsar bis auf Honorius gefunden«, und glaubt, die jetzige Burg Lenzburg stehe auf dem nämlichen Platze, wo ein von den Alamannen im fünften Jahrhundert zerstörtes Castell erbant gewesen sei.

Sarmensdorf [1]. Da wo der Lindenberg gegen Sarmensdorf und Seengen sich abflacht, finden sich Spuren zahlreicher römischer Wohnungen. Wenn auch die Sage, dass einst oberhalb Sarmensdorf im Murimooswalde eine grosse Stadt gestanden, den Thatbestand sehr übertreibt, so ist doch so viel gewiss, dass das hier vorkommende Gemäuer sich nicht auf das Dasein eines bescheidenen, einsam gelegenen römischen Meierhofes reduciren lässt. Oben auf der Wasserscheide zwischen dem Thale des Hallwylersee's und dem Thale des sogenannten Freiamtes erheben sich in nicht geringem Umfange die vielen »Bücke«, welche aus dem Schutt ansehnlicher römischer Häuser bestehen. Weiter unten nach dem Dorfe hin stehen die mit hohem Gebüsch bewachsenen Heidenbügel, deren einer von einem künstlichen Graben umgeben ist. Auch hier findet sich altes Gemäuer und sind Münzen aufgehoben worden.

»In Folge einiger Ausgrabungen, welche ich in Gemeinschaft mit meinem Freunde, Herrn Pfr. F. in F. verflossenen Mai im Murimoos-Hau vornehmen liess, ergab sich, dass jene weitläufigen Ueberreste von Wohnungen, wahrscheinlich schon zu verschiedenen Zeiten, gründlich durchwühlt wurden. Der Lauf der äussern Hauptmauern ist an den theilweise noch vorhandenen Fundamenten wohl erkennbar. (S. Taf. XVI. Fig. 5.) Bei L a erheben sie sich sogar über die Oberfläche des Bodens, und die innere Wandung ist noch mit einer Mörtelfläche bedeckt, in welche Rinnen eingedrückt sind; diese bilden regelmässige Vierecke, die übereinander liegende kleine Quadersteine nachahmen und vorstellen sollen. In No. II. sollen vor einigen Jahren bemalte Wände entblösst worden sein; wir fanden aber nichts anders mehr als einen flachen, festen, weissen Gussboden und über ihm verschiedene Schichten rothen Ziegelmörtels u. s. w. Leider lässt sich kein deutliches Bild mehr von der ursprünglichen Eintheilung und Beschaffenheit der Wohnungen gewinnen. An den meisten Stellen, wie z. B. in No. I. und No. III., wo Schürfe versucht wurden, gelangten wir nach Wegräumung von Bausteinen sofort auf den Lehmboden, auf dem die ganze Waldung steht. Ausserdem waren die vielen starken Bäume dem Graben hinderlich. Dennoch hat sich der Ort mit Bestimmtheit als eine römische Militärstation wenigstens während einer gewissen Epoche beurkundet; denn längs der ganzen vordern Mauer lagen unter den Bausteinen ausserordentlich viele Stücke von römischen Legionsziegeln, und zwar ausschliesslich von der eilften Legion, welche nach Abzug der einundzwanzigsten deren Stelle in Windisch einst einnahm, von wo sie ihre Abtheilungen in die verschiedenen bis jetzt uns bekannten 35 Sommerlager der Umgegend sandte. Später, unter Septimius Severus, wurde sie nach Mösien verlegt, wo ihr Hauptquartier das heutige Silistria war.

---

[1] Die nachfolgenden Angaben sind einem von Herrn Pfarrer Urech in Muri verfassten Artikel im Anzeiger für schweiz. Geschichte und Alterthumskunde 1859 entnommen.

Alle Ziegelstücke des Murimooses sind vom Feuer vollständig schwarz gefärbt. Auf neun derselben fanden wir die gewöhnlichen Stempel der XI Legion, aber nicht eine Spur von denjenigen der XXI Legion. Da die letztern sowohl zu Seengen als zu Bülisacker vorkommen, so scheint diese zwischen den genannten Punkten in der Mitte liegende Station als eine spätere, erst nach dem Abzuge der XXI Legion von Vindonissa im Jahr 69 n. Chr. gegründete Ansiedelung betrachtet werden zu müssen.«

Ein Punkt, wo ebenfalls Legionsziegel und zwar sowohl solche der XXI als XI Legion gefunden werden, ist die Localität, auf welcher das Pfarrhaus von Seengen steht. Im Jahr 1843 fand der dortige Geistliche bei Anlass eines Baues hart an der Westseite seines Hauses viel altes Gemäuer, in welchem Ueberreste einer Wasserleitung, Ziegelstücke und zwei Säulenbruchstücke aus jurassischem Marmor herumlagen.

Wettingen. Auf Seite 300 der ersten Abtheilung dieser Schrift haben wir einer Inschrift erwähnt, welche uns von dem einstigen Dasein eines zu Wettingen errichteten Isistempels Kunde gibt, und hier nur noch eine kurze Beschreibung des im Jahr 1633 in der Nähe des Tempels entdeckten Schatzes nachzutragen. Ueber die Auffindung desselben meldet Merian in seiner bald nachher, Anno 1642, erschienenen Topographia Helvetiæ etc. S. 52 Folgendes: »Anno 1633 den 22 Augusti Alten Calenders ist ein Irrdiner Hafen voll silberreicher Pfenning (da die Mark 10½/₂ Loth fein hält) zwar nicht von gantz feinem Silber, und auff solchen mehrertheils der alten Römischen Keyser Bildnuss geprägt, in der Erden vergraben, in dem Hölzlein, nicht weit von dem besagten Kloster [Wettingen] und in der Graffschaft Baden (so selbiges mahl Herr Hans Jacob Fuessliu, dess Raths zu Zürich, verwaltet hat) gefunden worden, so an Gewicht 14 Mark 4½ Loth, dessen Geschirrs und der Müntzen (die letzte von Constantinus junior) hiebei zu sehen, nachdem dasselbige, wie man auss etwas Zahlen und andern gemerckten Zeichen gespüret, in die 1400 Jahr da gelegen.« Zoller, Ms. Tom. II. 245 berichtet über diesen Fund weiter: »Herr Chorherr J. B. Ott in seinen muthmasslichen Gedanken von den bei Kloten entdeckten Antiquitäten schreibt pag. 8. aus Lambecii Biblioth. Vindobon., dass diese Opfergeschirre in die Wienersche Kunstkammer gekommen. Dass diess nicht der Fall ist, sondern dass dieselben unter die acht alte regierende Ort der Grafschaft Baden vertheilt worden, zeigt beigesetzte undisputierliche Nachricht: »»Jahrrechnung von Baden d. ult. Oct. Die im Wettinger Hölzlein fundenen Silbernen Antiquiteten haben 194 Loth 3 Quintli gewogen, welche an 8 Stucken under die 8 Regierende Orth vertheilt worden, davon Zürich 40 L. — Q., Bern 22 L. 2 Q., Luzern 18 L. 2 Q., Uri 58 L. — Q., Schweitz 15 L. — Q., Unterwalden 7 L. 1 Q., Zug 17 L. — Q., Glarus 16 L. 2 Q., das Loth pro 12 Gutbazen angeschlagen, erhalten hat.««

Was den Münzfund betrifft, so melden Wagner im Helvet. Mercur und Andere, dass bei weiterem Nachgraben ganz nahe bei der Stelle, wo die Opfergeschirre entdeckt wurden, ein irdener Topf mit römischen Kaisermünzen von Silber gefunden worden sei, nämlich von Kaiser Hadrianus, von seiner Gemahlin Sabina, von Gordianus Pius, Maximinus Daza und Constantinus junior.

Glücklicher Weise liess einer der bei der Tagleistung zu Baden 13—23. Octbr. 1633 anwesenden Ehrengesandten, Herr Hs. Heinrich Wirz, Seckelmeister zu Zürich, sämmtliche Silbergefässe, ehe sie vertheilt wurden und in den Schmelztigel wanderten, für sich abzeichnen. Diese in natürlicher Grösse und augenscheinlich mit grossem Fleisse verfertigten Zeichnungen, welche gegenwärtig in der Bibliothek der antiquar. Gesellschaft aufbewahrt werden, liegen allen bisher erschienenen Copieen, auch der Merianschen, zu Grund. Wir haben nach diesen Originalzeichnungen sieben von den acht Gefässen — zwei Schalen sind in ihrer Form sehr wenig von einander verschieden — in Viertelsgrösse, die auf zwei Gefässen vorkommenden Reliefbilder aber, was bisher noch nicht geschehen, in wahrer Grösse und genauer Copie wiedergegeben.

Das auf Taf. XIII. Fig. 1 abgebildete Schöpfgefäss ist von allen Stücken am reichsten verziert. Auf der Handhabe desselben (Taf. XIV. Fig. 1) erscheint Mercur mit seinen gewöhnlichen Attributen, dem Caduceus, der bulga, dem Hahn, der Schildkröte und dem Ziegenbock. Ueber ihm steht Victoria mit Kranz und Palmzweig. Au der Aussenseite des Gefässes (Taf. XIII. Fig. 2) erblickt man die Götter der Wochentage: 1) Sol oder Apollo, kenntlich durch das Strahlenhaupt, die Peitsche und den Globus; er ist ganz bekleidet und trägt Ringe an den Handgelenken. Die Bedeutung des zweihenkligen Gefässes (crater) ist uns nicht bekannt. 2) Luna mit der Mondsichel auf dem Haupte und der Fackel in der Hand. 3) Mars gepanzert, mit Helm und Schild. Die Bedeutung des Vogels, Gans oder Schwan, der nach ihm den Kopf ausstreckt, wissen wir nicht anzugeben. 4) Mercur mit seinen gewöhnlichen Attributen Caduceus, bulga, Hahn. 5) Jupiter mit Zepter und Blitz, das Haupt mit Lorbeer bekränzt, neben ihm der Adler. 6) Venus ganz bekleidet, mit dem Apfel der Eris in der Hand, neben ihr zwei Tauben, die aus einem zweihenkligen Gefässe picken. Vor ihrem Gesichte ist ein Gegenstand angebracht, der schwer zu deuten ist. 7) Saturnus mit der Harpe und einem Blüthenstengel (?). Neben ihm eine Säule mit eigenthümlichem Aufsatze.

Taf. XIV. Fig. 2. Der Rand dieser Schale ist mit einem Eierstabe, das Innere mit einem Stern verziert.

Taf. XIV. Fig. 3. Auf dem breiten herabgebogenen Rande dieser Schale sind in Relief eine Menge mythologischer Symbole angebracht, deren Bedeutung unklar ist. Man bemerkt unter denselben bacchische Masken mit einem mit Taenien umwundenen Thyrsus; ferner Löwen, Hirsche, Delphine, Fische, Schlangen, Bäume, eine Sohle, eine Leiter, eine Säule, einen Gegenstand, der dem auf der Säule neben Saturn gleicht, und viele andere, deren Natur kaum zu errathen ist. (S. Taf. XIII. Fig. 3.)

Auf der Schale (Taf. XIV. Fig. 4), welche nach Zoller die Urner erhalten haben sollen, sind in der Mitte der Innenseite die von einem Kreise umschlossenen Worte: Deo Marti Mil. eingraviert. Die Buchstaben Mil. sind entweder als Militaris, obgleich dieses Wort als Beiname des Mars kaum anderswo zu finden ist, oder als M. L. L. merito libens lubens gedeutet worden. Das Innere des Kreises, sowie der Rand des Gefässes sind mit Blätterranken sehr geschmackvoll verziert. (S. Taf. XIII. Fig. 4.) Auf der Aussenseite Fig. 4a liest man die Worte Legenti Regly Benignes, deren Auslegung mit Ausnahme des ersten Wortes, das der Personenname Legentius zu sein scheint, noch nicht gelungen ist.

Auf der Schale (Taf. XIV. Fig. 5 u. 5a), welche den Zürchern zugekommen sein soll, ist ausserhalb in der Mitte des Bodens das unverständliche Wort RINIONIBOL††VRI angebracht.

Auf der Schale (Taf. XIV. Fig. 6), welche den Zugern zu Theil wurde, findet sich ausserhalb im Boden die Inschrift MIIRCVRI [1]) MANII (mercurii manii), dann eine Zeile mit Zahlzeichen und darunter der Name G. HIILVI PRIVATI (Caji Helvii Privati). Das Wort MANI scheint als eine Local-

---

[1]) II in MIIrcuri und IIIIlvi = E.

benennung des Mercur zu betrachten, die Zahlzeichen, welche bei Mommsen Inscr. No. 242 so vollständig als immer möglich erläutert sind, geben das Gewicht des Gegenstandes an.

Die kleine Schale (Taf. XIV. Fig. 7) mit erhabenen geometrischen Figuren gleicht einem Trinkbecher. Da bei tiefern Grabungen neben der Kirche zu Wettingen, an welcher der oben erwähnte Inschriftstein eingemauert ist, Gemäuer zum Vorschein kommt, so ist kaum zu bezweifeln, dass der Isistempel genau an der Stelle stand, wo die jetzige Kirche erbaut wurde. Der Ort, wo nach der Tradition unter den dortigen Landleuten die Silbergeschirre und Münzen gefunden wurden, liegt wenige Minuten von der Kirche am Fusse des Sulzberges. Man kann daher mit aller Bestimmtheit annehmen, dass die eben beschriebenen Dinge einen Theil des Tempelschatzes bildeten, welcher, wie die späteste der Münzen andeutet, unter oder nach der Regierung Constantins des jüngern († 340) bei einem Einbruche der Alemannen in das helvetische Gebiet in der Nähe des Tempels vergraben wurde.

Vindonissa, Windisch. Unweit der Grenze der Schweiz fliessen vor ihrer Einmündung in den Rhein die Aar, Reuss und Limmat in einem breiten Thalgrunde, worin sie ihren Lauf öfters geändert haben mögen, zusammen. Die durch die Aar und Reuss gebildete, etwa 50 Fuss über der Flussbahn erhabene Landspitze erscheint als ein freiliegendes, auf zwei Seiten durch jäh abfallenden Rand begrenztes Plateau.

Inseln und Landzungen, welche durch die Krümmungen der Flüsse entstehen, gehörten, wie wir aus Cäsars B. G. erfahren und wie die Untersuchung solcher Punkte es bestätigt, zu den Oertlichkeiten, welche die celtische Bevölkerung vorzugsweise zu Wohn- und Sicherheitsplätzen wählte. Eine solche Lokalität war entweder von Natur hinlänglich geschützt oder bedurfte nur eines Walles oder Pallisadenwerkes, um isoliert und vertheidigungsfähig zu werden [1]). Ob Windisch ebenfalls durch künstliche Mittel auf der offenen Seite abgeschlossen war und in die Reihe der wehrhaften celtischen Niederlassungen zu setzen ist, lässt sich nicht mehr ermitteln, so viel aber ist gewiss, dass, wie der Name des Ortes und die hier gefundenen Alterthümer beweisen, das Plateau vor Ankunft der Römer von der frühesten Bevölkerung des Landes besetzt war.

Der Name Vindonissa — so lautet er nach der den Römern mundgerecht gewordenen Form — ist von den Etymologen auf verschiedene Weise gedeutet worden: wir führen hier einzig die von Zeuss (Gram. celt. p. 65, 75, 825) gegebene Erklärung an, nach welcher die erste Silbe Fin, Finn oder Find »weiss« bedeutet und auch in andern Ortsnamen, wie Vindobona, Vindomagus u. s. w., vorkommt. Betreffend die zweite Hälfte des Wortes ist uns keine, von einem eigentlichen Kenner der celtischen Sprache herrührende Deutung bekannt. [2])

Von den Alterthümern, welche auf der Ebene Vindonissa's hervorgegraben worden sind und sich auf vorrömische Zeit beziehen, nennen wir ein Paar sogenannte Schalensteine (s. Bd. XIV. S. 175), eine Anzahl von Steingeräthschaften, wie Steinbeile, Feuersteinmesser, sogenannte Kornquetscher u. s. w. Der verstorbene Ammann Laupper, der hier längere Zeit das Ausgraben römischer Alterthümer betrieb, fand Topfscherben mit den bekannten celtischen Verzierungen, Stücke von Lehmwänden mit

---

[1]) Siehe celtische Vesten in Band VII unserer Mittheilungen und Kanton Bern von A. Jahn S. 172.
[2]) Die römische Station bei Saint-Didier-de-Formans im Departement de l'Ain hiess Vendonissa.

Rutheneindrücken, Schleuderkugeln aus Thon (s. Anzeiger 1855 S. 52), — Gegenstände, welche theilweise den aus Pfahlbauten enthobenen Alterthumsresten vollkommen ähnlich sind.

Wie im Anfange dieser Abhandlung gezeigt wurde, ist Vindonissa derjenige Punkt der östlichen Schweiz, welcher von den Römern zuerst und zwar militärisch besetzt wurde. Haller (Helv. u. d. R. II. 373) hat die Gründe, warum gerade dieser Ort zu einem Waffenplatze ausersehen wurde, richtig erkannt, Mommsen aber die strategische Bedeutung desselben schärfer in folgenden Worten auseinander gesetzt.[1] »Die unter Augustus aufgestellte Rheinarmee, die mit der Abwehr der Germanen beauftragt war, war damals das stärkste unter allen römischen Grenzkorps und überhaupt der Kern des römischen Heeres; sie bestand aus acht Legionen der Bürgerwehr, welchen nach römischer Sitte eine ungefähr ebenso starke Zahl sogenannter Hülfstruppen, das heisst Zuzugs aus den unterthänigen Landschaften beigegeben war — man kann die Gesammtstärke auf durchschnittlich 100,000 Mann anschlagen. Die Hauptmasse der Truppen blieb vereinigt in den beiden Hauptquartieren Köln und Mainz, von denen in jenem der Oberfeldherr des untern in diesem der des obern Heeres, jeder mit zwei Legionen sein Standquartier nahm. Von den beiden andern Legionen, die dem Commandanten des oberrheinischen Heeres gehorchten, stand die eine vermuthlich im obern Elsass, ward aber bald von da weggezogen und anderweitig verwendet. Die andere hatte ihr Hauptquartier in Vindonissa oder Windisch und ihre Aufgabe war die Communication der Rhein- und Donauarmee unter sich und mit Italien zu sichern, wozu der Ort vortrefflich gewählt war. Windisch, auf der hohen Landspitze gelegen, die die zusammenfliessende Aaar und Reuss bilden, ist eine natürliche Festung und beherrscht einerseits die beiden italischen Strassen, sowohl die vom grossen Bernhard über Avenches und Solothurn als die von Como und Bündten herkommende, während andrerseits sich von hier aus eine Verbindung theils über den Bötzberg mit der römischen Festung Augusta Rauricorum, theils über den Bodensee mit der Festung Augusta Vindelicorum, das heisst mit der Rhein- und Donaulinie mit Leichtigkeit herstellen liess. Wie sich von selbst versteht, ward nicht bloss das Hauptquartier besetzt, sondern es wurden von Windisch aus verschanzte Postenketten in allen jenen Richtungen angelegt.

Was die Truppen anlangt, die in und um Vindonissa standen, so scheint Augustus zuerst die dreizehnte doppelte (gemina) Legion dahin gelegt zu haben, von der indess wenige Spuren übrig sind.[2] Dieselbe ward vermuthlich bald nachher abgelöst durch die einundzwanzigste, rapax, welche — unter Vespasian anderweitig verwendet und durch die eilfte, Claudia pia fidelis, ersetzt wurde. — Nicht lange nachher, wahrscheinlich unter Domitian und Trajan ward das Land zwischen Strassburg und Augsburg zum Reiche gezogen — und in Folge dessen die eilfte Legion auf das rechte Rheinufer verlegt. Von da an blieb das helvetische Gebiet mindestens anderthalb Jahrhunderte befriedetes Provinzialland. — Als man unter Probus sich genöthigt sah, die Besitzungen zwischen Rhein und Donau anfangeben und abermals auf die Augusteische Grenze zurückzukommen — ward Augusta Raurica der Stützpunkt der römischen Truppen und wahrscheinlich das Hauptquartier der ersten minervischen Legion und nachdem diese Festung einige Jahre darauf, etwa unter Diocletian, von den Barbaren zerstört worden war, trat an ihre Stelle, wie es scheint Kaiser-Augst, das neue Castrum

---

[1] S. Römische Schweiz Seite 10 in Band IX unserer Mittheilungen.
[2] Inschrift von Zurzach, Mommsen No. 267 und eine neulich entdeckte Inschrift siehe Taf. VIII. 2.

Rauracense, dessen Wälle grösstentheils aus den Ruinen der alten Colonie gebaut wurden. Die ganze Rheinlinie ward noch einmal von Valentinian I. im J. 369 aufs Neue mit Wall und Thürmen versehen. Ende des vierten oder anfangs des fünften nimmt die römische Herrschaft zwischen dem Rhein und den Alpen ein Ende.

Aus dieser kurzen Schilderung der Schicksale Vindonissa's, sowie aus den im Anfange dieser Abhandlung mitgetheilten Angaben, ergibt sich, dass dieser Platz gegen das Ende des ersten Jahrhunderts seine Bedeutung als Standquartier einer Legion verlor und nur noch als gallische Ortschaft fortbestand, bis er im dritten Jahrhundert wieder besetzt, bald darauf aber gänzlich zerstört, als Bollwerk gegen die andringenden Germanen durch das Castrum Vindonissense, Altenburg, ersetzt wurde, welches ebenso wie das Castellum Rauracense und so viele Castelle in Frankreich aus den Trümmern der öffentlichen Gebäude aufgeführt wurde. Trotz der über Vindonissa ohne Zweifel wiederholt ergangenen Verheerungen scheint der Ort einen Schatten seines frühern Ansehens bewahrt zu haben, da er im sechsten Jahrhundert — freilich nur auf kurze Zeit — als Sitz eines Bischofs erscheint.

Vindonissa wird von römischen Schriftstellern nur selten erwähnt. Tacitus (Hist. IV. 61) nennt den Ort bei Erwähnung des Aufstandes unter Civilis, Tutor und Classicus im J. 71 und führt an, dass die Standlager der Cohorten, Schwadronen und Legionen des Heeres an der Rheingrenze mit Ausnahme derjenigen von Magontiacum (Mainz) und Vindonissa geschleift und verbrannt worden seien. Der Grund, warum Vindonissa nicht der Zerstörung anheim fiel, ist augenscheinlich der, dass die Besatzung nach Abzug der einundzwanzigsten Legion aus Römern und Galliern bestand, die den anständischen Galliern hatten Treue schwören müssen, wesshalb diese Festung als eine Wehr gegen die über die Alpen zur Dämpfung des Aufruhrs herbeieilenden römischen Legionen betrachtet werden konnte. Tutor hatte aber, wie Tacitus Hist. IV. 70 bemerkt, zu seinem Unheil unterlassen, die Bergpässe abzusperren, wesshalb nach kurzer Abwesenheit und, wie es scheint, ohne Widerstand zu finden, die einundzwanzigste Legion wieder von ihrem alten Quartiere Besitz nahm und gegen den Herd des Aufstandes im Gebiet der Trevirer vorrückte, von wo sie nicht mehr nach Windisch zurückkehrte.

Auffallend ist, dass in dieser Erzählung bezüglich auf Vindonissa der Ausdruck »die Lager wurden abgebrochen« vorkommt, so dass man zu der Vermuthung geleitet wird, Vindonissa sei damals noch nicht von Castralmauern umgeben gewesen.

Obgleich Vindonissa nicht ausdrücklich genannt wird, so bezieht sich doch ohne allen Zweifel auf diese Castra der Hist. I. 67 erzählte Vorgang der Beraubung eines helvetischen Boten, welcher, von Aventicum herkommend, der Besatzung einer Burg (wahrscheinlich zu Zurzach) den Sold überbringen wollte. Dieses für den helvetischen Gau so verhängnissvolle Ereigniss ist mit Beziehung auf die Oertlichkeit des Kampfes in der ersten Abtheilung unter Aquae S. 295 besprochen worden.

Ferner erscheint Vindonissa sowohl in der Tabula als dem Itinerarium. Dann wird es zugleich mit Basilia und dem Castrum Rauracense etc. in dem im fünften Jahrhundert abgefassten Libellus Provinciarum Rom. erwähnt, aber nicht mehr unter dem Namen Vindonissa, sondern unter demjenigen von Castrum Vindonense, woraus hervorgeht, dass zu dieser Zeit bereits Altenburg die Aufgabe von Vindonissa übernommen hatte.

Endlich wird die Umgegend von Vindonissa unter dem in den Handschriften schwankenden Namen Campi Vindonissae und Campi Vindonis als der Schauplatz eines grossen Sieges des Constantius

Chlorus über die Alemannen in dem von Eumenius[1]) verfassten Panegyricus dieses Kaisers und seines Sohnes Constantin des Grossen (C. IV. und C. VI.) mit folgenden Worten angeführt: »Te enim tantum, ille et imperator in terris et in coelo deus, in primo ætatis suæ flore generavit, toto adhuc corpore vigens, illa præditus alacritate ac fortitudine, quacum bella plurima tum præcipue campis Vindonis gessit« und »Quid commemorem Lingonicam victoriam etiam imperatoris ipsius vulnere gloriosam? Quid Vindonis campos hostium strage completos et adhuc ossibus opertos?« Constantius Chlorus, welcher, als im Jahre 292 Diocletian und Maximian die Regierung mit zwei Cäsarn theilten, Gallien erhielt, vermochte die anschwellende Flut der germanischen Volksstämme noch für den Augenblick einzudämmen. Einen Hauptsieg über die Alemannen erfocht er bei Langres (Lingones, Champagne), 301 n. Ch. oder ein Paar Jahre früher, und schlug, wie aus den eben angeführten Worten hervorgeht, dieselben bald darauf noch einmal bei Windisch.

Auch nach der germanischen Invasion muss Vindonissa, wie der Umstand beweist, dass es im 6. Jahrhundert als Bischofssitz erscheint, ein ansehnlicher Ort gewesen sein. »Die erste Notiz,« sagt Gelpke (Kirchengesch. I. 196), »über das Bisthum zu Vindonissa bietet die Unterschrift des Concils zu Epaona: Bubulcus in Christi nomine episcopus Civitatis Vindonissæ; sie gibt uns den unumstösslichen Beweis in die Hände, dass 517 ebenso wie Aventicum auch Vindonissa christianisirt war, dass auch am letzten Orte eine schon organisirte Kirche bestand, die eben desshalb auf dem grossen Landesconcile Sitz und Stimme hatte. Er war somit ein burgundischer Bischof und zwar der einzige dieser Stadt, den wir als solchen in dieser Zeit kennen. Wieder kommt in der Zeit der Frankenherrschaft ein Bischof Grammatius oder Chromatius als episcopus Vindonissensis in den Unterschriften des ersten Concils zu Auvergne 535 und des vierten und fünften zu Orleans 541 und 549 vor.«

Da nach dem Gesagten die Schriften der Alten über die Anlage, Bedeutung und die Schicksale von Vindonissa nur sehr ungenügende Andeutungen darbieten, so sind wir, um ein Bild von dem Aussehen dieses für die Geschichte unseres Landes so merkwürdigen Ortes zu gewinnen, theils auf die Baureste und Alterthümer, die unsere Vorfahren und wir selbst geschen, theils auf den Inhalt einiger Inschriftsteine angewiesen.

Fassen wir zuerst die Notizen, die in den gedruckten und handschriftlichen Werken der Chronisten und Alterthumsforscher vom Beginne des 16. Jahrhunderts bis auf die Gegenwart herab vorkommen, ins Auge.

Die erste Anführung von Alterthümern auf dem Areal der alten Vindonissa findet sich in dem sogenannten Chronikon Königsfeldense, verfasst ums Jahr 1442 und abgedruckt in den Monumenta Domus Austriacae IV. P. II. pag. 172:

»Do man wart graben, do vand man wunderlich gestein von varben, und vo gehöwem estrich von frömdem werk, des man in der Christenheit nit spulget (pfleget) zu machen, guldin uad silbrin pfening die do höpter hattent mit binden als heyden tragend. Do man nu buwen solt, do muost man wasser füren von der rüse (Reuss), das was schwer und hindert an dem buw sere. Do wart bruoder Nicolaus von Bischoffzell geoffnet von Gott die statt da man wasser sollte vinden. Das vand man, und ist das wasser das beyde Clöster noch hüt dis tags hant zuo ir notdurft.«

---

[1]) Rhetor, von Autun gebürtig, starb um 311.

Stumpf, der gewissenhafteste und zuverlässigste Alterthumsforscher des 16. Jahrhunderts, versichert, dass »ausgenommen die Mauern des verfallenen burgstals Altenburg bei unsern zeyten kein offenbare gestalt mer einer statt ob dem erdtrich gespürt werde, dass aber under der erden die fundament der mauren, stein, estrich, verfallne gwelb, alte römische und andere dergleychen warzeichen sich erzeigend, durch welche die grösse der alten statt abgemerckt werden möge.« Alle Schriftsteller bis auf Haller herab, stimmen darin überein, dass zu ihrer Zeit über dem Boden keine Spur von Bauresten zu bemerken gewesen sei und dass einzig die Vertiefung des einstigen Amphitheaters, einige Inschriftsteine, das in die Kirchenmauer eingesetzte Bild und eine Menge Münzen und kleiner Anticaglien an die Herrlichkeit der alten Römerstadt erinnern.

Haller, der als Verwalter des vormaligen Klosters Königsfelden eine Reihe von Jahren auf der Trümmerstätte der alten Ortschaft zubrachte, ist der erste, welcher ausführlich über die Alterthümer von Windisch berichtet. Allein seine ausserordentliche Leichtgläubigkeit und sein Hang zur Uebertreibung liessen ihn Alterthumsreste da finden, wo nie solche vorhanden gewesen und vorhandene in einer Weise beschreiben, wie weder sein noch irgend eines Menschen Auge sie gesehen hatte. In der nachfolgenden Aufzählung der zu Haller's Zeit und jetzt noch vorhandenen Alterthümer werden wir fast bei jeder Einzelnheit genöthigt sein, auf die Unzuverlässigkeit der Berichte dieses Mannes aufmerksam zu machen.

Beim Durchwandern des Feldes, auf welchem Vindonissa gestanden, findet man sich in seinen Erwartungen rücksichtlich der Reste von Fortificationen, von öffentlichen und Privatgebäuden sehr getäuscht, indem über dem Boden auch nicht ein Stück einer Mauer aus römischer Zeit stehen geblieben ist, und kann sich den Mangel an solchen Ueberbleibseln nur durch die Annahme erklären, dass schon in frühester Zeit während der Einfälle der Alemannen, dann beim Bau der Festung Altenburg und später demjenigen der Stadt Brugg sammt ihrer Ringmauer und namentlich bei Erbauung des Klosters Königsfelden mit seinen gewaltigen Umfassungsmauern eine gründliche Zerstörung über den Ort ergangen sei, zugleich aber gelangt man zu der Ueberzeugung, dass dieser Lagerplatz nie die Ausdehnung und die Entwickelung erreicht habe, um mit einer der nahen Colonien wie Aventicum oder Augusta Rauricorum verglichen werden zu können. Das Resultat vieljähriger von Herrn Dr. Meyer und mir angestellten Untersuchungen dieses Ortes geht dahin, dass derselbe allerdings mit mehreren auf Militärwesen bezüglichen öffentlichen Gebäuden geschmückt war, indessen, da weder die Reste eines Theaters, noch solche von Tempeln, und fast keine sculptirten Werkstücke, wie Capitäle von Säulen u. drgl. gefunden oder irgendwo eingemauert bemerkt wurden, — was immer Haller und andere Alterthumsforscher dafür anführen — ein eigentlich städtisches Aussehen nie besessen habe.

Nach diesen einleitenden Bemerkungen gehen wir zur Aufzählung der noch vorhandenen Alterthumsreste über.

Umfang von Vindonissa. Castralmauern. Haller lässt (Helv. u. d. R. II. 386) Vindonissa sich von Königsfelden an südwärts über die Ebene, worauf das Dörfchen Hausen steht, und den Lindhofhügel ausdehnen. Ostwärts hatten nach seiner Meinung die Reuss, südwärts der Scherzberg und westwärts die Anhöhe Tann das Areal der Stadt begrenzt. Auf dem am eben angeführten Orte mitgetheilten Plane sind auch die Punkte, wo die vier Porten standen, angegeben.

Haller hat beim Entwerfen des Planes offenbar die Beschreibung der Stadt Mainz von Fuchs vor Augen gehabt und ähnliche Befestigungswerke und Dimensionen auch hier zu finden geglaubt, allein sich durch seine Phantasie verleiten lassen, den Umfang der Niederlassung um 7—8 Mal zu gross anzugeben.

Auf dem Plateau, worauf das Dorf Windisch und Königsfelden liegen mit Einschluss von Oberburg und der sogenannten Breite (zwischen Windisch und Königsfelden), zeigen sich bei Grabungen fast überall entweder Gemäuer oder gebrannte Steine und andere Artefacte aus römischer Zeit, aber auf der weiten Ebene zwischen Königsfelden und dem Dörfchen Hausen, in welchem nur vereinzelte Reste von römischen Gebäuden vorkommen, so wie auf den Höhen und Abhängen des Lindhofberges findet sich unter der Humuserde der natürliche Grien- und Lehmboden, ohne alle Anzeichen früherer Ansiedelung. Auf der ganzen Linie, welche der Lauf der Hallerschen Ringmauer beschreibt und an den Punkten, wo die Thore gestanden haben sollen, ist durch den Ackersmann nie die geringste Spur von Gemäuer entdeckt worden. Der einzige Rest einer Mauer, die als eine fortificatorische betrachtet werden kann, befand sich längs des Abhangs über dem Aarbette, wo der Fussweg von Brugg nach Windisch hinläuft und wo Laupper ein 20—30' langes Stück einer 5—6' breiten Mauer abdeckte. Es ist dieses der Punkt, wo nach Haller (S. 387) noch bis im Jahre 1810 die Grundmauern eines Ringmauerthurmes gesehen haben will. Nirgends in der Umgebung von Windisch, nicht einmal auf der Ebene, wo eine Sicherung des Platzes am nothwendigsten war, findet sich im Boden ein Ueberbleibsel einer Festungsmauer.

Das einstige Dasein einer Umfassungsmauer von Windisch wird einzig und allein bezeugt durch ein vor etwa 10 Jahren unter den Trümmern der Festung Altenburg entdecktes Fragment einer Inschrift folgenden Inhalts: Felix Augustus — Caesar murum (vindonissensem) — (manu) militari restituœ — — (Praese)s (Prov)inciæ G(ermaniæ) S(uperioris) etc. Nach Mommsen's Ansicht gehört der Stein der Diocletianisch-Constantinischen Zeit an, und ist vor Felix Augustus etwa der Name und Titel des Constantius und nach diesen Worten derjenige des Flavius Severus zu ergänzen, woraus hervorgeht, dass ungefähr um's Jahr 300 die Ringmauer von Windisch durch die Soldaten und unter Leitung des Präses des Militärbezirkes von Ober-Germanien hergestellt wurde, also um dieselbe Zeit, da nach Preisgebung der Besitzungen jenseits des Rheins auch die Ringmauer des Castells von Burg Stein und Ober-Winterthur (siehe Mommsen's Inscr. No. 239 und 272 und erste Abtheilung S. 274 und 280) wieder in Stand gesetzt wurden.

Der einzige Ueberrest der römischen Befestigung von Vindonissa ist der in späterer Zeit erbaute, die Brücke über die Aar, an der Heerstrasse von Augusta Rauricorum nach Vindonissa, vertheidigende schwarze Thurm.

»Er steht [1]) auf einem der wenigen taktisch wichtigen Punkte, welche von dem durch die Reuss und die Limmat aus dem Hochgebirge herab gewälzten Geschiebe im Laufe von 15 Jahrhunderten nicht überdeckt werden konnten, auf dem rechten Ufer der Aar, dort, wo das Strombett zwischen zwei senkrechten Felsenwänden, der festen Widerlager einer nur 70' langen Brücke, am meisten verengt. Der Grundriss des Thurmes ist quadratisch, jede Seite 27' lang, und die Mauer auf allen vier Seiten 8' dick. Die obere Hälfte des Thurmes wurde um die Mitte des 15. Jahrhunderts restaurirt; die untere Hälfte ist römisch und zwar nach der ersten Zerstörung durch die Alemannen, wahrscheinlich von Diocletian, bei Herstellung seiner Vertheidigungslinie in der Eile erbaut. Da in einer Entfernung von 6—8' und parallel mit der vordern, gegen Norden gerichteten Front des Thurmes die Felsenwand senkrecht aus der Aar emporsteigt, wurde die gegen dieselbe gerichtete und wahrscheinlich hinter einer freistehenden Mauer ausmündende Pforte nur 3' hoch über den natür-

---

[1]) Siehe von Krieg's Militärarchitektur S. 106.

lichen Boden, d. h. über die horizontale obere Felsenfläche gelegt und zwar in die nordöstliche Ecke des innern Raumes, ohne Erweiterung nach Innen, im Halbkreise überwölbt, dieser aber auf der Aussenseite mit einem horizontalen Sturze und darüber befindlichen Rundfelde (Tympan) aus einem einzigen Steine (die Pforte ist 3' breit) geschlossen. Wie bei allen römischen Thürmen sind die mittlern Stockwerke nur durch Bretterböden geschieden und durch sparsame Schlitze erleuchtet. Die Werkstücke auf den äussern Seiten reichen keineswegs durch die ganze Dicke der Mauer, sondern bilden äussere: kleinere, glatte Quader bilden die innere Verkleidung, den Kern hingegen Bruchsteine und Brocken aus porösem Tuff in reichlichem Ziegel-Mörtel. Da man die Quader nehmen musste, wie man sie in der Eile bekam und sich zufrieden gab, für die einzelnen Lagen gleich hohe zusammen zu finden, so konnte hier von gleichmässigen Buckeln nicht die Rede sein, und diess um so weniger, als man sich mitunter auch zu ehemals in anderer Weise verwendeten, durch Sculpturen verzierten oder ganz glatten Werkstücken bequemen musste. Dagegen sind die vier Ecken, oder vielmehr die vier senkrechten Kanten des Thurmes äusserst sorgfältig behandelt und mit einem gleichbreiten Randbeschlage versehen, der sich zur Rechten und Linken der haarscharfen Kante wie eine glatte, überall gleichbreite Borte herabzieht: die Arbeit eines geübten Steinmetzen, wohl erst nach vollendetem Bau.«

Im Erdgeschosse auf der innern Seite des Thurmes sind ein Paar Steine mit Reliefs, Figuren und Laubgewinde darstellend, eingemauert — ein Beweis, dass auch von einigen Monumenten des wahrscheinlich schon zerstörten Ortes das Material zum Bau dieses Thurmes hergenommen wurde.[1]

Auf der nördlichen Seite desselben, unweit seiner östlichen Ecke ist eine 14 Zoll hohe Büste aus Muschelsandstein in die Mauer eingebunden, deren vordere Seite einen weit hervortretenden Kopf zeigt. Um für sie Platz zu gewinnen, wurde ein Theil der Buckeln des darüber befindlichen Steines weggemeisselt. Obgleich Frost und Regen die Büste übel zugerichtet haben, ersieht man doch deutlich, dass Kopf und Schulter wie von einem Panzerhemde bedeckt sind. Ihr Alter ist noch nicht ermittelt. Wir verweisen auf die genaue Abbildung und Beschreibung derselben in der Zeitschrift »Aargovia« Jahrgang 1860.

Strassen. Ueber Vindonissa führte, wie früher schon angegeben, von den rätischen Alpen herkommend, die Heerstrasse, welche Oberitalien, zunächst Mailand, mit den Rheingegenden verband. Der Lauf dieser Strasse mit ihren Stationen ist auf dem Itinerar und der Peutingerschen Tafel bezeichnet. Es ist kein Zweifel, dass dieselbe zunächst der Brücke bei Fahr-Windisch gerade da, wo im Mittelalter die durch die Ermordung König Albrechts II. bekannt gewordene Fähre bestand, über die Reuss setzte, dann das Plateau von Vindonissa[2] erstieg und dasselbe bei Brugg wieder verliess, um ihren Lauf über den Bözberg nach Augusta Rauricorum fortzusetzen. Diese Strasse ist ostwärts bis nach Baden (Aquæ) mit Meilensteinen versehen. Siehe diese Meilensteine bei Mommsen Insc. No. 330 und 337 und in der ersten Abtheil. S. 295.

Eben so sicher ist, wenn schon nicht durch Meilensteine oder schriftliche Angaben aus Römerzeit beglaubigt, die Strasse, welche dem Laufe der Aar folgend über Aarau, Olten nach Solothurn und Avenches führt. Es ist diess die Hauptverkehrsstrasse, welche die verschiedenen Gaue der Helvetier unter sich verband, dieselbe, auf welcher Cäcina nach dem Hauptorte des Landes zog.

Wiederum durch das Anton. Reisebuch und die Tabula bestätigt ist eine Strasse von Vindonissa

---

[1] Als im Jahr 1642 im untersten Stockwerk des Thurmes Gefangenschaften erbaut wurden, fand man im Füllwerk der etwa 8' dicken Mauer die Ueberreste einer Wendeltreppe aus Mägenwilerstein. Die Steine waren in der Mitte etwa 2½'' tief ausgelaufen und müssen Jahrhunderte lang gebraucht worden sein.

[2] Wenige Klafter unterhalb der Höhe muss sie sich mit einem Nebenwege, dessen Lauf wir nicht angeben können, gekreuzt haben. An dieser Stelle wurde nämlich im Jahr 1852 der Quadrivlisstein (siehe Mommsen No. 247) ausgegraben.

nach Tenedo, dem jetzigen Zurzach, allein es ist völlig ungewiss, an welcher Stelle dieselbe die Reuss und die Limmat überschritt. Die meiste Wahrscheinlichkeit gewährt die Annahme, dass diese Strasse von der Höhe von Windisch herab in gerader Linie der Reuss zulief, bei dem Felde Gebling, wo der römische Begräbnissplatz, über die Reuss und gleich nachher bei Vogelsang über die Limmat setzte, dann aus dem Strombette wieder auf die Thalebene hinaufstieg und über die Höhen von Tägerfelden Zurzach erreichte. Eine Bestätigung dieser Ansicht liegt in dem Umstande, dass der eben genannte Hauptbegräbnissplatz von Windisch gewiss an einer Strasse lag, dass die hier aufgedeckten Gräber genau nach der supponirten Richtung der Tenedo Strasse gereiht sind und ein Einschnitt deutlich zu bemerken ist. Der Punkt des Ueberganges über die Limmat, die in der Laudebene, auf welcher die drei Ströme sich begegnen, ihren Lauf häufig änderte, ist nicht mehr auszumitteln. Ohne Zweifel aber lag er unmittelbar beim Weiler Vogelsang, wo Reste römischer Wohnungen fortwährend aufgedeckt werden.

Von dieser Militärstrasse zweigte sich eine Viertelstunde südlich von Würenlingen die nach Coblenz führende Strasse ab, von der wir unter dem Artikel Coblenz gesprochen.

Die Strasse von Windisch nach Hausen, Brunegg, Mägenwil und Lenzburg kann schon darum nicht bezweifelt werden, weil dieselbe nach den Cantonnirungen und Meyerhöfen in den Seitenthälern der Aar führt und auf diesem Wege aus den Steinbrüchen von Mägenwil das Material zum Bau der Häuser in Vindonissa bezogen wurde.

Als Verkehrsstrassen, die von Windisch ausgehen, müssen noch die Strassen, die dem linken Ufer der Aar entlang westlich nach Schinznach und nördlich nach Rein führen, und diejenigen, welche zu beiden Seiten der Reuss südwärts laufen, genannt werden.

Von einer steinernen Brücke findet sich, da diejenige zu Brugg aus dem Mittelalter stammt, in der Umgebung von Windisch keine Spur.

Wenn Haller behauptet (S. 376) »er habe 1797 die Reste derjenigen römischen Strasse, deren Richtung nach Baden ging, angetroffen, eine via strata, die noch so gut wie ganz, mit grössern und kleinern Steinplatten besetzt und fest zusammen verkittet gewesen sei,« so gehört diese Angabe zu den Uebertreibungen dieses Mannes, dessen unpraktischer Blick die Construction einer Strasse ebenso wenig zu erkennen vermochte, als — wofür Belege genug vorhanden sind — die Aechtheit oder Unächtheit römischer Münzen und Geräthschaften. Die in Rede stehende Strasse, die auch seit jener Zeit mehrmals aufgedeckt wurde, ist, wie alle andern Strassen in Helvetien, ganz nach der gegenwärtig gebräuchlichen Art construirt. Siehe oben S. 78 und Tafel VI, Fig. 2 und 3.

Amphitheater. Das Amphitheater liegt auf der Westseite von Königsfelden, wenige Schritte rechts von der Strasse nach Husen und stellt sich gegenwärtig nur noch als eine trichterförmige, ovale, einer Sandgrube ähnliche Vertiefung dar, die unter dem Namen Bärlisgrub bekannt ist. Ueber den Zustand dieses Gebäudes im vorigen Jahrhundert findet sich bei Haller Bd. II. S. 390 folgende Angabe:

»Um die Mitte des 18. Jahrhunderts waren die Ueberbleibsel dieses Theaters noch sehr gut erhalten und auf der Oberfläche des Bodens sichtbarer als jetzt (im ersten Decennium des 19. Jahrhunderts), wo dasselbe nicht nur inwendig ganz ausgegraben, sondern auch die Ruinen zu beiden Seiten weggeschafft und der Boden grösstentheils verebnet ist. Dieses oval-runde Theater war so gebaut, dass die eine Hälfte gegen Süden und die andere gegen Norden, eine Pforte gegen Osten und die andere geradüber gegen Westen stand; im Durchschnitte betrug die Länge desselben 120 bis 125 Schritte oder 320 bis 325 Bernschuhe, und eben dieser geringe Umfang ist ein Beweis mehr für die ausschliessliche Bestimmung des hiesigen Theaters zu Gunsten des Militärs und der römischen Beamten. Dasselbe war aus schönen Quadersteinen nach einem sehr guten Styl erbaut, und die Ruine des östlichen Thors, welche man am Ende des 7. Jetzt abgewichenen Decenniums noch aufrecht sah, verräth immer das schöne Zeitalter Vespasians und des Titus, und es ist ewig schade, dass die Regierung mit solchen Umständen unbekannt, das ganze Stück Landes, auf welchem dieses Theater stand, an zwei Gebrüder Maurerhandwerks überliess, welche alles umwühlten, die schönsten Monumente, Inschriften etc. verbauten oder sonst zernichteten, den meisten übrigen Fund an Gold-, Silber- und Kupfermünzen, Gemmen und andern Kostbarkeiten aber in das Ausland verkauften. Ein grosser viereckiger Granitblock, genau im Mittelpunkte der ehemaligen Arena, woran die zum Hetzen bestimmten wilden Thiere und auch zum Tode verurtheilte Menschen mit Ketten befestigt wurden, deren doppelte Löcher noch sichtbar waren, erfuhr das nämliche Schicksal, wie obige Ruine des östlichen Theaterthores und so viele hier gefundenen Inschriften: er wurde verbauet. Da dieses Theater südwärts höher stand, als gegen Norden, indem sich der Boden von der umliegenden Anhöhe abwärts gegen die Aare senkt, so musste bei den Zerstörungen des hiesigen Gebäudes die südliche Hälfte desselben einwärts, die nördliche hingegen auswärts zusammenstürzen, und desswegen trifft man auch die Ruinen und unter denselben verschüttete Alterthümer von der erstern Seite inwendig, die von der letztern aber auswendig an. Bei den in den Jahren 1793 und 1794 hier gemachten Nachgrabungen stiess ich auf ein unterirdisches Gewölbe, welches wahrscheinlich zum Thierbehälter gedient hatte, weil in demselben eine ausserordentliche Menge von Thiergebeinen, Hörnern von Urochsen, welche damals in unserm Lande und dem benachbarten Hercynischen Walde gemein waren u. drgl. m. zum Vorschein kamen. Ausser drei Münzen bekam ich nichts Erhebliches. Viele Jahre vorher hatte man auf der Nordseite inwendig auch einen grossen Haufen von Gebeinen und darunter, wie es hiess, Bärenknochen gefunden, daher ohne Zweifel diese Ruinen mit dem Namen Bärlisgrube belegt worden sind.«

Diese Beschreibung der Reste des Amphitheaters steht in grellstem Widerspruche mit Allem, was die Chronikschreiber und Archäologen der letzten drei Jahrhunderte über die Altertümer von Windisch zu berichten wissen. Wie schon gesagt, meldet der genaue und ganz zuverlässige Stumpf, der um die Mitte des 16. Jahrhunderts schrieb, dass an diesem Orte nirgends altes Gemäuer zu Tage trete. Geiger, der seine bewunderswerthe Landtafel in der ersten Hälfte des 17. Jahrhunderts verfertigte, bezeichnet die Grundform des Amphitheaters ganz richtig, bemerkt auch durch Striche zwei Eingänge in dasselbe, ohne eine Erhebung der Mauer, über den Boden — was er bei keiner Ruine unterlässt — anzudeuten. Die Topographen und Gelehrten des 17. und 18. Jahrhunderts, die mit den Alterthümern von Windisch sehr wohl bekannt sind, erwähnen mit keiner Silbe des Oberbaues des Theaters.

Es ist sehr wahrscheinlich, dass in der Mitte des 18. Jahrhunderts noch am Rande der Vertiefung des ehemaligen Amphitheaters Mauerreste vorhanden waren, die dem Ackerbau zu lieb damals ausgebrochen und dass behauene Steine zu Bauten von hier weggeführt wurden. Indessen möchten wir bezweifeln, dass an der vorliegenden Schilderung der guterhaltenen Ueberbleibsel ein wahres Wort wäre. Der leichtgläubige Haller nahm alles was ihm von Leuten, die seine schwache Seite kannten, erzählt wurde, als baare Münze an, berichtete übrigens auch nicht selten als von ihm constatirte Thatsache, was nachweislich nur seiner Einbildung entsprungen war. Windisch, wo er seine schönsten Jahre — er nannte sich daher Haller von Königsfelden — verlebt hatte, sollte besonders verherrlicht werden und in dieser Absicht liess er sich die angeführten Uebertreibungen zu Schulden kommen. Wenn er in Betreff dieses Amphitheaters von gut erhaltenen Ueberbleibseln, von Pforten im Styl des Vespasianischen Zeitalters, von Monumenten, Inschriften und dgl. spricht, so dürfen wir mit aller Bestimmtheit den ganzen Bericht als eine Erdichtung betrachten und einzig als wahr annehmen, dass er bei einer Nachgrabung Ende des 18. Jahrhunderts, wie er selbst sagt, ausser einer Anzahl Münzen nichts Erhebliches gefunden habe.

Dieses Amphitheater war in der That sehr klein und nur zu Gunsten des Militärs erbaut. Die grössere Achse der Ellipse lag in der Richtung von NO nach SW, und hatte eine Länge von circa 230'. Die Eingänge waren einander gegenüber an den schmalen Seiten des Gebäudes angebracht. Ob die Sitzstufen aus Stein, oder was bei Amphitheatern auch vorkam, aus Holz bestanden, lässt sich nicht mehr ermitteln, da dieselben, wenn sie von Stein waren, natürlicher Weise schon beim Bau des nur 500 Schritte davon gelegenen Klosters Königsfelden benutzt wurden.

Wasserleitung. Die Wasserleitung, von der in unserer antiquarischen Literatur so viel Aufhebens gemacht wird, scheint nach dem Chronikon Königsfeldense (siehe oben S. 138) seit dem Untergange Vindonissas bis in den Anfang des 14. Jahrhunderts in Verfall gewesen zu sein, versieht aber gegenwärtig wieder die Wohngebäude des ehmaligen Klosters Königsfelden und das Dorf Windisch reichlich mit gutem Quellwasser. Die Richtung ihres Laufes und ihr Ziel zeigt uns, dass die Felder von Oberburg, Breite, Windisch, überhaupt die östliche Seite des Plateaus die mit Häusern besetzten Stellen des Lagerplatzes gewesen seien. Sie ist auf die einfachste Weise, ohne Kunst und Aufwand hergestellt. In der Nähe von Königsfelden, wo sie am weitesten ist, hat sie im Lichten eine Breite von 13", eine Höhe von 15", ist unten und an den Seiten gemauert, dick mit Ziegelmörtel belegt und oben mit zurechtgeschlagenen Steinplatten (Mägenwyl) zugedeckt. (S. Taf. XVI. Fig. 7.)

Haller (II. 392) und nach ihm alle, welche über Vindonissa schreiben, melden, sie nehme ihren Anfang an dem 7000 Meter von Windisch entfernten Brauneggerberge und laufe über die ganze Birrfeldebene nach Hausen und Windisch. Allein diese Angabe ist durchaus unrichtig. Die entferntesten Zweige des Kanals, in welchen von beiden Seiten kleine Nebenkanäle einmünden, befinden sich an den Anhöhen östlich und westlich, besonders aber östlich von dem etwa 2000 Meter von Königsfelden entfernten Dörfchen Hausen. Die Richtung des mehrmals ausgebesserten Hauptstammes der Leitung ist durch längliche auf den Feldern aufgestellte Steine — — — angegeben. Ein höherer quer gestellter Stein, welcher die entfernteste Quelle bezeichnet, steht nicht weit westlich von den äussersten »im Däcksli« genannten Wohnungen von Hausen. Von hier an läuft der Hauptkanal in öfters gebrochener Linie nach Oberburg, wo der die sämmtlichen Brunnen von Königsfelden und Windisch speisende Sammler angelegt ist. (Siehe Anzeiger 1857 S. 7.)

Begräbnissplätze. Haller sagt (II. 396): »In der Gegend Schindellegi genannt, weit oberhalb Altenburg an der Aar, und überhaupt auf der ganzen Reutinen herum findet man öfters ganze und zerbrochene Urnen und in den erstern gemeiniglich Asche und Kohlen.« Wenn dem so war, so müssen wir annehmen, dass die gallisch-römische Bevölkerung in dieser Gegend ihre Todten bestattet habe.

Mehrere Grabsteine sind in neuerer Zeit auf den Feldern bei Königsfelden und Windisch und bei Brugg gefunden worden, allein es ist ungewiss, ob sie ursprünglich hier aufgestellt waren.

Vor dem Städtchen Brugg wurde in einem Garten ein Kindergrab, ein trogähnlicher aus rothem Sandstein (aus der Gegend von Basel) verfertigtes Behältniss mit einem Deckel aus derselben Steinart, gefunden. Inwendig lagen Gebeine und ein Glasfläschchen.

Ein eigentlicher Begräbnissplatz des im ersten Jahrhundert n. Chr. zu Windisch in Garnison stehenden Militärs wurde im Jahr 1846 bei Erbauung der Eisenbahn entdeckt und zwar an einer Stelle, wo man einen solchen nie vermuthet hätte. Der Ort, der schon auf Seite 142 erwähnt wurde, ist eine kleine Anhöhe jenseits der Reuss, über die hier eine Brücke geführt haben muss, etwa 3000 Schritte von Königsfelden entfernt, wahrscheinlich an der Strasse nach Tenedo. Bei der Abtragung des Bodens zeigten sich ein Paar Reihen von ungefähr 15' von einander entfernten Vertiefungen, in welchen Leichname verbrannt und neben welchen die Ueberreste bestattet worden waren.

```
    O   15'  O     O      O      O     O     O
    8'
    O    O   O     O      O      O     O
    
    O    O   O     O      O      O     O
```

Der Boden war nämlich auf diesen Punkten bis zum Umfange eines grossen runden Tisches völlig fest und roth gebrannt und mit einer Masse von Asche und Kohlen bedeckt.

Am Ende dieses Platzes gegen das »Turgi« hin kam eine grössere Verbrennungsstätte, ustrina, zum Vorschein, wo der Boden im Durchmesser von 10' und tief hinab roth gebrannt und wo sonach ebenfalls längere Zeit die Einäscherung von Leichnamen vorgenommen worden war. An den erstgenannten Punkten zeigten sich neben den Brandstätten, 3' tief im Boden, mit gewöhnlicher Erde und von einem platten Steine bedeckt, Todtenurnen von Thon oder Glas, und zwischen denselben die Grabsteine einiger Militärpersonen. Vier Urnen enthielten neben der Asche des Verstorbenen einen Metallspiegel, fast alle eine Lampe. Fläschchen von Glas fanden sich in vielen, Münzen und eiserne Schlüssel mit Bronzeheft in mehreren, eine Menge grosse und kleine Nägel in allen. An einem Schlüssel klebte noch ein Stück verbrannten Zeugs. Ein Topf enthielt die bronzenen Handhaben einer Cassette, ein anderer ein Kaninchen aus Thon (s. Taf. IV. Fig. 33), ein dritter zwei auf einander liegende, vollkommen gleiche Spiegel. Die Stelle einer Urne vertrat in einem Grabe eine die Knochen und eine Lampe verwahrende Amphora. Als Aschenbehälter dienten auch ein Paar rectanguläre Behälter von Stein, von denen der grössere eine Oeffnung von 13—14" Länge und 4" Breite hatte.

Die in älterer und neuerer Zeit, sowohl auf den Feldern zwischen Königsfelden und Brugg, als auf den bezeichneten militärischen Begräbnissplatze entdeckten, mit Inschriften versehenen und im Museum zu Königsfelden aufbewahrten Grabsteine beziehen sich ausschliesslich auf Militärpersonen, indem ein Stein zum Andenken eines Soldaten der XXI Legion [1], neun Steine zum Andenken von Soldaten der XI Legion aufgestellt wurden und ein einziger einen Soldaten der XIII Legion nennt. Von einem Soldaten einer der rätischen Cohorten ist nie ein Denkmal gefunden worden, auch nicht von einem bürgerlichen Einwohner von Vindonissa. Diese Grabsteine, die uns mit dem Namen des Verstorbenen, der Zunft, der er gehörte, seinem Rang, Alter, seiner Dienstzeit u. s. w. bekannt machen, sind bis auf wenige in den letzten Jahren aufgefundene und im Anzeiger für schweiz. Geschichte und Alterthumskunde mitgetheilte Steine in Mommsens Insc. abgedruckt.

Die Verstorbenen stammten sämmtlich aus Italien oder Gallien, nämlich aus Lucus Augusti (Luc am Drôme), Augustonemetum (Clermont), Verona, Bologna, Vienna, Forum Cornelii (Imola), Bergamum, Cremona und Tortona. Da diese Inschriften hinreichend bekannt sind, gehen wir auf eine nähere Beschreibung ihres Inhaltes hier nicht ein und haben (Taf. VIII. Fig. 2) einzig das ebenerwähnte

---

[1] Der Grabstein eines Arztes der XXI Legion, Namens T. Claudius Hymnus, findet sich in dem nahen Gebensdorf und ist ohne allen Zweifel von dem Begräbnissplatz an der Reuss hiehergebracht worden.

Denkmal eines Obersten in der XIII Legion abbilden lassen, weil dasselbe Mommsens Ansicht, dass die unter Augustus zu Mainz garnisonirende XIII Legion, genannt gemina, früher zu Windisch gestanden habe, bestätigen hilft, und auch in anderer Beziehung nicht ohne Interesse ist. Dieser Stein ist gewidmet dem C. Allius Oriens, dem Sohn des Cajus, aus der Pomptinischen Zunft, gebürtig von Tortona. Obrist. Unter der Inschrift sind die von dem Verstorbenen erlangten kriegerischen Ehrenzeichen abgebildet, nämlich drei Lorbeerkränze. Coronæ mit den Tænien (Enden der Bänder), zwei Armbänder, armillæ, zwei geschlossene Ringe und darunter die in drei Reihen neben einander befindlichen neun Schmuckplatten, phaleræ. (S. Otto Jahn, Phaleræ, u. Lindenschmits Alterth. Heft IV.)

Reste von öffentlichen Denkmälern. Zu den wichtigsten Monumenten gehört die von Mommsen hergestellte, in seinem Inscript. Conf. Helv. unter No. 245 angeführte Inschrift, welche als Ueberschrift über einem Ehrenbogen zu betrachten ist und verkündet, dass im Jahr 79 n. Chr. unter der Regierung Vespasians von der Bürgergemeinde Windisch und unter Leitung von mehreren Mitgliedern derselben (T. Urbanius Matto, T. Valerius Albanus, L. Veturius Melo, C. Cottius Rufus und Sextius), dem Mars, Apollo und der Minerva ein Ehrenbogen errichtet worden sei. Es geht aus dieser Inschrift hervor, dass die Gemeinde, die sich Vicani Vindonissenses heissen, keineswegs wie Haller II. 377 behauptet »ein municipium gewesen, besondere Verfassung und Obrigkeiten, seviros gehabt und die Vorzüge einer Militärcolonie besessen habe.«

Gewiss ist aber, dass diese Gemeinde, deren Dasein und Gedeihen auf der Nähe des Standlagers einer Legion und auf dem Verkehr mit derselben, ferner auf dem Gewinn, den Schifffahrt und Holzflössen einbringen mochte (s. Nebaleniabild Taf. VIII. Fig. 5), beruhte, sich in der zweiten Hälfte des ersten Jahrhunderts eines bedeutenden Wohlstandes erfreute, da sie die Kräfte besass, aus ihren Mitteln ein öffentliches Denkmal wie das genannte zu errichten.

Auffallend ist der Umstand, dass laut der Inschrift dieser Bogen nicht einem Sterblichen, einem Imperator, sondern mehreren Gottheiten zu Ehren errichtet ist.

Ein zweites, sehr interessantes Fragment eines öffentlichen Denkmals ist eine im Jahr 1860 unter den Trümmern des römischen Castrums zu Altenburg entdeckte Inschrift. (S. Anzeiger 1860 S. 87.)

O · CAESARE
C · POTESTAT · X
O · POMPONIO · S
O · LEGATO · AVGV

»Die Schönheit der Buchstaben und die ungewöhnliche Grösse derselben lassen nicht bezweifeln, dass der Stein zu einem öffentlichen Denkmal in Vindonissa gehörte, von wo er mit andern Werkstücken zum Bau des Castrums nach Altenburg geschleppt wurde.

Die Buchstaben der Inschrift, die in bedeutender Höhe angebracht war, haben in der ersten Zeile die Höhe von 5″ 7‴, in der zweiten von 4″ 8‴, in der dritten 4″ 7‴, in der vierten 4″. Die Breite des Steins (jurassischer Marmor) beträgt 4½′, die Höhe 3′; er war aber augenscheinlich früher viel grösser, da oben, unten an beiden Seiten bedeutende Stücke abgeschlagen sind. In der zweiten Zeile sind vor P noch Spuren des Buchstabens C, dem Ende des Wortes Tribunic (tribunicia potestate) übrig.

»Obgleich nur wenige Worte dieser Inschrift erhalten sind, so sind dieselben dennoch für die Geschichte von Vindonissa sehr merkwürdig, indem sie das älteste Zeugniss über diese Militärstation enthalten und eine Lücke in der Geschichte der römischen Schweiz ausfüllen. Man hat allerdings schon früher die Vermuthung ausgesprochen, dass unter dem Kaiser Claudius die Militärgrenze am Rhein organisirt worden und dass in Folge dieser Massregel die Legio XXI in Vindonissa eingerückt sei. Allein es fehlte an einem historischen Zeugniss. Dieses ist durch die Erwähnung des Pomponius legatus Augusti gefunden.

P. Pomponius secundus, welcher einem der angesehensten Geschlechter Roms angehörte und unter Tiberius Consul war (daher Tac. Ann. XI. 13 Publius Pomponius consularis), ist derselbe Mann, welcher nach Tacitus Ann. XII. 27 unter Kaiser Claudius die Stelle des kaiserlichen Legaten in Germania superior bekleidete, und dessen Anwesenheit am Rhein nach dem Gang der Ereignisse, die an jener Stelle erzählt werden, in die Jahre 50 und 51 n. Chr. fällt. Die Errichtung des Denkmals fällt in das Jahr 50 n. Chr., da in diesem Jahr Claudius zum zehnten Mal die tribunicia potestas bekleidete. Es war gerade in diesem Jahr, dass Pomponius als Anführer des obergermanischen Heeres die räuberischen Chatten auf's Haupt schlug, sie zur Unterwerfung zwang und einige Römer, welche bei ihnen seit der Niederlage des Varus in der Sclaverei lebten, aus derselben befreite. Dem Pomponius wurde für diesen Sieg der Triumphschmuck zuerkannt, wie Tac. Ann. XII. 28 sagt: »ein geringer Theil des Ruhmes, den er bei der Nachwelt geniesst, wo er als vortrefflicher Dichter hervorglänzt.« Der ältere Plinius, der in vertrautem Umgange mit ihm stand (Plin. Epist. III. 5) und vielleicht in Germanien unter ihm gedient hatte, beschrieb sein Leben in zwei Büchern und nennt ihn unter andern »Vates civisque clarissimus«. Auch Quintilian erwähnt des Pomponius, von dem wir nur zwei Dramen (Armorum judicium und Atreus) dem Namen nach kennen, mit grossem Lobe.« Anzeiger 1860 S. 87 und 104.

Ein drittes Fragment eines ebenfalls unbekannten Monumentes ist der Inschriftstein No. 248 bei Mommsen.

      A V G V S T O ·
      V N D O · L E G · A V
      LEGIO · / / / ·

Dieser Stein, jurassischer Marmor, welcher 1842 im Städtchen Brugg entdeckt wurde, ist 6' lang, 2' 0'' breit und 1' 5'' dick. Die wohlgeglättete Vorderseite ist von den Seitenwänden gegen die Mitte zu elliptisch vertieft mit einer Einbiegung von etwa 2 Zoll in der Mitte, so dass der Stein ein Bruchstück einer in grossen Dimensionen gewölbten Nische zu sein scheint. Auf der für den Beschauer rechten Seite hat der Stein in der Richtung der Dicke einen Einschnitt, so dass hier offenbar ein anderes Quaderstück eingefügt war; die linke ist ganzwandig, doch finden sich auf dem obern Rande links wie rechts deutliche Spuren der Verbindung durch eiserne Klammern. Nach der auf dieser concaven Seite befindlichen, ebenfalls in den schönsten Charakteren ausgeführten Inschrift zu urtheilen, ist dieser Stein ein Bruchstück eines unter Ti. Claudio Caesare AVGVSTO demselben P. Pomponio se CVNDO. LEG ato AV gusti von der LEGIO XXI errichteten Denkmals.

Ausser den genannten sind auf der Ebene von Windisch noch mehrere Fragmente von Inschriften, die sowohl wegen ihres Inhaltes als der Grösse und Schönheit der Buchstaben nur öffentlichen Denkmälern angehören konnten, entdeckt worden. Zu diesen sind zu zählen die Aufschrift V e s p a s i a n o Mommsen No. 249, Haller II. 394, ferner No. 250 bei Mommsen:

      G P O N —
      B P O T III
      LONIO PATR

Nach Orelli's Ansicht enthält diese Inschrift nach den Worten Aug. Pontif. Max. Trib. Pot. III. den Namen eines Mannes, Apollonius, den sich die Gemeinde Windisch zum Patronus gewählt hatte. Patrone von helvetischen Gemeinden kommen auf Inschriften (s. Mommsens Inscr.) mehrmals vor. Von Inschriften auf öffentlichen Denkmälern rühren auch die Fragmente 260, 262—65 bei Mommsen her.

Bezeichnend für die gewerbliche Thätigkeit der Vicani von Vindonissa ist die Inschrift Momms. 261, aus welcher hervorgeht, dass sich unter den Einwohnern von Vindonissa Negotiatores, Salsarii, Leguminarii (Kaufleute, Salzfisch- und Halmfrüchtehändler), die das römische Bürgerrecht besassen, (ci)ves ro(mani) befanden und sich zu einer Corporation oder einem öffentlichen Unternehmen vereinigt hatte.

EGOTIA
SARI·LEG
VES·RO
CSOV

Unter den zu Windisch aufgefundenen Altären ist einer dem Mercur (Mommsen No. 246), ein anderer No. 247 den Quadruviis, den Genien der Kreuzstrasse gewidmet.

Gebäude. Es ist oben bemerkt worden, dass alle Ueberreste von Gebäuden der alten Vindonissa hauptsächlich dadurch, dass vom 13. bis 15. Jahrhundert die damals noch vorhandenen Trümmer als Steinbrüche benutzt wurden, von der Oberfläche des Bodens völlig weggewischt sind, und dass es gegenwärtig ebenso unmöglich ist, zu sagen, wo die Kasernen, die Zeughäuser, die Werkstätten, das Prätorium, die öffentlichen Denkmäler, zu denen die vorhin angeführten Inschriften gehörten, die Tempel, u. s. w. standen, als es je gelingen wird, die Art der Befestigung des Platzes, den Lauf der Umfassungsmauer und die Stellung der Thürme zu ermitteln. Alles was sich mit einiger Gewissheit über die Lage der Gebäude der Castra sagen lässt, ist, dass dieselben nicht westlich von der Strasse, die von der Reuss nach Brugg führt, sondern östlich von ihr auf der Ebene zwischen diesem Städtchen, Königsfelden und Windisch gestanden haben müssen, weil in jener Gegend keine Mauern, in dieser aber fast überall Fundamente von Häusern zu finden sind, und weil nach dieser Gegend die Wasserleitung geführt ist. Allein, das Areal von Königsfelden für die Stelle zu erklären, wo das Prätorium gestanden habe (siehe Haller II. 378), ist völlig unstatthaft.

Da die Ebene, auf welcher Vindonissa sich ausbreitete, seit Jahrhunderten vom Pfluge befahren wird, so sind Reste von Grundmauern, welche 4—5' tief im Boden verborgen liegen, die einzigen und letzten Zeugen des Daseins eines so bedeutenden, eine Menge umfangreicher Gebäude und grossartiger Denkmäler in sich schliessenden Lagerplatzes.

Der mehrmals erwähnte, unter dem Namen Alterthumsgräber bekannte Gemeindeammann Laupper, der in den 30er und 40er Jahren mit grossem Eifer das Ausgraben von Alterthümern als berufsmässiges Geschäft betrieb und mehrere Grundstücke umgrub, fand wohl Ueberbleibsel aus Jurakalk, Muschelsandstein und Tuf sehr solid angelegter Mauern, aber nie das Erdgeschoss eines Hauses [1]).

---

[1]) Haller bemerkt S. 397, dass keine Reste von Caldariis und Sudariis gefunden werden. — Das sehr sparsame Vorkommen von Heizröhrenfragmenten im Umfange von Vindonissa zeugt jedenfalls für die geringe Zahl comfortabel eingerichteter Wohnungen.

In Bd. III. S. 445 der »Neuesten Sammlung vermischter Schriften, Zürich 1757«, findet sich eine »Nachricht von einem alten Gebäude, welches nahe am Kloster Königsfelden im Jahr 1752 entdeckt worden.« S. Taf. XVI. Fig. 10. Die Estrich-

Auch seitherige Versuche, den Umriss eines Hauses und das Innere desselben bloss zu legen, haben fehlgeschlagen.

Fundgegenstände. Der Boden von Vindonissa ist bekanntlich seit jeher eine Fundgrube von Münzen und kleinem Geräthe der verschiedensten Art gewesen, und es ist fast unglaublich, in welcher Menge die erstern in den vergangenen Jahrhunderten den bernerischen Hofmeistern zu Königsfelden und den Pfarrern zu Windisch überbracht wurden und gegenwärtig noch bei der Bestellung der Felder und bei Grabungen zu Tage kommen. Fast alle öffentlichen und Privatsammlungen von Münzen und Anticaglien in unserm Lande haben von diesem Orte her einen Theil ihres Inhaltes bezogen. Der oft geäusserte Wunsch, dass im Interesse der Wissenschaft die Regierung des Kantons die Anlegung einer Antiquitätensammlung beschliessen und die Fundgegenstände vor Zerstreuung und Untergang bewahren möchte, ist leider erst in neuester Zeit und zwar hauptsächlich durch die Bemühungen des Herrn Regierungsrath Dr. Urech in Erfüllung gegangen. Die nächste Veranlassung zur Gründung einer solchen Sammlung war die Auffindung einer beträchtlichen Anzahl Alterthümer, welche beim Bau der Zürich-Aarauer Eisenbahn nicht innerhalb der alten Festung, sondern ausserhalb derselben, an der Nordseite des Plateaus, am Abhange gegen das Aarbett gefunden worden waren. Die damals und seither aufgehobenen Gegenstände sind einstweilen in einigen Räumen des ehemaligen Klosters Königsfelden untergebracht und sollen in nächster Zeit in einem eigens dafür eingerichteten Lokale zu Brugg aufgestellt werden. Um den Freunden römischer Alterthümer von den hier vorkommenden Anticaglien einen Begriff zu geben, haben wir im Bd. XIV unserer Mittheilungen eine Anzahl derselben, bestehend in Beschlägen von Schwertscheiden, in kleinen Bronzestatuetten und Reliefbildern auf Lampen veröffentlicht nebst höchst werthvollen Erläuterungen aus der Feder eines der gründlichsten Kenner des figurirten Alterthums, des Herrn Professors Otto Jahn in Bonn. In der Absicht, auch die Form der am häufigsten vorkommenden Schmucksachen und verschiedener Gegenstände des häuslichen Lebens zur Anschauung zu bringen, stellen wir eine Anzahl solcher Dinge, die in jener und der zürcherischen Sammlung aufbewahrt wurden, auf Taf. IV. 38—51, V. 24, VIII. 2—9, XI. 9—42 zusammen. Von eigentlichen Kunstwerken, wie deren zu Avenches und Basel-Augst gefunden werden, kommen hier keine vor, und die auf Altären und Grabsteinen angebrachten Reliefverzierungen (Taf. VII. Fig. 4—9) beweisen, dass die militärische Bevölkerung von Windisch auch mit ganz geringen Leistungen eines Steinmetzen sich begnügte.

Eine kurze Beschreibung der abgebildeten Gegenstände ist in der Erklärung der Tafeln zu finden.

Castrum Vindonissense (Altenburg). Diese Festung, deren auf Seite 46 erwähnt wurde, liegt etwa 1000 Schritte von den Castris entfernt, 50′ hoch über der Aar und so nahe am Flusse, dass dessen Nordseite von demselben bespült wird. Es ist ein völlig isolirtes Fort und wie Haller II. 386 annimmt, durch Mauern mit Vindonissa in Verbindung gewesen. Es ist kein Zweifel, dass es erst in späterer Zeit und aus dem Material der Gebäude des Standlagers aufgeführt wurde. Seine Bestimmung scheint gewesen zu sein, im Allgemeinen in Verbindung mit andern Festungen als

---

boden dieser kleinen 21′ von einander entfernten, von 3 – 4′ dicken Manern umschlossenen Kammern befanden sich 5′ tief im Boden. *G g* sind Löcher, *i i* ebenfalls Löcher, die etwa 10′ in den Boden hinabgehen, *b* ist ein Senkloch. Die Länge von *a–b* beträgt 15′ die von *b–c* 11′. Man hielt diese Kammern für Wasserbehälter »bestimmt für geschickte Austheilung des Wassers an die Lustgärten der Bürger zu Windisch«.

Bollwerk gegen die andringenden Germauen zu dienen, wenn dieselben den Rhein bereits überschritten hatten, zunächst aber den Uebergang über den Fluss, der sich hier zwischen mehreren Felsrissen spaltet abzuwehren und die gallisch-römische Ortschaft, die sich über die Ebene zwischen Aar und Reuss ausdehnte, sowie den nahe liegenden Vicus Aquarum vor plötzlichen Ueberfällen zu sichern. Sein Bau fällt jedenfalls in das Ende des dritten Jahrhunderts, in die Zeit des Diocletian, in welcher zum Schutz der in der Nähe der Rheingränze liegenden Ortschaften eine Menge kleinerer Festungswerke errichtet und die von den Germanen zerstörten Castelle aus dem Material öffentlicher Gebäude hergestellt wurden.

In neuerer Zeit kamen unter den Trümmern von Altenburg Fragmente einer Inschrift zum Vorschein, die auf Altenburg Bezug zu haben und von dem Bau einer Festung unter Valentinian zu sprechen scheint. Die Schriftzüge derselben weisen deutlich auf das vierte Jahrhundert hin.

Von dieser Festung, die auf einem schiefen, nach West geneigten Areal liegt, sind gegenwärtig nur noch Reste der Umfassungsmauer vorhanden, von denen mit jedem Jahrzehend ein Stück verschwindet. Die Form derselben ist ein unregelmässiges Polygon, dessen nicht viel über 2000 ☐' betragende Innenseite keine bedeutende Besatzung aufnehmen konnte. Da die Mauern überall der äussern Bekleidung beraubt und theilweise von Häusern überbaut sind, ist es schwer, ihre ursprüngliche Dicke und Höhe zu bestimmen. Die erstere kann aber nicht unter 14—16', die letztere nicht unter 20' betragen haben. In derselben waren zwei Thore angebracht, eines auf der Seite von Windisch *a*, das andere gegen den Fluss hin auf der entgegengesetzten Seite *b*. Dass an dieser Stelle eine Brücke gestanden, ist vielfach behauptet und wieder verneint worden. Landfesten oder Reste von Pfeilern sind gegenwärtig nicht mehr vorhanden, und die Vertiefungen im Flusse, die man auf das Dasein von Pfeilern beziehen wollte, werden als natürliche Ausspülungen erklärt. Indessen lässt sich, da von dieser Seite kaum eine Strasse nach der Heerstrasse ablief, die Existenz des Thores auf keine andere Weise erklären, als dass ein Flussübergang hier existirte, welcher auf die nahe am Ufer hinlaufende Bözberg-Augusta Heerstrasse zuführte [1]. An der auf die Stelle des Uebergangs schauenden Ecke der Festung stand, wie vor nicht gar langer Zeit noch deutlich zu sehen war, ein viereckiger Thurm von gewaltiger Stärke (bei *c*), von welchem aus der Zugang nach dem Thore verwehrt werden konnte. Sicher ist auch, dass der Eingang auf der Westseite, wie das noch vor kurzem im Boden vorhandene Gemäuer zeigte, ebenfalls durch einen Thurm geschützt war.

Das Füllwerk der Mauer besteht aus Feldsteinen, Bruchsteinen, Ziegelfragmenten, die mit einem Ueberfluss von Mörtel verbunden sind, ist ungemein fest und beweist, dass bei Erbauung der Festung weder Zeit noch Kosten gespart wurden.

Zofingen. In dem weiten, eben so schönen als fruchtbaren, in das Aarthal ausmündenden Thale der Wigger wurden zunächst dem Städtchen Zofingen zu verschiedener Zeit römische Antiquitäten gefunden, die nach Haller (Bd. II. S. 469) nicht beträchtlich sind und höchstens von einem municipium (!) herrühren können, obgleich einige einheimische Schriftsteller diesen Ort, den sie Tobinium

---

[1] Haller II. 389 sagt: »man sehe von der ehemaligen Brücke zwischen Altenburg und Umikon das Pfahlwerk noch immer sehr deutlich im Flusse«, allein die in den 30er Jahren hierüber befragten ältesten Leute der genannten Dörfer hatten nie eine Spur von solchem Pfahlwerk bemerkt, und wir können die Existenz der Brücke nur vermuthen, nicht beweisen.

heissen, zu den 12 helvetischen Städten zählen. Die Gegend bei Zofingen, wo man die meisten römischen Alterthümer entdeckt hat, sind die Grundstücke E i g e n genannt, linker Hand vor dem obern Thor an der Strasse nach Sursee. Hier ist es, wo schon öfters Münzen, Aschenkrüge, auch erzene Bilder von Merkur und Hercules gefunden wurden, welche fast sämmtlich auf der dortigen Stadtbibliothek aufbewahrt sein sollen.«

Von bedeutendem Interesse für die Alterthumskunde sind die Ueberreste einer römischen Villa, welche an der erwähnten Stelle Ende der 20er Jahre entdeckt und ausgegraben wurden.

»Den 9. Okt. 1826 — so erzählt Bronner in seiner Beschreibung des Kantons Aargau Bd. I. S. 33 — forderte die Regierung Herrn Suter von Zofingen auf, ihr fernern Bericht über die Fortsetzung der Nachgrabungen zu erstatten, welche der Stadtrath in den Besitzungen nahe bei der Stadt veranstaltet hatte. Herr Suter berichtete im April 1827, dass wirklich unter der Inspection des Herrn Mauriz Sutermeister, des Raths, die Ausgrabungen und Nachforschungen mit einer hinlänglichen Anzahl von Arbeitern des Bauamtes wieder angefangen worden seien etc.« Wir übergehen die weitern, aus den amtlichen Berichten ausgezogenen Angaben über den Hergang der Aufdeckungen, weil sie zur Kenntniss der Gebäulichkeiten selbst wenig beitragen, und wenden uns, da unsers Wissens eine nähere Beschreibung dieses interessanten Baues nie erschienen, zur Betrachtung des von Hrn. G. Aud. Hagnauer gezeichneten durch Lithographie unter dem Titel: »Grundriss der römischen Bäder zu Zofingen« bekannt gemachten Grundplanes der Anlage, soweit dieselbe in den genannten Jahren aufgedeckt wurde.

So gross das Verdienst ist, welches sich die Stadtbehörde von Zofingen durch systematische Aufdeckung der Gebäudereste und Erhaltung einiger schöner Mosaikböden erworben hat, so ist doch sehr zu bedauern, dass nicht auch noch durch Aufschürfung des Bodens die Grundform der an beiden Enden sich an das Hauptgebäude anschliessenden Flügel und dadurch der Gesammtplan der Anlage ermittelt wurde. Es ist nämlich keinem Zweifel unterworfen, dass die Gebäulichkeiten ein viertheils nach der Westseite nur durch eine Mauer abgeschlossenes Viereck bildeten und einen weiten Hofraum in sich fassten. Das Dasein eines Flügels an der Südseite ist aus dem Plane ersichtlich und eines andern an der Nordseite durch das an jener Stelle im Boden befindliche Gemäuer constatirt. Das Areal, auf dem die Villa steht, ist ein Abhang, welchem der nahe Berg Schutz gegen die rauhen Winde und dem die erhöhte Lage gesunde Luft und eine Uebersicht der Umgegend gewährte. Das Hauptgebäude (s. Taf. VII. Fig. 4) erstreckt sich von Süd nach Nord in einer Länge von 400'. Den nördlichen Theil nehmen die geräumigen Sommergemächer, den südlichen die Wintergemächer ein. Beide Theile sind durch einen langen Corridor a mit einander verbunden. Die Winterwohnzimmer b, c, d, e, f sind, wie die Säulchen und Pfeilerchen anzeigen, mit Hypokausten versehen, von denen e von $\acute{e}$ aus geheizt wurde. Die Präfurnien sind bei den andern heizbaren Zimmern im Plane nicht angegeben, auch mangeln fast bei allen Gemächern die Eingänge, wodurch die Erkenntniss der innern Eintheilung erschwert wird. Die Räume g, h, i, k sind Badegemächer, g und h zum Schwitzen, g das Tepidarium, h, welches bei h' geheizt wird, das Calidarium, i ist das Warm-, k das Kaltwasserbad mit Stufen oder Sitzen. Die Böden von i und k sind mit Tafeln von weissem Marmor belegt. Bei k' bemerkt man die Kanäle für den Abfluss des Wassers. Die Bestimmung des Abzugskanals l ist aus dem Plane nicht zu errathen. Bei m werden wir die Küche um so eher annehmen dürfen, als im Plane bei m' ein Herd angegeben ist. Bei n und o, wo die Mauern im Plane abbrechen, setzte sich unter rechtem Winkel der südliche Flügel an, der einen Theil der Oekonomiegebäude, die Stallungen,

Scheunen, Getreidespeicher in sich schloss. Die Fussböden in den Zimmern q und r sind aus weissen und schwarzen Steinchen bestehende, ungemein zierliche Mosaik, der Boden von p mit weissen und schwarzen Marmortafeln belegt. In den Räumen s, t, v und u und w mit ihren kleinen Einschlüssen ist der Fussboden aus Mörtelguss verfertigt. Bei x und z setzen sich die Mauern theils nach Nord, theils nach West fort und bilden den nach West abbiegenden Flügel des Gebäudes, welcher ebenfalls für landwirthschaftliche Zwecke bestimmte Räumlichkeiten in sich begriff.

Ausser ein Paar Münzen sind, so viel uns bekannt ist, bei der Aufdeckung des Gebäudes keine Alterthumsgegenstände zum Vorschein gekommen.

Ueber die Construction der Mauern, die Beschaffenheit der Wände, die Verbindung der Zimmer unter sich, über Fundsachen, Vorrichtungen u. s. w., die über die Bestimmung der einzelnen Gemächer Aufschluss geben, mangeln uns alle und jede Angaben, und wir enthalten uns daher, die verschiedenen Räume speciell als Wohn-, Speise-, Schlafzimmer, Vorrathskammern u. s. w. zu bezeichnen.

Das Vorkommen einer Badeeinrichtung und die Auffindung einer Quelle, deren Wasser einen mineralischen Gehalt haben soll, hat die Veranlassung gegeben, die ganze Anlage als eine öffentliche, zum Schwitzen und Baden bestimmte Anstalt zu erklären, ungeachtet in der Gegend von Zofingen keine römische Ansiedelungen, denen dieselbe hätte zu gut kommen können, vorhanden sind. Wenn man aber die eben beschriebenen Baureste mit den in der Schweiz, Frankreich und England aufgedeckten Ueberbleibseln von Landhäusern vergleicht und sieht, dass jede grössere Villa mit einer solchen Anstalt versehen war, so wird man leicht zu der Ueberzeugung kommen, dass das »Römerbad zu Zofingen« mit Unrecht diesen Namen trägt, und dass wir unter diesen Gebäulichkeiten eine mit allen Bequemlichkeiten ausgerüstete Wohnung eines reichen römischen Grundbesitzers zu denken haben.

Zu den bemerkenswerthesten und ältesten römischen Ansiedelungen des Aargaus gehören ferner noch Entfelden und Kirchberg.

Südöstlich von **Ober-Entfelden**, auf der Ostseite des weiten, von der Suhr durchflossenen Thales, liegen nämlich auf ebenem Felde, in der Nähe des sanft aufsteigenden Seitenthales, Engstal geheissen, die sogenannten »Maueräcker«. Der Pflug hat auf dieser, mit Mauern dicht besetzten Stelle Dachziegel, Heizröhren, kleine Tafeln von Juramarmor und Säulenstücke aus derselben Steinart zu Tage gefördert. Zwei der letzten besitzt nebst hier gefundenen Münzen Herr Notar Haberstich. Es sollen auch Legionsziegel hier ausgegraben worden sein.

Zu **Kirchberg**, eine halbe Stunde von Aarau, am linken Ufer der Aar, kommt 500—800' vom Flusse römisches Gemäuer vor, unter welchem im Anfange dieses Jahrhunderts ein Mosaikboden von weissen und schwarzen Steinchen, eine Mauer, welche, gleich einer solchen zu Ennet-Baden, auf der Aussenseite mit Mörtel belegt und mit Strichen verziert war, um einen Quaderbau darzustellen, ferner Dachziegel mit Legionszeichen, eiserne Geräthschaften mit Kupfermünzen von Domitian bis Theodosius entdeckt wurden. In der sogenannten Lörachen, nahe bei der zerstörten Burg Lörach, fand man Reste einer römischen Wasserleitung.

Ueber die Castelle bei **Zurzach** (Tenedo) siehe erste Abtheilung S. 302.

Pfäffikon. Dieser Ort liegt im Gebiete des Kantons Luzern, aber hart an der Grenze des Kantons Aargau, auf einer sanft sich erhebenden Anhöhe, von der man eine freie Uebersicht auf einen Theil des fruchtbaren, mit römischen Ansiedelungen reich besetzten Thales von Kulm geniesst. In dem östlich vom Pfarrhofe liegenden Baumgarten befinden sich die Trümmer eines römischen Landhauses, welche in den Jahren 1838 und 39 auf Anordnung und Unkosten des löblichen Chorherrenstiftes Beromünster, welchem die Collatur von Pfäffikon gehört, und unter Leitung des Ortsgeistlichen, Herrn Martin Herzog, und des verstorbenen Professors J. A. Isaac von Luzern, im Interesse der Alterthumskunde aufgedeckt wurden. Einer Copie des von dem letztern nach Vollendung der Ausgrabung verfassten, mit Plänen und vortrefflichen Zeichnungen ausgestatteten Berichtes, mit welcher die hohe Regierung des Kantons Luzern unsern Verein beschenkte, entheben wir nachfolgende Notizen über die Anlage und Beschaffenheit dieser interessanten Baureste.

Das aufgedeckte Gemäuer nimmt einen Flächenraum von etwa 1000 Quadratfuss ein. Das Hauptgebäude bildet ein Viereck von circa 90' Länge und 50' Breite, dem auf drei Seiten verschiedene kleinere und grössere Gemächer angefügt sind. Die aus Feldstein, Tuf und Jurakalkstein aufgeführten Mauern haben eine Dicke von 2½—3'. Die Bestandtheile des Gebäudes, das in der Disposition der Räume einige Aehnlichkeit mit der Ansiedelung zu Kloten (s. Bd. I. unserer Mittheilungen) zeigt, sind folgende. (Siehe den Plan auf Taf. 17.)

No. 1. Hufeisenförmiges, im weitesten Durchmesser 23' breites, mit Hypokaust versehenes Zimmer, in welchem der untere Boden mit Ziegelkitt, der obere eigentliche Fussboden mit Tafeln von jurassischem Marmor ausgelegt war. Bei *a* ist das Feuerungsloch, das hoch mit Asche angefüllt war.

No. 2. Ein 12' langes und eben so breites Zimmer mit Hypokaust. Der untere Boden (Hypokaustboden) ist die natürliche Erde, der obere mit Marmortafeln belegt. Das Heizloch ist bei *b*.

No. 3. Ein 10' langes, 9' breites heizbares Zimmer, das mit einem Fussboden von Marmortafeln ausgeziert ist, welches 6' tiefer als der Boden von No. 1 liegt. Das Heizloch (*c*) ist ein 2' 6" hohes, aus 27 etwa 3" dicken, 1' 3" langen und breiten, doppelt hinter einander gelegten Backsteinen construirtes Gewölbe, welches auf einer vom Herdboden 2½' hoch aufgeführten soliden Mauer ruht. Der 5' lange Feuerungskanal *c* war mehr als 1' hoch mit Asche angefüllt.

No. 4. Ein 6' breiter, über 30' langer Gang, von dem aus die Zimmer No. 1 und No. 2 beheizt wurden. Eine Verbindung desselben mit andern Räumen war nicht zu entdecken.

No. 5. Kleiner Raum, von dem aus No. 3 beheizt wurde.

No. 6. Ein 18' langes und 13' breites Zimmer, in welchem auf mehreren der über 2' hohen Backsteinsäulchen noch ein Paar Suspensura Backsteintafeln lagen. Der Fussboden war mit Marmortafeln ausgelegt gewesen. Das Feuerungsrohr *d* hatte eine Länge von 8' und war einen halben Fuss hoch mit Asche und Kohle angefüllt.

No. 7. Raum, von dem aus No. 6 geheizt wurde.

No. 8. Ein 11' langes, 10' breites Zimmer mit Boden von Mosaik, von dem aber nur der Rand, eine Guirlande aus weissen, rothen und schwarzen Steinchen, erhalten ist.

No. 9 und 10. Räume von unbekannter Bestimmung.

No. 11. Ein 11' langer, 7½' breiter Raum ohne künstlichem Boden. Er ist die Küche des Hauses, aus welcher ein aus Backsteinen gebauter 1' hoher, 2' breiter Abzugskanal *e* zum Gebäude hinausführt. Man fand hier eine Menge Thierknochen, Eberzähne, Hirschgeweihstücke etc.

No. 12, 18, 23. Räume mit Fussböden von der natürlichen Erde.

No. 13. Ein 13' langes, 8' breites Zimmer mit Hypokaust.

No. 14. Ein 12½' langes, 7½' breites Zimmer mit einem Fussboden von Ziegelmörtel. Beim Eingange f lag die 5' 7" lange, 2' 3" breite, über 1½' dicke steinerne Thürschwelle, in welcher der Thürweg 1½" tief ausgemeiselt war. In der Ecke dieses Einschnittes befanden sich eiserne Pfannen, worin die Zapfen der sich nach innen öffnenden Flügelthür eingesetzt waren (siehe Fig. 25). Eine ganz gleiche Thürschwelle mit derselben Vorrichtung kam bei g in No. 20 zum Vorschein.

No. 15. Dieser 12½' lange und 10' breite Raum liegt 15' tiefer als No. 1 und ist mit einem Hypokaust versehen. Der untere Boden (siehe 15a, den Querschnitt dieses Raumes bei 15b und die Aufstellung der Heizröhren bei 15c) besteht aus einem Pflaster von grossen Kieselsteinen, auf welchem zuerst eine Schicht von Ziegelmörtel und dann ein Boden von gebrannten Platten liegt, worauf die Säulchen standen. Dieser Herdboden steigt vom Feuerungsloch nach dem Rauchzuge hin merklich an (s. S. 55). Die Säulchen sind theils aus runden, theils aus quadratischen Backsteinen errichtet. Zunächst dem Feuerungsloch h stehen zwei Säulchen, die doppelt so breit als die übrigen und durch eine 15 Pfund schwere eiserne Stange mit einander verbunden sind. Die Heizröhren ruhen theils auf dem Rande der Suspensuratafeln, theils auf 2' hohen aufrecht gestellten, mit Klammern an die Wände befestigten Backsteinen. Der Zwischenraum f (s. Fig. 15c) beträgt 4". Der Befeurungskanal ist 7' lang, 1½' breit, aus 4' langen Sandsteinstücken erbaut und war bei der Aufdeckung mit Kohle und Asche angefüllt. — Der obere Boden bestand über den Suspensuratafeln aus einer Schicht Kalkmörtel, worauf eine 2" dicke Schicht von Ziegelmörtel folgte. Diese letztere und die Wände des Zimmers bis zur Brusthöhe waren mit Mosaik verziert. Ein hier gefundenes, auf einer Heizröhre haftendes Fragment, eine weibliche Figur darstellend, ist auf Taf. II. Fig. 2 abgebildet. Die Umfangsmauer dieses Zimmers ist 2½' dick, mithin ½' dicker als diejenigen der andern Räume. In einer der Wände — wo, ist nicht angegeben — war eine 3" weite bleierne Röhre eingemauert.

No. 16, 17, 20, 22. In diesen Räumen entdeckte man viele Skelette von Erwachsenen und Kindern. In No. 20 lagen in dem Winkel, welchen der Kanal mit der Mauer bildet, bei der Thürschwelle g, die Skelette von 3, beinahe 4' langen Kindern.

No. 19. Ein über 100' langes, 2' breites Tuffsteingewölbe ein Abzugskanal.

No. 21. Ein Halbrund aus Backsteinen erbaut, mit einem Abzuge — der Abtritt.

No. 24. Ein Corridor, dessen Boden mit Steinplatten von 4—6 Quadratfuss belegt war.

Was bei der Aufdeckung des Erdgeschosses dieser Villa besonders auffiel, war der Umstand, dass beim Durchbrechen der Böden, Reste älterer Fussböden, Ueberbleibsel von Hypokaustpfeilerchen und Ziegelfragmente zum Vorschein kamen. Hieraus, sowie aus dem ungleichen Niveau der Fussböden [1] ergab sich die Thatsache, dass das Gebäude das Schicksal hatte, zerstört und dann wieder hergestellt zu werden. Zugleich überzeugte man sich, dass der zweite Bau mit geringerem Aufwand ausgeführt wurde, da sich in dem Schutte, der unter den später angelegten Fussböden sich befindet, 1—1½' grosse Bruchstücke von Mosaik von bunterer Färbung und reicherer Zeichnung vorfanden, ja Fragmente aus ganzen kleinen Würfelchen, von denen einige deutliche Spuren von Vergoldung zeigten [2].

Eine nicht minder überraschende Erscheinung waren die vielen menschlichen Skelette — es mögen deren 30 gewesen sein — welche hauptsächlich auf der Südseite des Gebäudes angetroffen

---

[1] Der Raum No. 15, dessen Boden sehr tief liegt, wurde als Rest des ersten Baues betrachtet.
[2] Würfelchen aus Glasfluss, die auf der untern Seite vergoldet waren.

wurden. Die Mehrzahl derselben war 2' hoch mit Erde bedeckt, alle lagen in der gleichen Richtung, das Haupt im Westen. Bei den einen waren die Hände in den Schoss gelegt, bei den andern schlossen sich die Arme an die Seiten an. Ein Körper lehnte das Haupt an die Mauer, drei andere lagen auf der Mauer, einer davon einen Fuss tief in die Mauer eingesenkt (s. No. 20). Einige hatten als Kopfkissen 3—4' grosse Kieselsteine. Beigaben fand man keine bei diesen Skeletten [1].

Die Geräthschaften, welche in den Trümmern dieses Landhauses zum Vorschein kamen, sind ein durchbrochenes Bronzeblech (s. Taf. XVI. Fig. 12), worin die Buchstaben GEMELLIAN angebracht sind (ein ähnliches Geräthe findet sich im Museum zu Avenches. S. Mommsens Insc. No. 343. 3), ein Glöckchen und ein Meissel von Eisen, ein grosser Hohlbohrer, ein Kettchen von Eisendraht, Scherben von terrasigillata Geschirr, eine Schnalle und eine Lampe von Eisen, eine Sichel, eine eiserne Wage, ein Paar runde Scheibchen aus Erz (Haften), ein Schlüssel, ein Nagel mit bronzenem Knopf, eine Maske vorstellend, ein Messer mit beinernem Heft.

Münzen oder Ziegel mit Marken wurden keine gefunden.

---

[1] Es ist nicht der mindeste Zweifel, dass die ersten deutschen Ansiedler die Gemächer dieses Hauses als Grabkammern für ihre Verstorbenen benutzten. (Siehe S. 60.)

Nachtrag. Im Herbste 1863 wurden ausserhalb Ober-Neunforn (Thurgau) in den sogenannten Brandäckern, links von der Landstrasse von diesem Orte nach Schaffhausen, die Trümmer eines römischen Hauses aufgedeckt und eine Anzahl Kupfermünzen und eiserner Geräthschaften gefunden.

Eine halbe Stunde von Zürich, bei den Häusern »Althoos«, Gemeinde Affoltern, am östlichen, Rumpelhalden genannten, Abhange des Käferberges, liegen die Grundmauern römischer Gebäude.

Bei den Aggern zu Vild (S. 71) ist neulich im Ratel römisches Gemäuer entdeckt worden.

Errata: Auf Seite 64, Mitte, ist anstatt Reu di Sossox (sotto i sassi) zu lesen: Reu di Sursess (sopra i sassi).
Auf Seite 72, Mitte, anstatt Taf. III. Fig. 9—18 zu lesen: 10—20.
Auf Seite 102 anstatt Nordöstlich Südöstlich.
Auf Seite 116 oben anstatt Gebinde Getreide.

Erklärung der Tafeln.

Erste Abtheilung.
Militärische Bauten.

Taf. I. Castell zu Burg Stein am Rhein. S. 274. Bacchantin auf einem Panther sitzend, den sie tränkt.
Taf. II. Castell zu Ober-Winterthur, Vitudurum. S. 280. Schlüssel, Schelle, Mühlsteine, aretinisches Geschirr, Amphoren, Capitäl, Mauerbekleidung.
Taf. III. Castell zu Zürich, Turicum. S. 285. Ziegel der Station Zürich und der XXI und XI Legion. Bild der Abundantia, Wasserleitung, Aschenkrüge.
Taf. IV. Erstens. Castell zu Pfyn, Ad Fines. S. 291. Siegelring, worauf Antoninus Pius und Faustina. Zweitens. Station Baden, Aquae (Helvetiorum). S. 295. Ringe, Meilenstein, aufgestellt unter Tacitus im Jahr 275,76, Begräbnisse, Aschenurne aus Glas.
Taf. V. Erstens. Castell zu Arbon, Arbor Felix (S. 314 und zweite Abtheilung Taf. III. Fig. 2). Zweitens. Castell zu Irgenhausen (Zürich). S. 311. Drittens. Castelle zu Zurzach, Tenedo. S. 302. Pfahlschuh.
Taf. VI. Castell zu Chur, Curia (Raetorum). Thurm Marsoil, Siegelring, Sichel aus Bronze, Mosaikboden, etruskische Bronzestatuetten.
Taf. VII. Warten, speculae auf dem Biberlikopf, in der Hardt bei Basel und zu Ellikon.

Zweite Abtheilung.
Ortschaften, Landhäuser (Villen).

Taf. I. Fig. 1—3 römisches Schloss. Siehe S. 62 u. 59. Fig. 4 u. 5 Thür. S. 59. Fig. 6—11 Ziegel. S. 58. Fig. 12 Wasserleitung. S. 57. Fig. 13 Heizröhre. S. 55. Fig. 15 u. 16 Fussböden. S. 52. Fig. 17 Backsteinmauer. S. 54. Fig. 18 Mühle. S. 53.
Taf. II. Fig. 1. Mosaik im Boden und an der Wand eines Gemaches zu Buelisacker. S. 2. Wandmosaik zu Pfäffikon (Canton Luzern).
Taf. III. Fig. 1. Säule auf der Höhe des Julierpasses in Graubünden. S. 64. Fig. 2. Arbon (Arbor Felix): *A* Schlossthurm, *B* Glockenthurm, *C* römisches Mauerwerk, *D* römische Umfangsmauern, *E* kleiner Hafen, *F* Einfahrt. S. 65. Fig. 3 St. Georgenberg bei Berschis in der Nähe von Walenstad. *A* Eingang in die Festung, *B* Platz zwischen der ersten und zweiten Quermauer, *C* Durchgang durch die zweite Quermauer, *D* Felstreppe, *E* Cisterne innerhalb des länglichen römischen Gebäudes, *F* Cisterne ausserhalb desselben, *G* Quelle in einer Felsgrotte. S. 66. Fig. 4. Wage, gefunden zu Edliswyl unweit Gossau (Canton St. Gallen). 4 *a*. Gewicht an derselben, den Silenus vorstellend, halbe Grösse. S. 67. Fig. 5. Ruine der Burg Freudenberg bei Ragaz. Ansicht des untersten Theiles. 5 *a*. Querschnitt desselben. 5 *b*. Plan des untersten Stockwerkes. 5 *c*. Plan des zweiten Stockwerkes. S. 68. Fig. 6. Gipfel des Felskopfes Reisscheibe am Walenstadersee mit den darauf befindlichen Steinwällen. S. 69. Fig. 7. Castell in Schan (Magia) a. Cisterne. S. 69. Fig. 8. Bronzebildchen, gefunden zu Vild. S. 71. Fig. 9. Plan der sogenannten Burg bei Vilters. S. 72. Fig. 10—20. Geräthe und Schmucksachen, gefunden auf Burg Vilters unweit Ragaz. Fig. 10. Steinbeil (Nephrit). Fig. 11. Spinnwirtel. Fig. 12. Messer aus Bronze. Fig. 13. Kamm aus Bronze. Fig. 14, 15 u. 16. Heftnadeln aus Bronze. Fig. 17. Ring aus Weissmetall. Fig. 18. Mondsichelförmiges Ornament aus Bronze. Fig. 19 u. 19 *a*. Messer und Lanzenspitze aus Eisen.

Taf. IV. Fig. 1—4. Geräthschaften aus einem alemannischen Grab zu Eschenz: 1. Kleidernadel von Silber und vergoldet; 2. goldener Fingerring mit Email; 3. Riemenbeschläg mit Silber; 4. ornamentirtes Fragment eines Kammes. (Siehe Lindenschmit's Alterth. Heft IX. Taf. 6.) Fig. 5 u. 6. Gegenstände gefunden bei Huttweilen (Thurgau): 5. Handgriff eines Schlüssels aus Eisen. 6. Kopf einer Statue der Isis aus Sandstein. Fig. 7 u. 8. Teller und Armring aus Bronze, gefunden zu Unter-Schlatt (Thurgau). S. 77. Fig. 9—13. Geräthschaften, gefunden zu Rikenbach bei Schwyz: 9. Glocke von Bronze. 10. Schöpfgefäss von Bronze. 11. Agraffe von Silber. 12. Armband von Silber. 13. Perle aus blauem Glase. Fig. 14—28. Gegenstände, gefunden bei Albisrieden (Ct. Zürich): 14. Silenuskopf, Gewicht an einer Schnellwage. 15 u. 16. Riechfläschchen mit Email. 17. Stecknadel. 18. Durchbrochener Knopf von Bronze. 19. Zierrath von Silber. 20. Zügelring. (Siehe Lindenschmit's Alterth. Heft II. Taf. 5. Fig. 8.) 21. Epheublatt von Bronze. 22. Heftnadel aus Bronze. 23. Nadel aus Bein. 24. Nadel mit Löffelchen aus Bein. 25. Nadel mit Löffelchen aus Bronze. 26. Stricknadel aus Bronze. 27. Nadel aus Bronze. 28. Schreibegriffel (Stylus) aus Bronze. Fig. 29. Bronzener Handgriff eines Schlüssels, gefunden zu Altstetten. S. 84. Fig. 30 u. 30a. Henkel einer Erzkanne, gefunden zu Altstetten. S. 85. Fig. 31. Silenuslampe aus Bronze, gefunden zu Elgg. S. 96. Fig. 32. Thonfläschchen, gefunden zu Lunnern. S. 103. Fig. 33—35. Thonfläschchen, gefunden zu Windisch. S. 103. Fig. 36. Heftnadel mit Email, gefunden zu Lunnern. Fig. 37. Helm einer kleinen Statue aus Bronze, gefunden zu Lunnern. Gegenstände aus Windisch: Fig. 38. 39. 40. 41 u. 42. Nadeln aus Bronze. Fig. 43. dito aus Bein. Fig. 44—46. Lampen aus Bronze. Fig. 47. Henkel einer Bronzekanne. Fig. 48 u. 49. Stecknadeln aus Bronze. Fig. 50. Henkel einer Bronzekanne. Fig. 51. Scharnier aus Bronze.

Taf. V. Fig. 1. Mercurbild aus Bronze, gefunden zu Pfyn (Thurgau). S. 77. Fig. 2—19. Bronzegegenstände aus dem Grabe zu Ober-Winterthur. S. 119. Fig. 20. Mercurbild aus Bronze, gefunden zu Flaach (Zürich). S. 97. Fig. 21. dito, gefunden zu Schlatt. S. 113. Fig. 22. dito, gefunden zu Ustcr. S. 117. Fig. 23. dito, gefunden zu Thalweil, unweit Zürich. Fig. 24. Bronzebild der Luna (des Lunus), gefunden zu Windisch. Fig. 25. Bronzestatuette, 10″ 3—4‴ hoch, gefunden in den Ruinen eines römischen Hauses zu Ottenhausen (Luzern). Ein römischer Kaiser in der Gestalt und mit Attributen des Mercur und Apollo, auf einem Felsen sitzend. (Nach der Abbildung im Geschichtsfreund Bd. 14. Siehe die Erläuterung des Bildes daselbst auf Seite 100.)

Taf. VI. Fig. 1. Plan des römischen Gebäudes zu Sitterdorf (Thurgau). S. 77. Fig. 2—3. Strassenprofile. 2. Profil der Vitudurum-Brigantiastrasse. 3. Profil der römischen Heerstrasse zwischen Aventicum und Salodurum. S. 78. Fig. 4. Plan des römischen Gebäudes bei Affoltern (Zürich). S. 81. Fig. 5. Plan des römischen Gebäudes bei Wettsweil (Zürich). S. 87. Fig. 6—6¹. Plan der Ansiedelung zu Lunnern (Zürich). S. 101. Fig. 7. Plan des römischen Gebäudes zu Ottenbach (Zürich). S. 109. Fig. 8. Plan des römischen Gebäudes zu Ottenhausen (Zürich). S. 110.

Taf. VII. Fig. 1. Plan des römischen Gebäudes zu Buchs (Zürich). S. 87. 1a. Reste von Mosaikfussböden. Fig. 2. Plan des römischen Gebäudes zu Nessenbach (Zürich). S. 105. Fig. 3. Plan des römischen Gebäudes zu Gränichen (Aargau). S. 125.

Taf. VIII. Fig. 1. Säulenbasis aus Juramarmor, gefunden zu Dachsleru (Zürich). S. 89. Fig 1a. dito, gefunden zu Kloten im Dorf. Gegenstände aus Windisch: Fig. 2. Grabstein des C. Allius Oriens, gefunden bei Brugg (Aargau). S. 146. Fig. 3. Grundriss und Profil eines aus Jurakalkstein erbauten, an der Eisenbahn zwischen Windisch und Baden entdeckten Grabes, mit einem querlaufenden convexen Behälter. Beide Behälter sind mit Steinplatten bedeckt, die unterhalb convex sind. Fig. 4. Mercurbild aus Stein. (Siehe Anzeiger 1857 S. 48.) Fig. 5. Bild der Nehalenia aus Stein. (Siehe Abbildungen in den Publicationen de la Société pour la Recherche et la Conservation des Mon. hist. dans le Grand-Duché de Luxembourg 1846 p.51. »Déesse assise, à robe longue portant sur les genoux un chien.« Elle est la protectrice de la navigation et du commerce. S. Forcellini. Fig. 6. Fragment des Grabsteines eines römischen Reiters. (Siehe Anzeiger 1860 S. 60.) Fig. 7. Fragment eines Grabsteines. Figur eines Homo eruditus mit einem Buch, Volumen, in der Hand. Vor ihm steht ein Knabe, der in der rechten Hand eine Kanne, in der linken die Schale und einen Opferknahen, camillus, ähnlich sieht. Ueber seine linke Schulter hängt ein verziertes Band, das mit der Tunica nicht zusammenhängt. Von einer zweiten grösseren Figur sieht man nur eine Hand und einen Fuss. Fig. 8. Fragment eines Grabsteines. Blätterornament mit Hähnen (Juramarmor), in unserer Sammlung. Fig. 9. Altarstein, der an der Kirche zu Windisch eingemauert ist. Auf der Vorderseite sieht man den Mercur mit Ziegenbock, Beutel und Caduceus, auf einer Nebenseite die Dea matres sitzend und, wie gewöhnlich, mit Früchten auf dem Schooss.

Taf. IX. und X. Plan der römischen Gebäude zu Dällikon (Zürich). S. 90.

Taf. XI. Fig. 1. Gemme aus Carniol in einem goldenen Fingerring, gefunden zu Nettenbach. S. 107. **Fig. 2.** Maske eines Satyrs aus Bronze, gefunden zu Nestenbach. S. 107. **Fig. 3.** Armring aus Bronze, gefunden zu Ottenhausen. S. 110. **Fig. 4.** Gefäss aus Bronze zum Abklären und Abkühlen des Weins, colum vinarium, auch als Küchengeräth zum Sieben, Abschäumen gebraucht, gefunden mit 6 und 7 zu Seeb, S. 114. **Fig. 5.** Gefäss aus Bronze, etwas weiter als das vorige und nicht durchlöchert, sonst von ganz gleicher Form und Arbeit, mit demselben zusammengehörig. **Fig. 6.** Gefäss aus Bronze mit umgestülpter Handhabe in der Mitte, scheint zu den vorigen zu gehören. No. 4 passt genau in 5 und dieses in 6. **Fig. 7.** Gemme einen Amor vorstellend, aus Chalcedon in einem Fingerring von Eisen, gefunden zu Marthalen. S. 104. **Fig. 8.** Thonbildchen, gefunden zu Dällikon, aus derselben Form mit den in den Ruinen des Schlosses Sogren bei Delémont gefundenen. (Siehe Anzeiger 1862. No. 3.) **Fig. 9—41.** Gegenstände aus Windisch: 9. Heftnadel von Bronze in Form einer Taube. 10. dito in Form einer Rosette. 11. dito mit Löwenköpfen. 12. dito vergoldet. Das untere Ende zeigt in Relief den Kampf eines Gladiatoren mit einem Greifen und den Namen des Fabrikanten ANGVIL. 13. Heftnadel, deren Nadel durch ein Gewind (bei o) festgehalten wird. (Siehe London Archaeologia.) 14. dito mit dem Fabriknamen NERTOMR. 15. Rosette von Bronze mit Silber eingelegt. 16. Bronzeornament mit Niello. 17. Maske mit ägyptischer Kopfbedeckung am Rande eines Bronzegefässes. 18. Bronzener Knopf. Maske. 19. Durchbrochenes Bronzeblech mit Verzierung in Niello. Schwertscheidebeschläg. (Siehe Mittheilungen Bd. XIV. 94.) 20. dito. 21. Gemme aus Krystall, eine ägyptische Gottheit darstellend. 22. dito aus Karniol, einen sterbenden Gladiatoren darstellend. 23. dito aus Chalcedon, vorstellend den Chiron, wie er den jungen Achilles im Leierspiel unterrichtet. 24. 25. 26. Gehängsel. 27. Handhabe aus Bronze. 28. Handhabe eines bronzenen Schöpfgefässes. 29. Bleimarke. 30. Weinhahn aus Bronze. 31. Körbchen aus Bronze. 32. Ohrlöffelchen, Zahnstocher, Nagelputzer etc. aus Bronze. 33. Zweilochtige Lampe aus Thon. 34. Handhabe aus Bronze, einen Jagdhund vorstellend. 35. 36. 37. Durchbrochene Polygone aus Bronze. (Siehe Anzeiger 1861 S. 12.) 38. Handhabe. Arm mit einer Taube in der Hand. 39. Lampenpincette aus Bronze. 40. Schabegeräth aus Bronze, strigilis, beim Baden gebraucht. 41. u. 42. Spielmarken aus weissem Kieselstein.

Taf. XII. Gegenstände, die theils zu Windisch, theils in den oben beschriebenen Trümmern römischer Landhäuser gefunden wurden und in derselben Form überall in römischen Ansiedelungen vorkommen: **Fig. 1.** Winkelmaass, gefunden zu Nettenbach. S. 107. **Fig. 2.** Geschlossenes rundliches Thongefäss mit einem Loch an der Seite und 6 kleinen Löchern im Boden; von unbekanntem Gebrauch. **Fig. 3.** Aschenurne mit Ohren. **Fig. 4.** Gewöhnliche Aschenurne. **Fig. 5.** Wasserkrug, als Aschenurne gebraucht. **Fig. 6.** Topf aus Thon mit scharf vorstehendem Rande, hart gebrannt, von braunrother Farbe. Töpfe dieser Art enthalten zuweilen verkohlte Ueberreste eingemachter Früchte (Olivenkerne, Pfirsichkerne), und waren ohne Zweifel mit einer Blase verschlossen. **Fig. 7—11.** Arctinische Gefässe von der gewöhnlichsten Form. **Fig. 12.** Rand einer Reibschale aus terra sigillata. Die Innenseite ist mit Steinchen besetzt. **Fig. 13.** Amphora, die nicht, wie gewöhnlich, in eine Spitze endigt. (S. erste Abtheilung Taf. II.) **Fig. 14—17.** Glasgefässe aus buntem Glas. **Fig. 18—20.** Messer mit Handgriff aus Bein. **Fig. 19 u. 20.** Schnappmesser. (Siehe B. Smith, Antiq. of Richborough etc.) **Fig. 21—24.** Stirnziegel. **Fig. 25.** Zirkel aus Bronze. **Fig. 26—27.** Beile. **Fig. 28—32.** Hackmesser und Hippen. **Fig. 28** schneidet auf beiden Seiten. Bei Fig. 29 u. 30 ist die Tülle aufgeschlitzt, damit das eingesteckte Holz, wenn es trocken geworden, nicht wackelig werde. **Fig. 33.** Küchenrost, gefunden an Altbisriede. **Fig. 34 u. 35.** Scheeren. **Fig. 36.** Brenneisen mit dem Buchstaben S. l. S. **Fig. 37 u. 38.** Hacken. **Fig. 39.** Schaufel. **Fig. 40.** Scharnier. **Fig. 41.** Grosser Nagel mit bronzenem Knopf. **Fig. 42.** Hammer. **Fig. 43—46.** Vorlegeschlösser. **Fig. 47.** Instrument von unbekannter Bestimmung. Eiserner Nagel mit bronzenem Ring. Das Stück a dreht sich um den Dorn bei b. **Fig. 48.** Maurerkelle.

Taf. XIII. u. XIV. Silbergeschirr, gefunden zu Wettingen (Aargau). S. 133.

Taf. V. Plan des römischen Gebäudes zu Buelisacker (Aargau). S. 121.

Taf. XVI. Fig. 1. Plan der römischen Gebäude zu Seeb (Zürich). S. 114. **Fig. 2.** Plan des römischen Gebäudes zu Kuhn (Aargau). S. 128. **Fig. 3.** Fussboden im Gebäude zu Kuhn. S. 129. **Fig. 4.** Plan des römischen Gebäudes zu Wildenstein bei Lenzburg. S. 131. **Fig. 5.** Plan der römischen Gebäude zu Sormousdorf (Aargau). S. 132. **Fig. 6.** Plan der Umgegend von Vindonissa (Windisch). S. 135. **Fig. 7.** Profil der Wasserleitung zu Windisch. S. 144. **Fig. 8.** Wasserbehälter (?) zu Windisch. S. 146 Note. **Fig. 9.** Plan der Festung Altenburg bei Windisch. S. 149. **Fig. 10. 11. 12.** Gegenstände gefunden in den Ruinen zu Kuhn. S. 130. **Fig. 13.** Bronzeblech, gefunden zu Pfäffikon. S. 155.

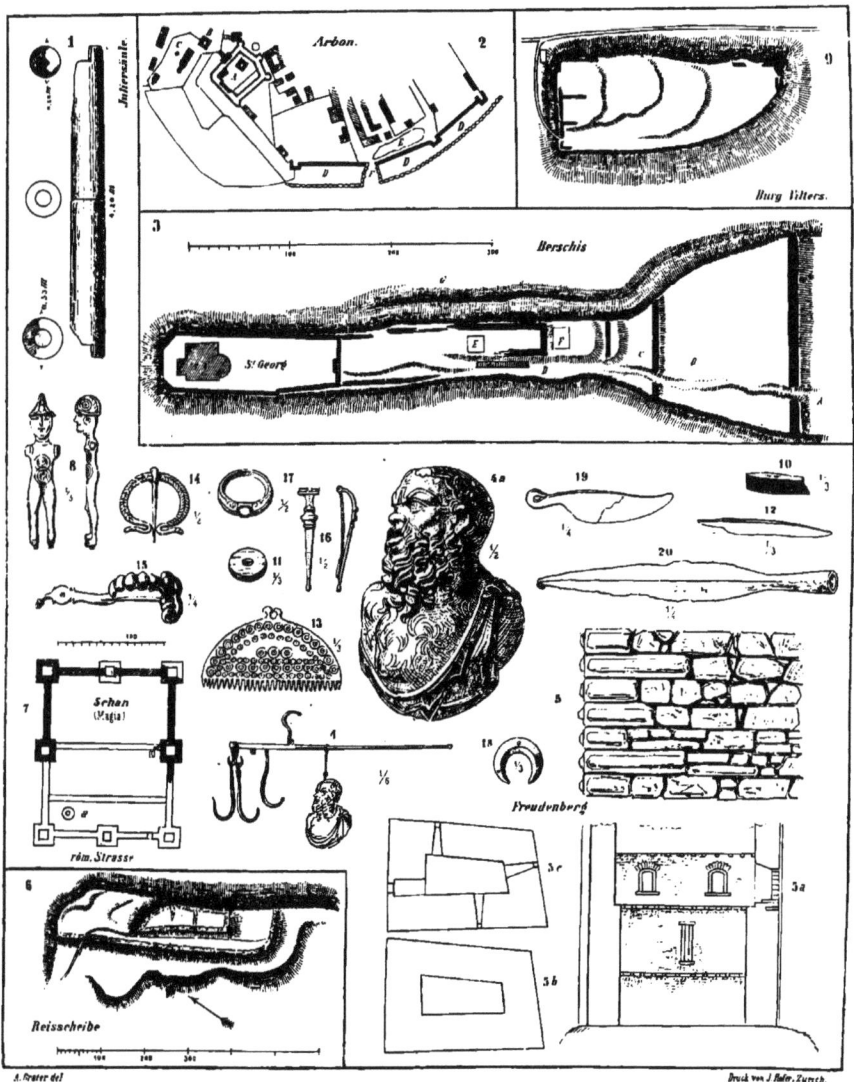

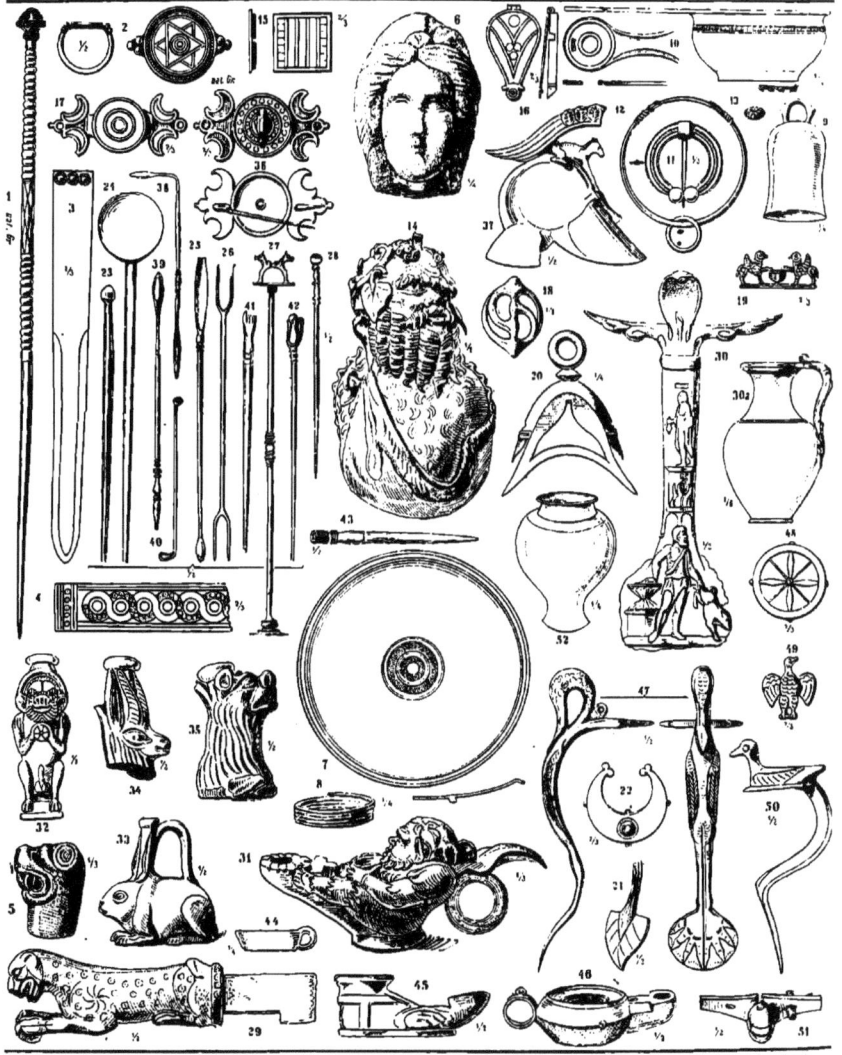

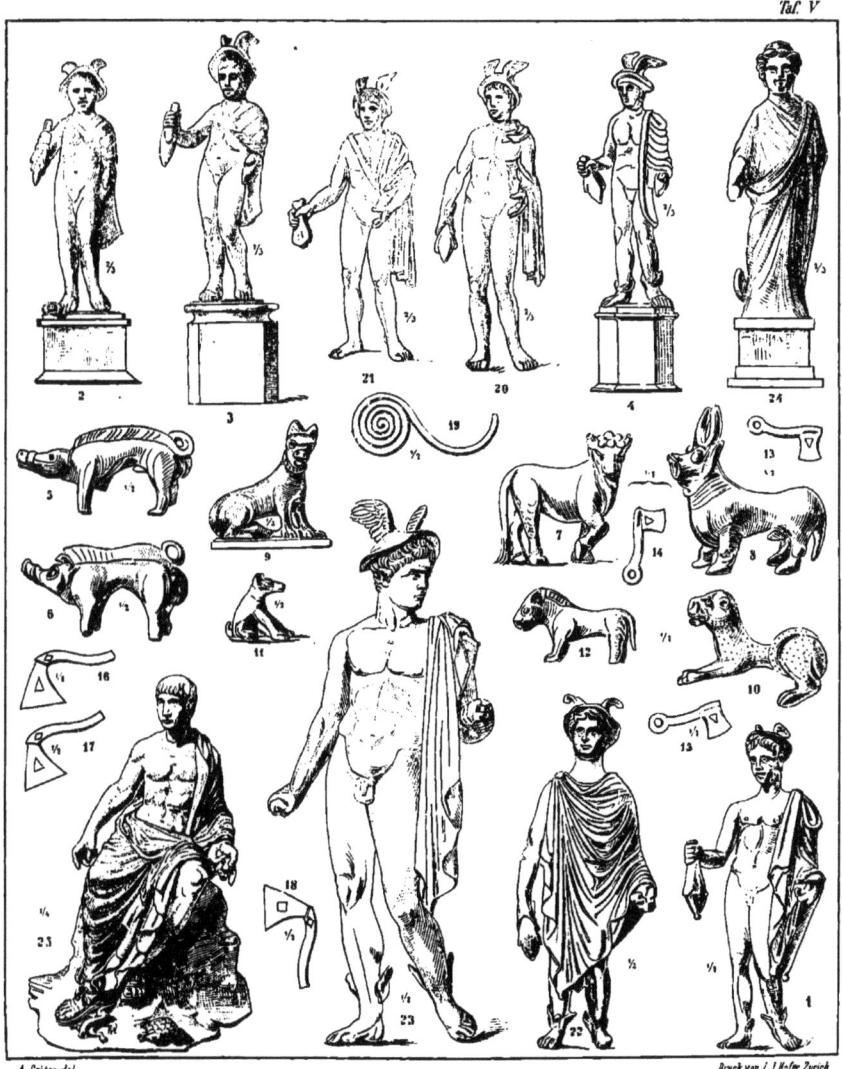

Taf. VI

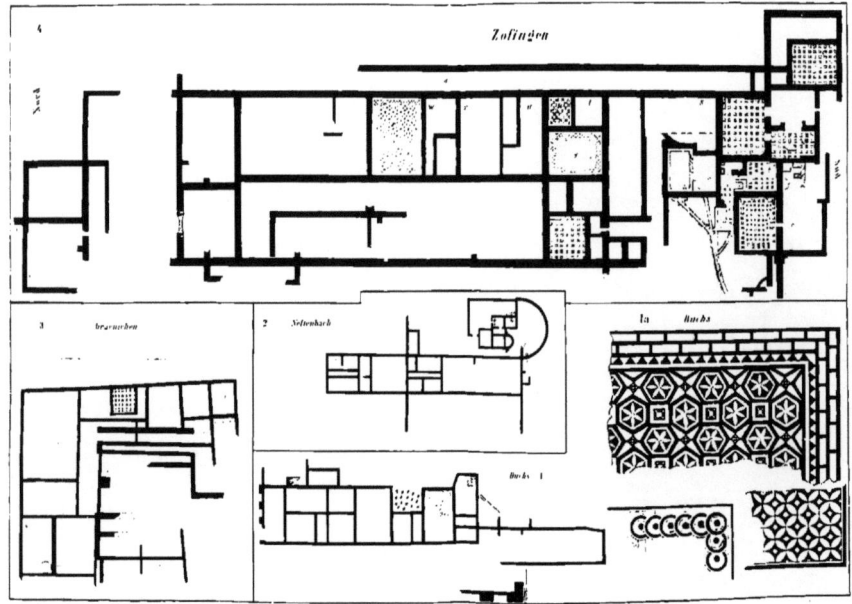

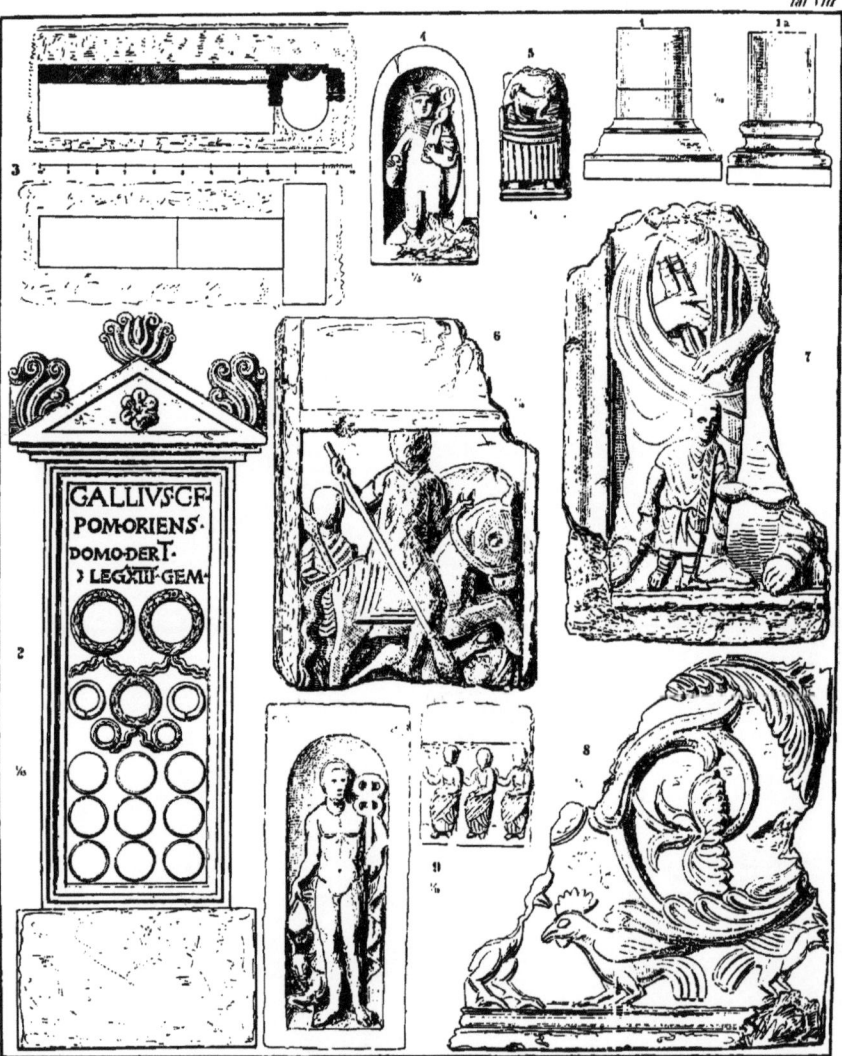

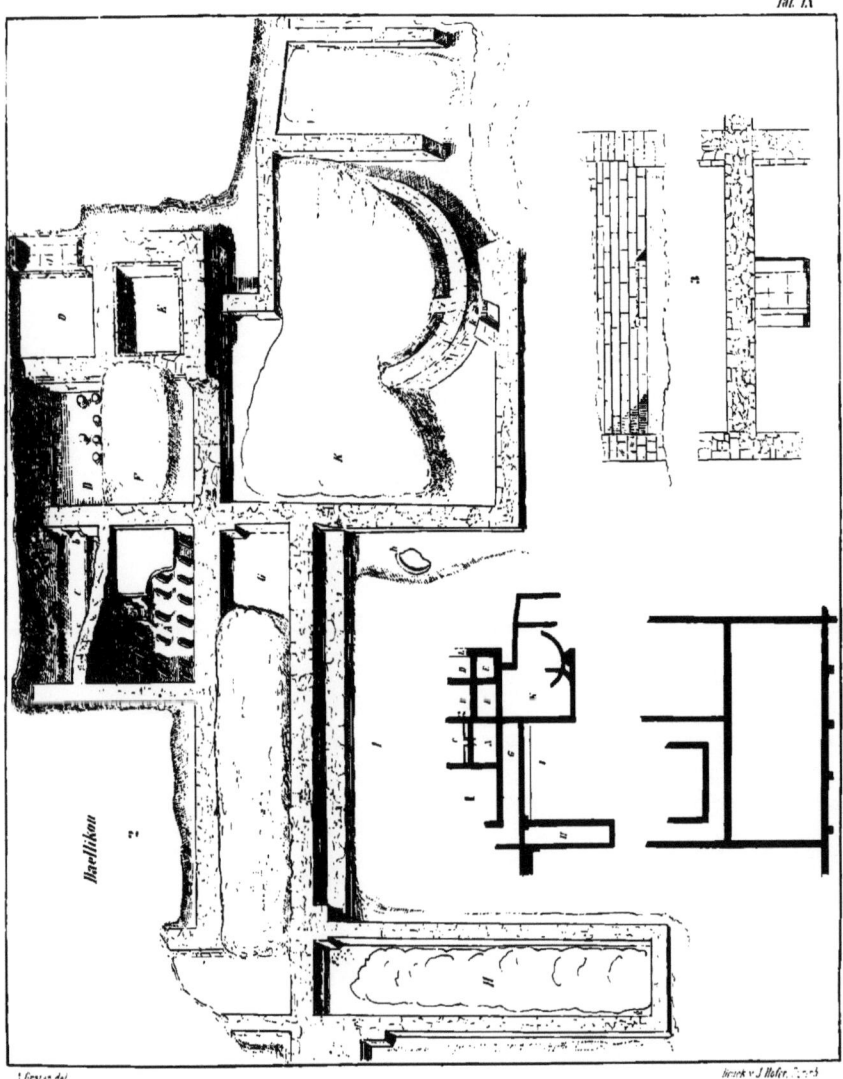

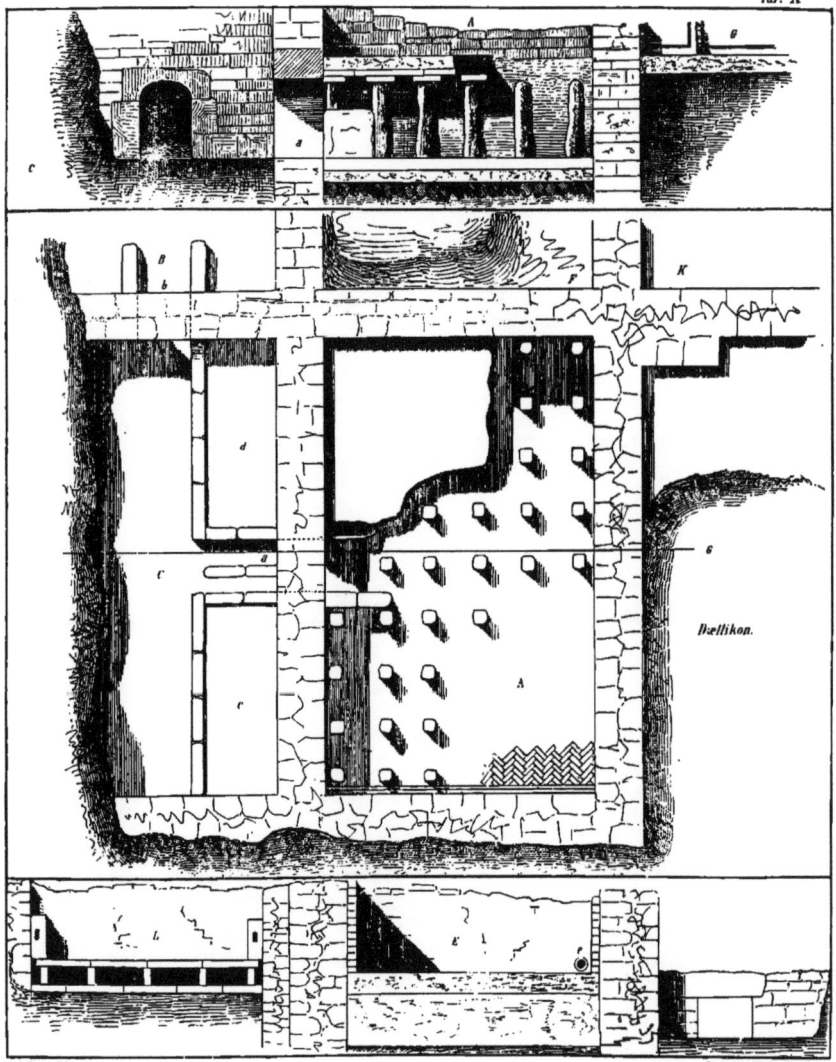

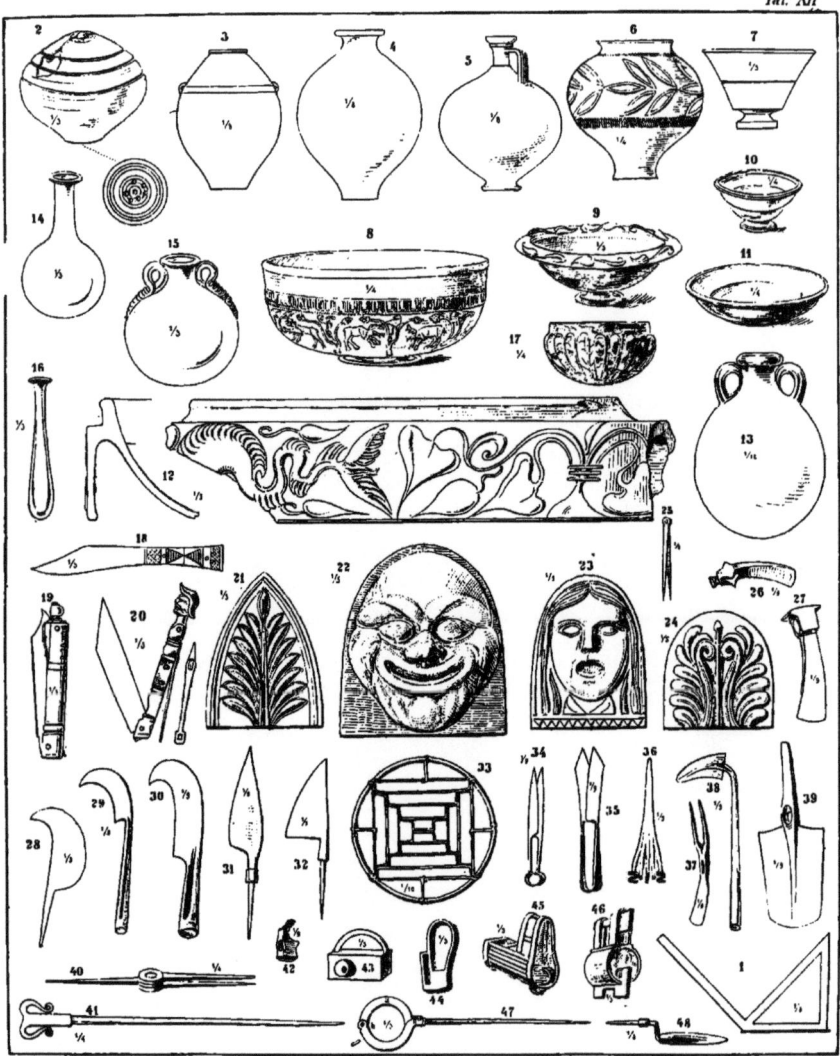

Taf. XII

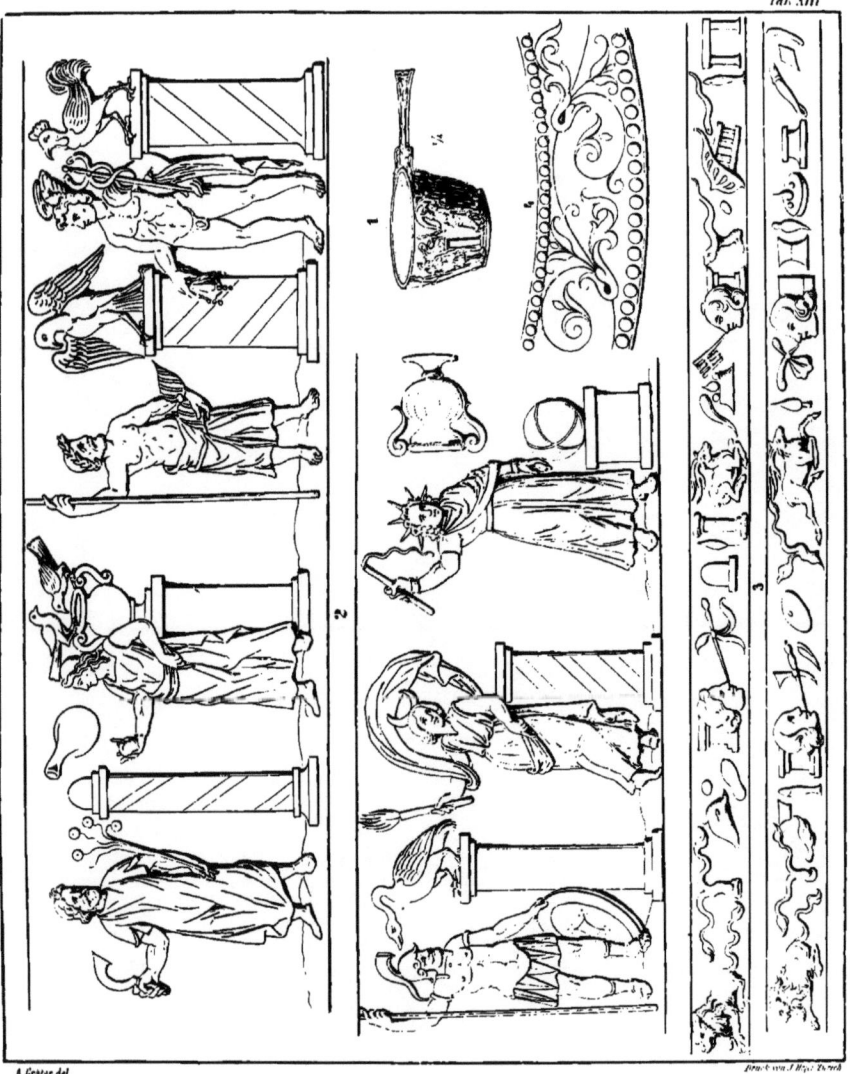

Taf. XIII.

Taf. XIV

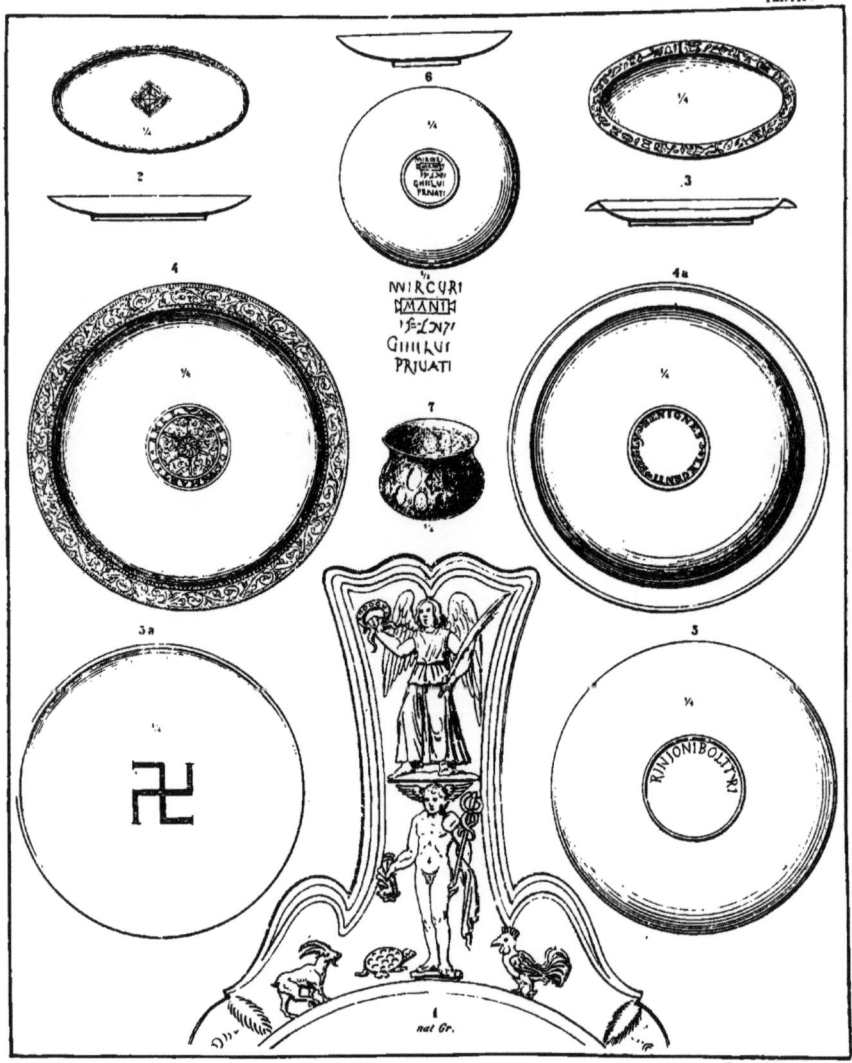

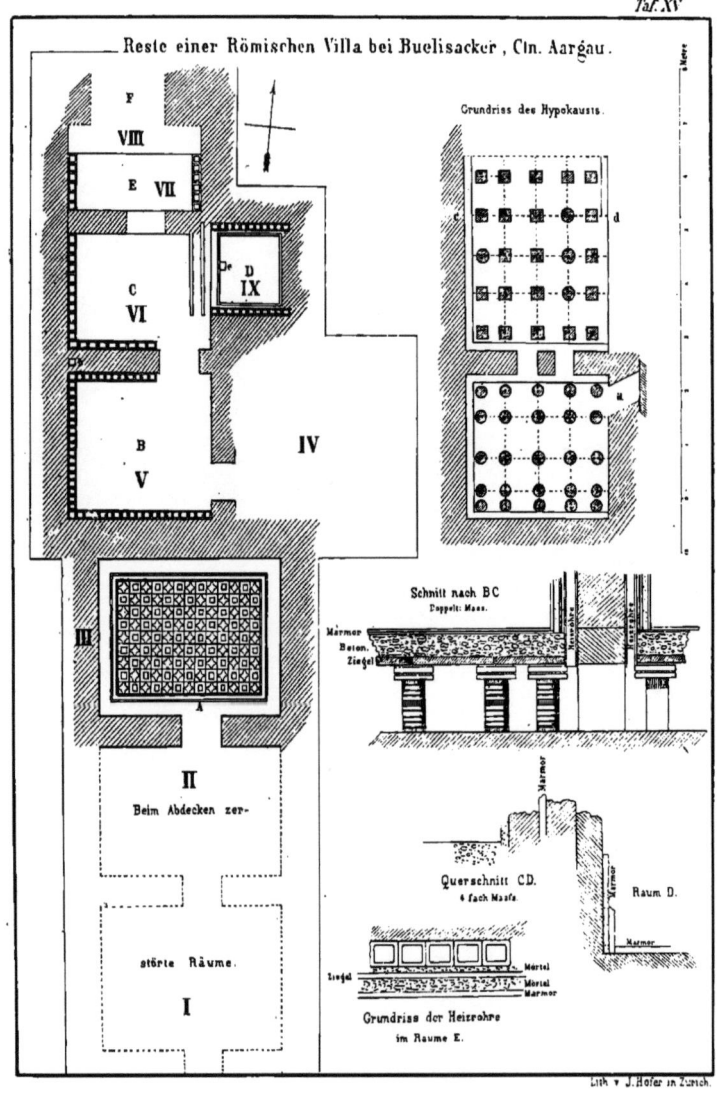

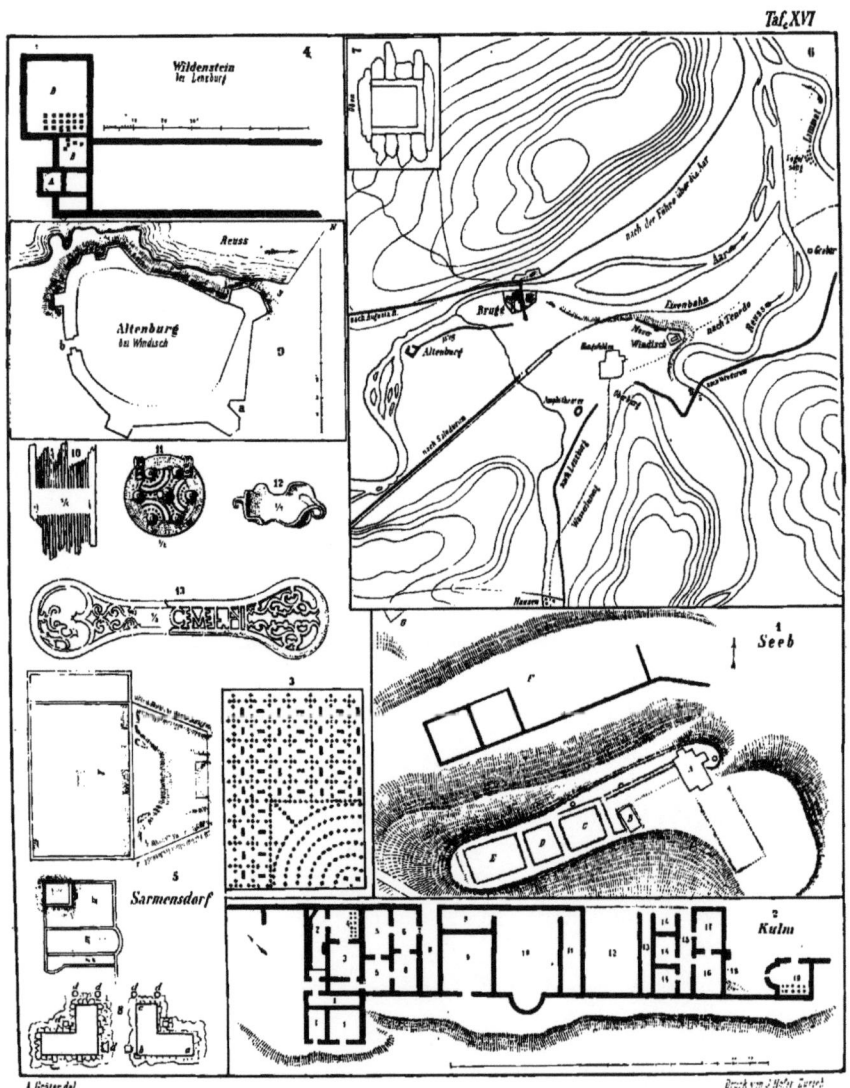

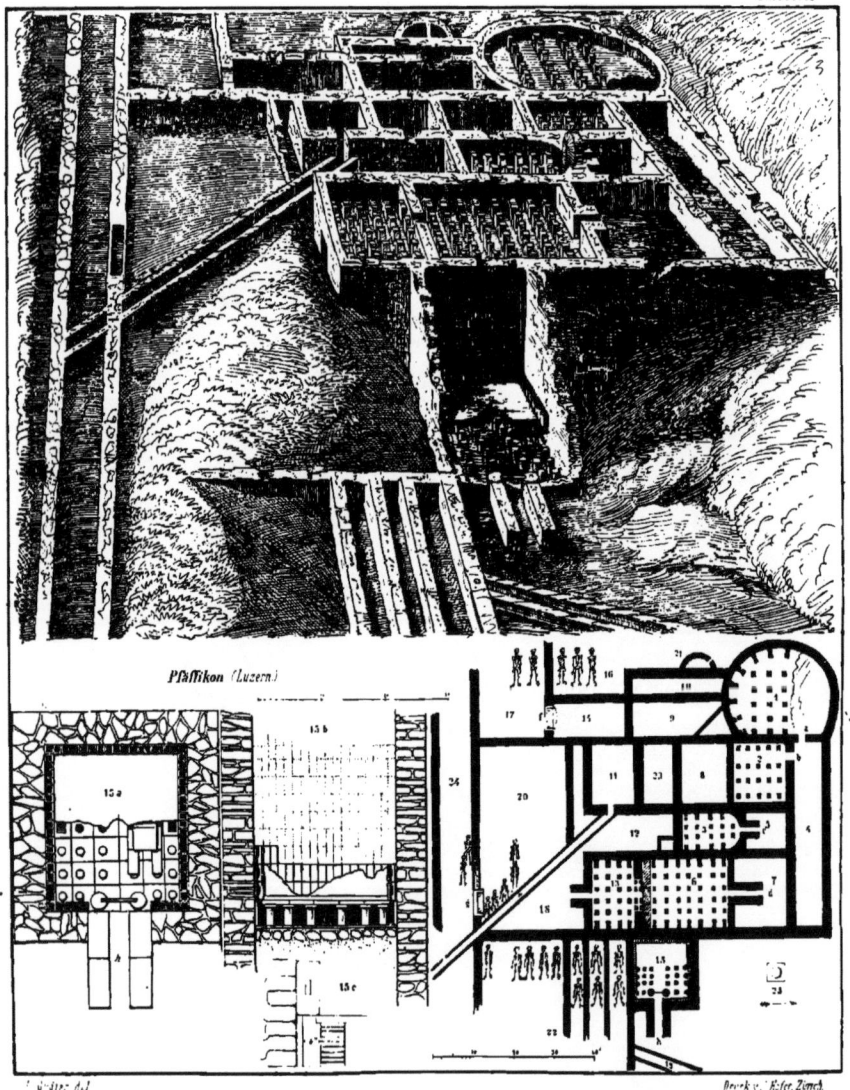

Taf. XVII

Pfäffikon (Luzern)